はじめに

　日本史探究は，日本の歴史の展開に関わる諸事象について，地　　　　　　　　　　　　ながら総合的に捉えて理解し，現代の日本の課題を探究する教科です　　　　　　　　　　時代によって大きく異なる社会のしくみや人々の行動について検証　　　　　　　　　　にはどうすればよいかを考えるための一助となることを願っています。　　　　　　　　　　るす

本書の特色としくみ

①各単元は STEP 1，2 の 2 段階で構成されています。STEP 1 では基礎的な問題で知識の確認を，
　STEP 2 では標準的なレベルの問題で定期テストや共通テストに向けた力が養えます。

②章の途中や章末には STEP 3 として，入試に勝ち抜く実力を養うよりレベルの高い問題を掲載しています。また，巻末にも入試対策として「総合問題」を設けています。

③解答・解説は詳しくわかりやすい説明となるようにしています。

アイコンの説明

得点UP	重要な用語や事象など得点 UP につながる内容を解説しています。	参考 発展的な内容を含む，参考となる事項を掲載しています。　注意 注意すべき間違えやすい事項を掲載しています。

☑ サクッとCHECK　試験によく出る用語やミスしやすいことがらを簡単にチェックできる問題を用意しています。

Hints　問題の解き方や着眼点を掲載しています。こちらを参考に問題にとり組みましょう。

目次

写真提供（五十音順・敬称略）　秋田市立千秋美術館　朝日新聞社　アジア歴史資料センター（外務省外交史料館）　アムステルダム国立美術館　川崎市市民ミュージアム　宮内庁三の丸尚蔵館　興福寺（撮影：飛鳥園）　国立国会図書館　佐賀県　写真AC　正倉院正倉　真正極楽寺　中宮寺　東京大学史料編纂所　東寺（写真提供：便利堂）　奈良文化財研究所　根津美術館　美術同人社　文化デジタルコンテンツ　法隆寺（撮影：飛鳥園）　毎日新聞社　マスプロ美術館　薬師寺（写真提供：奈良国立博物館）　六波羅蜜寺　華厳宗元興寺（写真提供：奈良国立博物館）　京都大学附属図書館　向日市文化資料館　荒子観音寺　国営吉野ヶ里歴史公園　千葉市立加曽利貝塚博物館　東京都江戸東京博物館／DNPartcom　東京藝術大学／DNPartcom　石橋財団アーティゾン美術館　東京大学総合研究博物館　ロイター／アフロ　MOA美術館

本書に関する最新情報は，小社ホームページにある本書の「サポート情報」をご覧ください。（開設していない場合もございます。）
なお，この本の内容についての責任は小社にあり，内容に関するご質問は直接小社におよせください。

日本文化の始まり

 基本問題

解答⊙ 別冊1ページ

1 [旧石器文化] 次の文章中の空欄に入る適語を答えなさい。

氷河時代であった（①　　　　）世の日本は大陸と地続きで，ナウマンゾウやマンモスなどを追って人類が移動してきたと考えられている。1946年（②　　　　）遺跡で打製石器が発見され，日本における旧石器文化の存在が明らかとなった。そのあと発見された石器には，ナイフ形石器・尖頭器・石斧などがあり，この時代の末期になると石片を木や骨の柄にはめこんだ（③　　　　）が用いられた。静岡県（④　　　　）や沖縄県（⑤　　　　），沖縄県山下町などで新人段階の人類である人骨が発見された。

2 [縄文・弥生文化] 次の文章を読み，あとの問いに答えなさい。

[南山大一改]

縄文時代には，日本列島各地で縄文土器がつくられた。集落は少人数の家族が住む（①　　　　）住居で構成され，周辺にはごみ捨て場としての（②　　　　）が形成された。精神生活の面では，すべての自然物・自然現象に霊威を感じて恐れた。これを（③　　　　）と呼ぶ。さらに，女性をかたどった（④　　　　）や成人や種族を示す風習である抜歯，埋葬には（⑤　　　　）をおこなうなど，呪術的風習を示すものが見られる。さらに，広域の集団間の関係も長野県 A 産の B の分布などからわかる。縄文時代が終わり，稲作を基盤とした弥生文化が成立すると，a社会は大きく変容した。b農耕のための新たな道具が出現し，生産性が向上すると，余剰生産物などをめぐる争いがおこり始めた。

(1) ①〜⑤に入る適語を答えよ。

(2) 次のX，Yの遺跡の位置を，下の地図中のア〜エから選べ。

X 縄文時代の代表例である三内丸山遺跡。　（　　）

Y 弥生時代の環濠集落の代表例である吉野ヶ里遺跡。　（　　）

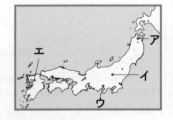

Guide

得点UP

▶縄文文化
①縄文土器・弓矢・磨製石器の使用
②住居…竪穴住居
③呪術的風習
土偶，抜歯，屈葬

▲抜歯

▲屈葬

▶弥生文化
①弥生土器
②石包丁，高床倉庫
③青銅器・鉄器…青銅器は主に祭器，鉄器は武器として使用。

▲石包丁

注意 **弥生時代の外交**
①奴国→後漢（『後漢書』東夷伝）
②邪馬台国→魏（「魏志」倭人伝）

参考 **青銅器の主な分布**
①銅鐸…近畿地方
②銅剣…瀬戸内
③銅矛…九州北部

(3) ⎡A⎤，⎡B⎤に入る適語を，次の**ア~カ**から選べ。

A（　　　）　B（　　　）

ア 和田峠（わだとうげ）　**イ** 姫川（ひめかわ）　**ウ** 白滝（しらたき）

エ 黒曜石　**オ** ヒスイ　**カ** サヌカイト

(4) 下線部 **a** について述べた文として誤っているものを，次の**ア~エ**から選べ。（　　　）

ア 縄文（じょうもん）時代と比べて集落が大規模化した。

イ 大量の副葬品をもつ墓がつくられた。

ウ 乾田（かんでん）から湿田（しつでん）へと転換し多くの労働力が必要になった。

エ 青銅製の祭器を用いた収穫祈願の祭などがおこなわれた。

(5) 下線部 **b** にあてはまるものを，右の**ア~エ**から選べ。（　　　）

ア　イ　ウ　エ

3 ⎣小国の成立⎦次の文章中の空欄に入る適語を答えなさい。

『（①　　　　）』地理志には，前 1 世紀ごろ倭人（わじん）は 100 余国にわかれていたとある。また，『（②　　　　）』東夷伝（とういでん）には，1 世紀に倭の（③　　　　）国が遣使して（④　　　　）より金印を受けたことが記されている。また，「（⑤　　　　）」倭人伝に記された（⑥　　　　）には一大率（いちだいそつ）と呼ぶ官僚がおり，「大人一（⑦　　　　）」という身分の区別もあり，（⑥）の女王である（⑧　　　　）は遣使して「（⑨　　　　）」の称号を得た。

☑ サクッとCHECK

● 次の文が正しければ○，誤っていれば×を書きなさい。

❶ アメリカ人のモースによって大森貝塚（おおもり）が発見された。（　　　）

❷ 縄文時代には狩猟に使う弓矢や食物の貯蔵や煮炊きのための土器が発明された。（　　　）

❸ 縄文時代には，黒曜石やヒスイなどを産出する遠隔地との交易が活発におこなわれていた。（　　　）

❹ 弥生（やよい）時代には，死者の手足を折り曲げて埋葬する屈葬（くっそう）が多く見られる。（　　　）

❺ 弥生時代には水稲耕作（すいとう）に際し，石包丁などの磨製石器が使用された。（　　　）

● 次の各問いに答えなさい。

❻ 旧石器時代末期に，小さな石器を木の柄などにはめこんで用いた石器は何か。（　　　）

❼ シカの角の釣針などを用いた，縄文時代の漁労の道具を総称して何というか。（　　　）

❽ 近畿（きんき）地方を中心に分布している，弥生時代を代表する青銅器は何か。（　　　）

❾ 弥生時代の墓制のうち，墳丘の周囲に溝をめぐらせた墓を何というか。（　　　）

❿ 弥生時代に，籾（もみ）の貯蔵用に使われたと考えられる建物は何か。（　　　）

1 ［縄文時代］次の文章を読み，あとの問いに答えなさい。　　　　　　　　　　［近畿大一改］

　縄文時代になると，植物性食料の利用が始まり，あく抜きや調理のため土器が使用されるようになる。a狩猟で使用するやじりやナイフなどの刃物は，サヌカイトやb黒曜石のように，打製石器にすると鋭く切れる石材を用いて製作された。一方，植物性食料は磨石と（ ① ）をセットで用いて粉末状にするなどして食された。温暖化し，食料が安定的に獲得できるようになると，集落の規模が大きくなり数も増加した。それにともなって，土器の種類も多くなった。女性をかたどった（ ② ）や耳飾りなど手間をかけて製作する呪術具や装身具が多く製作され，縄文時代の精神世界の豊かさをうかがわせる。

(1) ①，②に入る適語を答えよ。

①（　　　　）②（　　　　）

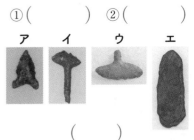

ア　イ　ウ　エ

(2) 下線部aについて，動物の皮を剥いだり，なめしたりするのに使われたと考えられている石器を，右のア〜エから選べ。　　　　　　　（　　　）

(3) 下線部bについて，関東地域で出土する黒曜石の産地として適切なものを，次のア〜エから選べ。

（　　　）

ア　白滝　　イ　隠岐　　ウ　姫島　　エ　和田峠

重要 **2** ［弥生時代］次の文章を読み，あとの問いに答えなさい。　　　　　　　　［立命館大一改］

　弥生時代になると，本格的に水稲農耕が始まり，日本列島各地へ広がった。山賀遺跡などで早くから営まれた水田が発見されている。これらの遺跡からは，木製鍬や稲穂を摘む（ A ）なども出土した。また，生駒西麓の鬼虎川遺跡からは，a青銅製品の鋳型が出土しており，この地域が弥生時代を代表する畿内のテクノポリスでもあったことがわかる。この時代には支配者と被支配者の関係が顕在化し，加美遺跡では支配者の墓と考えられる大型の（ B ）も見られる。弥生時代後期には各地に「クニ」と呼ばれる政治的まとまりが分立するようになり，墓からは，b頭骨のない人骨や，やじりの刺さった人骨が見つかるなど，戦いの痕跡が見られるようになる。

(1) Aにあてはまる石器を何というか。　　　　　　　　　　　　　　（　　　　　　）

記述 (2) 下線部aに関連して，銅鐸などの青銅器の主な利用目的は何と考えられているか説明せよ。

（　　　　　　　　　　　　　　　　　　　　　　）

(3) Bにあてはまる語句を，次のア〜エから選べ。　　　　　　（　　　）

ア　火葬墓　　イ　環状列石　　ウ　支石墓　　エ　墳丘墓

(4) 下線部bに関連して，右の資料は福岡県にある弥生時代の日本屈指の大環濠集落遺跡に付属する墓で，この集落では物見櫓と推定される柱の跡が見つかっている。この遺跡名を答えよ。　　　　　　　　（　　　　　　）

重要 **3** ［史料］次のA〜Cの史料を読み，あとの問いに答えなさい。なお，史料は一部手を加えたり，書き改めたところがある。

［東洋大一改］

A 倭人は（ a ）の東南大海の中に在り，…<u>邪馬壹国</u>に至る。女王の都する所なり。

B 夫れ（ b ）海中に倭人有り，分れて（ c ）余国と為る。歳時を以て来り献見すと云ふ。

C 建武中元二年，倭の（ d ）国，貢を奉じて朝賀す。使人自ら大夫と称す。倭国の極南界なり。光武，賜ふに印綬を以てす。

(1) A〜Cをその内容の古い順に並べよ。　　　　　　　　（　　 → 　　 → 　　）

(2) Bの出典として正しいものを，次のア〜エから選べ。　　　　　　　（　　）

　　ア 『漢書』地理志　　　イ 「魏志」倭人伝
　　ウ 『後漢書』東夷伝　　エ 『宋書』倭国伝

(3) a，bにあてはまる適語を，次のア〜エから選べ。　　　a（　　）b（　　）

　　ア 楽浪　　イ 臨屯　　ウ 帯方　　エ 玄菟

(4) cにあてはまる漢数字を答えよ。　　　　　　　　　　　　　（　　）

(5) dにあてはまる適語を答えよ。　　　　　　　　　　　　　　（　　）

(6) Aの下線部に関する史料として誤っているものを，次のア〜エから選べ。（　　）

　　ア 景初二年六月，倭の女王，大夫難升米等を遣し郡に詣り，…。

　　イ 倭人，其の国境に満ち，城池を潰破し，奴客を以て民と為せり。

　　ウ 親魏倭王と為し，金印紫綬を仮し，…。

　　エ 壹与の年十三なるを立てて王と為す。国中遂に定まる。

4 ［遺跡］次のA〜Eの各文にあてはまる遺跡を，あとの〔語群〕から選びなさい。

A 相沢忠洋が発見し，日本における旧石器時代解明のきっかけになった群馬県の遺跡。

B 縄文時代晩期の土器と水田跡が同時期のものとして発見され，縄文晩期の稲作を証明した福岡県の遺跡。

C 竪穴住居のほか，大規模な建造物群からなる青森県の遺跡。

D くいで補強した水路や畦が整然と配置された水田跡が発見された静岡県の遺跡。

E 多数の銅剣・銅矛・銅鐸が同一場所から発見された島根県の遺跡。

A（　　）　B（　　）　C（　　）　D（　　）　E（　　）

〔語群〕ア 弥生遺跡　　イ 登呂遺跡　　ウ 吉野ヶ里遺跡　　エ 岩宿遺跡
　　　　オ 板付遺跡　　カ 三内丸山遺跡　　キ 唐古・鍵遺跡　　ク 荒神谷遺跡

Hints

1 (3)関東地方では，中部地方で産出した黒曜石が多く出土している。
2 (2)鉄器は武器や農具の材料として主に用いられた。
3 (4)邪馬台国は，30国余りの小国の連合の中心であった。
4 Cは，縄文時代の代表とされる遺跡で世界遺産に登録されている。

2 古代国家の成立

STEP 1 基本問題　　　　　　　　　　　解答⊕ 別冊2ページ

1 ［古墳文化］次の文章中の空欄に入る適語を答えなさい。

初期の前方後円墳は墳丘の頂上に円筒埴輪をめぐらし，（①　　　）式石室に被葬者を入れた。中期以降は（②　　　）式石室も徐々に造られ，埴輪も右の図のような（③　　　）埴輪が加わった。5世紀になると，古墳は巨大化し，大阪府の大仙陵古墳のようにヤマト政権の首長である（④　　　）を埋葬したと考えられる。6世紀になると古墳は小型化し，円墳や方墳が一定地域に10～100基と集中して築造された。これを（⑤　　　）という。

2 ［ヤマト政権］次の文章中の空欄に入る適語を答えなさい。

各地の豪族は（①　　　）と呼ぶ同族集団をつくり，ヤマト政権の大王はこれらに（②　　　）を与えて，大王との関係や政権内での地位・役割を示した。豪族は（③　　　）と呼ぶ私有民や（④　　　）と呼ぶ私有地をもっていた。（②）には大和などの有力豪族に与える臣，特定の職能をもつ豪族に与える（⑤　　　），地方の有力豪族に与える（⑥　　　）などがあった。政権は大王と大臣・（⑦　　　）で運営され，ほかに技術者集団を率いる（⑧　　　）がいた。服属した地方豪族は（⑨　　　）や県主に任命されてその地域の支配を委ねられたが，地域内に設置されたヤマト政権の直轄地である（⑩　　　）や直属民である（⑪　　　）・子代の管理もおこなった。

外交面では，朝鮮半島南部の（⑫　　　）資源を確保するために，早くからかつての弁韓の地の（⑬　　　）諸国と密接な関係をもっていた。4世紀後半に朝鮮半島北部の（⑭　　　）が南下策を進めると，倭国は百済などとともに（⑭）と争うことになった。

Guide

古墳文化

①**前期**…円墳，方墳，竪穴式石室，円筒埴輪
②**中期**…前方後円墳，竪穴式石室，形象埴輪
③**後期**…群集墳，横穴式石室，装飾古墳，埴輪減少

氏姓制度

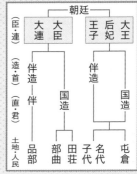

私有地・私有民

①**私有地**・皇室…屯倉
　　　　　　・豪族…田荘
②**私有民**・皇室…名代・子代
　　　　　　・豪族…部曲

参考 **5世紀の東アジア**

← 南朝への遣使推定路

3 ［推古朝］次の文章中の空欄に入る適語を答えなさい。また，あとの問いに答えなさい。

587年に（①　　　　　　　）が物部守屋を攻め滅ぼし，592年には自ら擁立した崇峻天皇を暗殺し，蘇我氏が政治を独占した。同年，（①）の姪にあたる（②　　　　　　）天皇が飛鳥で即位した。593年，この天皇のもと厩戸王（聖徳太子）が蘇我氏らと協力して政治にあたり，豪族個人を官僚として登用する（③　　　　　　　）や，官僚としての心得を説いた（④　　　　　　）などを制定した。この政権の政治は，仏教の精神などを支配に生かして国内を統一しようとするものであった。a政権が仏教を積極的に導入すると，これに従う豪族も増え，寺院は新たな権威の象徴となり，大和や河内を中心に寺院が建立されることになった。他方，b政権は遣隋使を送り，仏教の教えを学ぶ留学生を同行させた。

(1) 下線部aについての説明として誤っているものを，次のア〜エから選べ。　（　　　）

　ア　寺院は，初めは仏舎利を納める塔を中心に造営された。
　イ　飛鳥寺は蘇我氏の氏寺で，わが国最古の寺院の1つである。
　ウ　斑鳩の四天王寺は，厩戸王の願いで建てられたとされる。
　エ　仏教に対しては，病気治癒などの現世利益が求められた。

(2) 下線部bについて，次の文章中の空欄に入る適語を答えよ。

　　厩戸王は遣隋使として（⑤　　　　　）を隋に派遣し，隋と対等の国交を求めた。これに同行した高向玄理や南淵請安，僧（⑥　　　　）らが隋に留学した。

参考　『天皇記』と『国記』

百済僧の観勒が暦を伝え，推古朝では，大王の系譜を伝える『天皇記』と伝承をまとめた『国記』が編纂された。なお，これより前の6世紀には『帝紀』，『旧辞』がつくられており，『古事記』のもとになったと考えられている。

得点UP　推古朝の政治

①冠位十二階（603）…徳・仁・礼・信・義・智の官位を個人の能力により支給。
②憲法十七条（604）…役人の心構えや仏教の奨励を説く。
③遣隋使（607）…小野妹子を対等な立場で派遣。隋使裴世清が来日→高向玄理・南淵請安・僧旻らが留学。

注意　伽藍配置の変遷と飛鳥寺

寺院はもともと塔を中心に建立されたが，やがて仏像を安置するようになる。蘇我氏が建立した飛鳥寺は最古の寺院とされ，塔が中心に配置されている。

☑ **サクッとCHECK**

● 次の文が正しければ○，誤っていれば×を書きなさい。

❶ 前期古墳は丘陵などに築かれ，被葬者はその副葬品から司祭的な性格をもっていたとされる。（　　　）
❷ ヤマト政権は，服属した地方豪族に対して忌寸や真人の姓（カバネ）を与え，国造に任命した。（　　　）
❸ 5世紀，倭王は朝鮮諸国に対抗するため，中国の南朝に朝貢して国際的地位の向上を目ざした。（　　　）
❹ 大伴金村は，加耶西部の地域を百済に割譲したことを失政とされ，失脚した。（　　　）
❺ 蘇我馬子は用明天皇を暗殺し，厩戸王（聖徳太子）とともに権力者となった。（　　　）

● 次の各問いに答えなさい。

❻ 朝鮮半島南部にあった小国分立状態の地で，ヤマト政権が進出した地域はどこか。
　（　　　　　　　　）
❼ 4世紀末に倭と高句麗が戦ったことを記した石碑を何というか。（　　　　　　　）
❽ 5世紀ごろに渡来人が伝えた新技術でつくられた硬質の土器を何というか。（　　　　　　　）
❾ 6世紀末から大王の王宮が次々に営まれた奈良盆地南部の地はどこか。（　　　　　　　）
❿ 法隆寺金堂の釈迦三尊像は何様式でつくられているか。（　　　　　　　）

重要 **1** ［古墳とヤマト政権］次の文章を読み，あとの問いに答えなさい。

　ヤマト政権は，地方豪族を服属させながら，政治組織を整えていった。ヤマト政権の中枢は， a 大王を中心に，大和とその周辺の豪族により構成された。 b 大王は，氏に対して，家柄や職務に応じて臣や連などの姓(カバネ)と呼ばれる称号を与えた。ヤマト政権は，地方豪族反乱後の接収地を編入するなどして，（ **X** ）と呼ばれる直轄地とし，大王やその一族への奉仕や貢ぎ物をおさめる部を設けた。

　古墳はヤマト政権の勢力が拡大するとともに各地に広まっていった。5世紀になると（ **Y** ）のような，平地に墳丘をもりあげた巨大な c 前方後円墳がつくられた。6世紀になると，小さな円墳などがまとまってつくられる（ **Z** ）が各地に営まれた。

　また日本列島には 4〜5 世紀以降，朝鮮半島からの d 渡来人が定着するようになった。ヤマト政権や地方豪族は，彼らを積極的に活用して，政治力や経済力を高めていった。

(1) 下線部 a に関連して，右の地図中の a〜d のうち，倭王武にあたる「獲加多支鹵大王」と記した鉄剣や鉄刀が出土した古墳の所在地の正しい組み合わせを，次のア〜エから選べ。　　（　　　）

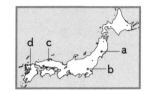

　　ア a・c　　イ a・d　　ウ b・c　　エ b・d

(2) 下線部 b について述べた文として正しいものを，次のア〜エから選べ。　　　　（　　　）

　　ア 物部・大伴らの氏上は大臣として政務を担当した。

　　イ 蘇我らの氏上は大連として祭司を担当した。

　　ウ 地方豪族に対しては，直や君などの姓を与えて，国造などに任命した。

　　エ ヤマト政権の軍事をつかさどる氏には伴造の姓を与えた。

(3) **X** に入る適語を答えよ。　　　　　　　　　　　　　　　　　　　　　（　　　）

(4) **Y** に入る古墳として誤っているものを，次のア〜エから選べ。　　　　（　　　）

　　ア 大仙陵古墳　　イ 誉田御廟山古墳　　ウ 太田天神山古墳　　エ 竹原古墳

記述 (5) 下線部 c は，7 世紀にはほとんどつくられなくなった。その理由を，ヤマト政権の性格の変化に着目して説明せよ。

　　（　　　　　　　　　　　　　　　　　　　　　　　　　　　　　　　　　）

(6) **Z** に入る適語を答えよ。　　　　　　　　　　　　　　　　　　　　　（　　　）

(7) 下線部 d の説明として誤っているものを，次のア〜エから選べ。　　　　　（　　　）

　　ア 文字をもたなかった日本列島に漢字が伝わった。

　　イ 渡来人の中には秦氏など氏族として優遇されたものもいた。

　　ウ 須恵器の生産や高度な機織りの技法をもたらした。

　　エ ヤマト政権は彼らを九州に住まわせ，出納や外交文書の作成にあたる錦織部を組織した。

重要 **2** ［推古朝と飛鳥文化］次の文章を読み，あとの問いに答えなさい。 ［神戸学院大一改］

589年に隋が中国を統一し，周辺地域に進出し始めると，東アジアは激動の時代を迎えた。国内では，587年に，大臣蘇我馬子が対抗勢力である大連（ ① ）を滅ぼし，592年には（ ② ）を暗殺して権力を掌握した。そうした中,日本最初の女帝である（ ③ ）が即位し,その下で蘇我氏と a 厩戸王(聖徳太子)が協力し，b 国家組織の整備を進めた。また,中国との外交も c 遣隋使の派遣をもって再開され,これに随行した d 留学生・学問僧により,新知識が日本に伝えられた。

(1) ①〜③にあてはまる人物名を答えよ。

①（　　　　　） ②（　　　　　） ③（　　　　　）

(2) 下線部 a が創建したとされる法隆寺や同寺院所蔵の文化財について述べた文として誤っているものを，次のア〜エから選べ。　（　　　）

ア　法隆寺金堂の半跏思惟像は，鞍作鳥が北魏様式によって製作した仏像である。

イ　法隆寺が焼失後に再建されたことは，いわゆる若草伽藍跡の発掘で証明されている。

ウ　法隆寺に伝わる玉虫厨子には，仏教説話の絵が描かれている。

エ　法隆寺の金堂や歩廊の柱には，エンタシスが見られる。

(3) 下線部 b に関連して,憲法十七条の政治理念として誤っているものを,次のア〜エから選べ。

ア　旧の賦役を罷めて，田の調を行へ。　　　　イ　三宝を敬へ。　（　　　）

ウ　それ事は独り断むべからず。必ず衆と論ふべし。　エ　詔を承りては必ず謹め。

(4) 下線部 c について，次の各問いに答えよ。

① 607年に派遣された遣隋使と，当時の隋の皇帝の正しい組み合わせを，次のア〜エから選べ。　（　　　）

ア　犬上御田鍬─煬帝　　　イ　小野妹子─煬帝

ウ　犬上御田鍬─文帝　　　エ　小野妹子─文帝

記述 ② ①のときの隋への国書は，皇帝から無礼とされた。その理由を説明せよ。

（　　　　　　　　　　　　　　　　　　　　　　　　　　　）

(5) 下線部 d として誤っているものを，次のア〜エから選べ。　（　　　）

ア　南淵請安　イ　阿倍仲麻呂　ウ　旻　エ　高向玄理

(6) 蘇我氏が建立した飛鳥寺の伽藍配置を，次のア〜カから選べ。　（　　　）

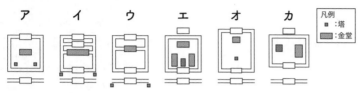

凡例
■：塔
▨：金堂

Hints

1 (1)埼玉県稲荷山古墳と，熊本県江田船山古墳が該当する。

(5)当初のヤマト政権は，豪族が連合してつくる政権であった。

2 (3)憲法十七条は，仏教を信仰すること，天皇の命令には従うことなど，役人の心構えを説いている。

(6)飛鳥寺は，塔を中心とする配置となっている。

3 律令国家の成立

STEP 1 基本問題

解答⊖ 別冊2ページ

1 [大化改新] 次の文章中の空欄に入る適語を答えなさい。また,あとの問いに答えなさい。 [獨協大一改]

蘇我氏が独裁的傾向を強め,蘇我入鹿は,有力な皇位継承候補者であった(① _____)を自殺に追い込んだ。これに対し,王族中心の中央集権国家を目ざしたa中大兄皇子や中臣鎌足らは蘇我蝦夷・入鹿親子を滅ぼし,中大兄皇子らは,大化の年号をたて,b改新の詔を発し改革の方針を示した。また,唐から帰国した高向玄理・僧旻を(② _____)に任命し,唐の律令制度にならった中央集権国家建設を目ざした。660年には,旧(③ _____)勢力を支援するためにc朝鮮半島に出兵したが大敗し,国内の防衛体制を整備しなければならなくなった。その後,中大兄皇子は即位して天智天皇となり,都を X に移し,初の全国的な戸籍である(④ _____)を作成した。

(1) X にあてはまる都の位置を,右の地図中のア〜エから選べ。 ( )

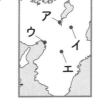

(2) 下線部aのでき事を何というか。
( )

(3) 下線部bについて,部曲や田荘を廃止して,改新の基本方針とした制度を何というか。
( )

(4) 下線部cについて述べた文として誤っているものを,次のア〜エから選べ。 ( )

ア この時の戦いを白村江の戦いという。

イ この後,西日本各地に古代朝鮮式山城が築かれた。

ウ 九州北部や壱岐・対馬の警備のための兵士として健児がおかれた。

エ 九州の要地を守る水城が築かれた。

2 [天武・持統朝の政治] 次の文章中の空欄に入る適語を答えなさい。

天智天皇の没後,大友皇子と大海人皇子との間で皇位継承をめぐって(① _____)がおこったが,大海人皇子が勝利し,

Guide

改新の詔の内容

①公地公民制の実施,有力豪族には食封を支給。

②評(郡)などの中央集権的な行政区画の整備。

③戸籍・計帳の作成→班田収授の実施。

④統一的な税制の実施。

「評」と「郡」

大化改新の詔には行政単位として「郡」を定めると記されているが,藤原京跡出土の木簡により「評」が正しいことがわかり,大宝律令制定までは国評里制の地方行政だったことが確定した。

▲藤原宮跡出土木簡

水城と大野城

①**水城**…全長1.2km,幅約75mの広い壇上に設けられた高さ約7mの堤と,博多湾側につくられた幅60m深さ4mの水を貯えた堀からなっていた。

②**大野城**…大宰府後方にある四王寺山の山頂に築かれた古代朝鮮式山城。

天武天皇として即位した。天武天皇は皇親政治をおこない，官僚制にもとづく中央集権的国家体制の建設を進めた。684年には（②　　　　　　　　）を定めて，豪族達を天皇中心の身分秩序に編成し，日本初の貨幣である（③　　　　　　　）を鋳造した。続く持統天皇は，689年に（④　　　　　　　　）を施行し，翌年にはこれにもとづき庚寅年籍を作成した。また，天武天皇の時期に造営を開始していた（⑤　　　　　　　）に遷都した。

3 ［律令政治］次の文章中の空欄に入る適語を答えなさい。また，あとの問いに答えなさい。

　律令体制は，701年に（①　　　　　　　）律令が制定され，718年にはこれを修正した（②　　　　　　　）律令が制定された。その中で整えられた組織は，ₐ二官八省や畿内・七道といわれるものである。地方では，国ごとに，都から（③　　　　　　　）が派遣されて国政にあたった。一方，貴族には特権が与えられ，位の上昇とともに位田が支給されるだけでなく自動的に位階に該当する役職に就くことができた。これを（④　　　　　　　）という。税制については，6年ごとに戸籍をつくり，6歳以上の男女には（⑤　　　　　　　）が支給され，死亡すると土地はとり上げられた。これを（⑥　　　　　　　）という。税には，ᵦ田地にかかる（⑦　　　　），都での歳役か布をおさめる（⑧　　　　），特産物をおさめる（⑨　　　　）などが課せられた。

(1) 下線部 a の二官とは神祇官と何か。　　　　　　（　　　　　　）
(2) 下線部 b で収穫量の約何％が課せられたか。　　（　　　　　　）

得点UP **律令国家の形成**
①**天智天皇**…近江令制定（668），**庚午年籍**（670）
②**天武天皇**…飛鳥浄御原宮へ遷都（673），**飛鳥浄御原令**制定（681），八色の姓（684）
③**持統天皇**…飛鳥浄御原令施行（689），**庚寅年籍**（690），藤原京へ遷都（694）

注意 **中央財源と地方財源**
①**租**…諸国の倉庫などにおさめて地方の財源とし，出挙（公出挙）に用いる稲もこれから使用した。
②**調・庸**…農民の代表が都まで運び（運脚），中央の財源となった。平城京跡の長屋王邸宅跡からは，こうした納入物を記した**木簡**が数多く出土している。

得点UP **貴族の特権**
①**官位相当制**…位階に対応する官職に任じられ，給与が与えられた制度。
②**蔭位の制**…五位以上の貴族の子弟に自動的に位階が与えられる制度。

☑ サクッとCHECK

● 次の文が正しければ○，誤っていれば×を書きなさい。
❶ 改新の詔は『日本書紀』に収録されている。　　　　　　　　　　　（　　　　）
❷ 養老律令は藤原不比等らによってまとめられた。　　　　　　　　　（　　　　）
❸ 律令制の下，九州には大宰府がおかれ，防備の防人や筑紫館（のちの鴻臚館）が附属した。（　　　　）
❹ 班田収授のために条坊制と呼ぶ土地区画がおこなわれた。　　　　　（　　　　）
❺ 稲を強制的に貸し付ける雑徭では，5割の利息をとった。　　　　　（　　　　）

● 次の各問いに答えなさい。
❻ 天武・持統天皇のころ栄えた文化を何というか。　　　　　　（　　　　　　　　）
❼ 律令制において，太政官から独立し，官吏の不正を監視する役所を何というか。（　　　　　　）
❽ 調・庸を徴収するために毎年作成された台帳を何というか。　　（　　　　　　　　）
❾ 口分田の不足を解消するために，723年に施行された法令は何か。（　　　　　　　　）
❿ 道鏡を天皇にしようとして，和気清麻呂を宇佐神宮に派遣した天皇はだれか。（　　　　　　）

1 [律令国家の形成] 次の文章を読み，あとの問いに答えなさい。　　　　　　[松山大一改]

　a乙巳の変以降の大化改新を主導してきた天智天皇が亡くなると，皇位継承をめぐって壬申の乱がおこり，大友皇子に勝利した大海人皇子はb（ア 紫香楽宮 イ 恭仁京 ウ 飛鳥浄御原宮）で即位して天武天皇となり，c（エ 官位相当制 オ 八色の姓 カ 蔭位の制）を定めて豪族たちを天皇中心の身分秩序に再編成するなど中央集権化を進めた。彼の死後は，皇后であったd持統天皇が政策を受け継いだ。

(1) 下線部aに関連して，次の各問いに答えよ。

　① 乙巳の変以降，天智天皇が死去するまでの間におこったでき事として誤っているものを，次のア～エから選べ。　　　　　　　　　　　　　　　（　　　　）
　　　ア 白村江の戦いがおこった。　　イ 都が飛鳥から難波へ移された。
　　　ウ 庚午年籍がつくられた。　　　エ 『古事記』がまとめられた。

[重要] ② 改新の詔に関連する説明として誤っているものを，次のア～エから選べ。（　　　　）
　　　ア 公地公民制を目ざす方針が示された。
　　　イ この詔は，『日本書紀』に収録されている。
　　　ウ 第1条の「評」の字は，藤原宮木簡には「郡」と表記されていることから，出典書の編纂時に潤色されたと考えられる。
　　　エ 戸籍・計帳・班田収授法をつくることが書かれている。

(2) b，cについて，（　　）の中から正しいものを選べ。
　　　　　　　　　　　　　　　　　　　　　　b（　　　）　c（　　　）

(3) 下線部dがおこなった政策として正しいものを，次のア～エから選べ。（　　　　）
　　　ア 最初の遣唐使の派遣　イ 藤原京遷都　ウ 和同開弥の鋳造　エ 健児の設置

[重要] **2** [土地制度の変遷] 次の文章を読み，あとの問いに答えなさい。　　[関西学院大一改]

　奈良時代には，人口増加にともなう口分田の不足を補い，税収を増やすため，土地開発を推進する政策がとられた。722年百万町歩の開墾計画を立て，翌年には三世一身法を施行した。さらに，743年にはa墾田永年私財法を発布した。これらの政策によってb貴族・寺院・地方豪族の私有地が拡大し，律令国家の根幹である公地公民制の原則が崩れていった。

(1) 下線部aに関連する内容として正しいものを，次のア～エから選べ。　　（　　　　）
　　　ア 私有が認められた墾田は租の納入を免除された。
　　　イ 私有を認める田地の面積は身分を問わず一定とされた。
　　　ウ この法では，三世一身法の施行後，保有期限を迎えた田地が収公されることによって農民が怠惰になり，開墾した田地が再び荒れてしまうことが述べられている。
　　　エ この法の発布と同じ年，聖武天皇が全国に国分寺・国分尼寺の建立を命じた。

(2) 下線部**b**に関連して，次の各問いに答えよ。

① 貴族や大寺院などの私有地を何というか，漢字2字で答えよ。（　　　）

貴族の食事　　　農民の食事

記述 ② 右の写真は8世紀の貴族と農民の食事を再現したものである。貴族が都ではとれない食物を食べることができた理由を，簡潔に説明せよ。

（　　　　　　　　　　　　　　　　　　　　　　）

重要 **3** ［奈良時代の政争］次の文章の①〜⑤について，（　　）の中から適語を選びなさい。［明治大一改］

①（ア 舎人 イ 刑部 ウ 早良）親王を総裁として701年，大宝律令が完成し，この事業に関与した藤原不比等が権力を強めた。彼の四子が長屋王を倒し，彼らの妹である②（ア 光明子 イ 宮子 ウ 彰子 エ 威子）を聖武天皇の皇后とした。四子が疫病であいついで死去すると，皇族出身の③（ア 源 高明 イ 橘 奈良麻呂 ウ 橘諸兄）が政権を握り，玄昉や吉備真備を重用した。④（ア 藤原百川 イ 藤原緒嗣 ウ 藤原冬嗣 エ 藤原広嗣）は彼ら2人を除くことを名目に乱をおこしたが敗死した。この反乱の結果，聖武天皇は平城京から山背国の⑤（ア 難波宮 イ 福原京 ウ 恭仁京）に遷都した。

①（　　）②（　　）③（　　）④（　　）⑤（　　）

4 ［仏教文化］右の**A〜H**の文化財を見て，次の問いに答えなさい。［神奈川大・成城大一改］

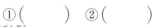
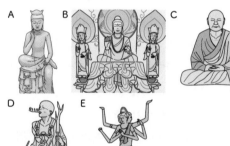

(1) 法隆寺に現存する仏像として正しいものを，**A〜D**から選べ。（　　　）

(2) 次の①，②にあてはまる寺院を，あとの**ア〜エ**からそれぞれ選べ。

①（　　）②（　　）

① 絵画作品の吉祥天像が所蔵されている。

② **E**の彫刻が所蔵されている。

　　ア 興福寺　　イ 東大寺
　　ウ 薬師寺　　エ 中宮寺

(3) 正倉院宝物として誤っているものを，**F〜H**から選べ。（　　　）

Hints

1 (2)c 従来の姓制を改めた制度である。

2 (2)② 当時の農民には，都まで特産物を運んでくる税が課せられていた。

3 ⑤ 聖武天皇は，ここで国分寺建立の詔を出した。

4 (1) Aは飛鳥文化期，Cは天平文化期のもの，Dは市聖と呼ばれた空也像である。

1 ［律令国家への歩み］次の文章を読み，あとの問いに答えなさい。

大化改新で中央集権国家建設の方針をうち出した a 中大兄皇子(のち天智天皇)は，白村江の敗戦後，国防の強化に力を入れた。彼の死後， b 天武天皇は唐の律令制度にならい中央集権化に成功し，持統天皇もそれを受け継いだ。平城京に遷都したあとは， c 藤原氏や皇族などによる政争があいつぎ，また，人口の増加や d 重い負担に苦しむ農民の問題から律令制度の修正をせざるを得なくなった。

(1) 下線部 a に関する説明として誤っているものを，次のア〜エから選べ。　　（　　）

ア　防衛のために，九州に水城を築いた。　　イ　都を飛鳥から大津の地に移した。

ウ　九州に防人をおいて防御にあたらせた。　　エ　新羅と結んだ磐井の反乱を鎮圧した。

(2) 下線部 b に関する説明として誤っているものを，次のア〜エから選べ。　　（　　）

ア　蘇我氏や阿倍氏らを大臣に任じて体制を強化した。

イ　飛鳥浄御原令の制定を開始した。

ウ　八色の姓が定められ，国史の編纂が始められた。

エ　僧尼を規制して，仏教を国家統制の下においた。

(3) 下線部 c に関する説明として誤っているものを，次のア〜エから選べ。　　（　　）

ア　藤原不比等の子4人が長屋王を自殺させた。

イ　道鏡に対し，藤原仲麻呂が反乱をおこした。

ウ　藤原仲麻呂に対し，橘諸兄が反乱をおこした。

エ　道鏡を天皇にする企ては和気清麻呂が阻止した。

(4) 下線部 d に関連して，次の①，②の各文Ⅰ・Ⅱの正誤の正しい組み合わせを，あとのア〜エからそれぞれ選べ。　　　　　　　　　　　　　①（　　）②（　　）

①　{ Ⅰ：口分田は6歳以上の良民男子には2段ずつ支給され，死ぬまで使用を許された。
　　{ Ⅱ：雑徭は郡司の命令でおこなう労役で，都へ出て働くこともあった。

②　{ Ⅰ：出挙(公出挙)は元来農民の生活を維持するもので，その返済に利息はなかった。
　　{ Ⅱ：防人は主として西国の兵士から選ばれ，任期は5年であった。

ア　Ⅰ—正　Ⅱ—正　　イ　Ⅰ—正　Ⅱ—誤　　ウ　Ⅰ—誤　Ⅱ—正　　エ　Ⅰ—誤　Ⅱ—誤

2 ［都の変遷］次の文章中の空欄に入る適語を答えなさい。　　　　　　　　［津田塾大一改］

乙巳の変後に即位した孝徳天皇と，皇太子となった(①)皇子のもとで大化改新が進められ，大王宮も飛鳥から難波宮へ移された。(①)皇子は都を(②)宮に移し，翌年ここで即位して天智天皇となった。672年に壬申の乱で勝利した大海人皇子は，翌年(③)宮で即位し，(④)天皇となり，684年に(⑤)を制定した。また，(⑥)銭の鋳造や律令・国史の編纂をおこなった。(④)天皇のあとを継いだ皇后の持統天皇は諸政策を引き継ぎ，694年には藤原京に遷都し，710年，(⑦)天皇は，藤原京から平城京へと遷都した。740年に九州でおこった

藤原(⑧)の乱後，政治・社会的不安のなかで，聖武天皇は，恭仁京・難波宮へ，ついで743年に(⑨)の詔を出した紫香楽宮など，都を転々と移したものの，745年には平城京にもどした。

①(　　　　　) ②(　　　　　) ③(　　　　　) ④(　　　　　)
⑤(　　　　　) ⑥(　　　) ⑦(　　　　) ⑧(　　　) ⑨(　　　)

重要 **3** ［7～8世紀の外交と文化］次の文章中の空欄に入る人名を答えなさい。また，あとの問いに答えなさい。

[駒澤大一改]

630年に(①)が第1回遣唐使として派遣された。これ以降(②)が中止を建言した894年までの間に，遣唐使はₐ多くの進んだ文物や制度をもたらした。唐に渡った人々のうち，唐の朝廷に仕えて帰国できなかった人物では(③)や藤原清河が有名である。一方，国内では7世紀中ごろ以降，東北地方の蝦夷に対する征服が進められた。(④)が水軍を率いて秋田・津軽方面へ進出し，640年代には渟足柵や♭磐舟柵が築かれ，8世紀前半に太平洋方面に꜀多賀城を築いて東北経営の拠点とした。

①(　　　　) ②(　　　　) ③(　　　　) ④(　　　　)

(1) 下線部ₐのうち正倉院に現存している文化財を，次のア～エから選べ。 (　　)
　ア 天寿国繡帳　　　イ 夢違観音像
　ウ 螺鈿紫檀五絃琵琶　　エ 百万塔陀羅尼

(2) 下線部♭の場所を，右の地図中のア～エから選べ。 (　　)

(3) 下線部꜀におかれた蝦夷統治の機関を，次のア～エから選べ。
　　　　　　　　　　　　　　　　　　　　　　　(　　)

　ア 国衙　　イ 郡衙　　ウ 鎮守府　　エ 都督府

4 ［律令制度］次の各文の説明に合致する適語を答えなさい。
(1) 中央・地方の各官庁の上級官職は長官・次官・判官・主典で構成された。 (　　)
(2) 貴族や官人は位階を授けられ，それに応じた官職に就任した。 (　　)
(3) 五位以上の貴族の子や三位以上の貴族の子と孫は，21歳になると父または祖父の位階に応じて定められた位階を受ける特権があった。
　　　　　　　　　　　　　　　　　　　　　　　　　　　　(　　)
(4) 特に重罪とされた，天皇や国家・尊属に対する罪。 (　　)
(5) 賤民には，陵戸・官戸・公奴婢・家人・私奴婢の五種があった。 (　　)
(6) 京内の治安維持や官人の監察のため，太政官から独立した官庁をおいた。 (　　)
(7) 都と地方を結ぶ道路に，約16kmごとに人馬を配した施設。 (　　)

Hints

1 (1)唐・新羅による攻撃に備えて九州を防衛した。
　　(2)天武天皇は皇子とともに政権を動かす皇親政治をおこなった。
3 (2)日本海側の蝦夷支配を拡大し，このころには現在の新潟県あたりまで進んだ。
4 (4)位階の剝奪などによる実刑に対する減免が認められなかった。

4 貴族政治と文化

解答⊖ 別冊4ページ

1 ［律令政治の再建］次の文章中の空欄に入る適語を答えなさい。

桓武天皇は784年に（①　　　　　　）に遷都し，794年平安京に再遷都した。天皇は軍団を廃止して郡司の子弟からなる（②　　　　　　）をおき，新しい軍制をしいた。蝦夷の反乱に対しては坂上田村麻呂を（③　　　　　　）に任命し，鎮圧させた。田村麻呂は（④　　　　）城を築いて鎮守府をここに移した。また天皇は，国司の監督を強化するため（⑤　　　　　　）を設けた。続いて，（⑥　　　　　　）と結んだ平城太上天皇との対立に勝利した嵯峨天皇は，藤原冬嗣を（⑦　　　　　　）に任命した。また京内の治安維持を強化するために（⑧　　　　　　）をおいた。さらに，律令の修正法や施行細則をまとめ（⑨　　　　　　）格式を編纂させて，養老令の公式解釈書として『（⑩　　　　　　）』をつくらせた。

2 ［弘仁・貞観文化］次の文章中の空欄に入る適語を答えなさい。

唐に渡った（①　　　　　　）は帰国後に真言密教の中心として金剛峯寺を建てた。唐で天台宗を学んだ（②　　　　　　）は延暦寺を建て，大乗戒壇の設立を朝廷に求めた。彼の弟子である（③　　　　　　）とその一派は延暦寺を，（④　　　　　　）とその一派は園城寺（三井寺）を拠点にして天台宗を密教化した。また，この時期の寺院は山中に自由な伽藍配置で建てられた。右図の奈良県の（⑤　　　　）はその代表例である。

3 ［摂関政治］次の文章中の空欄に入る適語を答えなさい。

藤原冬嗣が秘書機関の長官に就任してから，藤原氏の（①　　　　）家が有力貴族を排斥して権力を強めた。藤原良房は（②　　　　）の変で伴健岑を，また（③　　　　　　）の変で伴善男を流罪とし，臣下で初の摂政となった。藤原基経は宇多天皇から（④　　　　）任命の詔を得た。その後，醍醐天皇の代に

Guide

得点UP

①**桓武天皇**…律令制の再建のため，口分田の班給を12年1班としたり，雑徭を半減したりした。なお，健児を採用したのは長岡京のころである。

②**格式**…律令の規定を修正・補足する格，役所ごとの施行上の細則である式が，3回にわたって編纂された。→**弘仁格式・貞観格式・延喜格式**

参考 曼荼羅

密教で重んじる大日如来の智徳を表す金剛界と，同じく慈悲を表す胎蔵界の2つの仏教世界を整然とした構図で図化したもの。

▲両界曼荼羅（胎蔵界）

注意 藤原氏式家と北家

奈良時代末期の光仁天皇を擁立した式家の**藤原百川**以降，種継，緒嗣，仲成，薬子と式家が重要な役割を果たす。平城太上天皇の変の時に蔵人頭に**藤原冬嗣**が任命されて以降は**北家**が権力を握っていく。

（⑤〔　　　　〕）を大宰府に左遷した。969年には
（⑥〔　　　　〕）の変で源高明を失脚させ，摂関常置の体制がで
き，（⑦〔　　　　〕）・頼通親子のときに全盛を迎えた。その
一方，農民の浮浪・逃亡・偽籍によって公地公民制が崩壊し，地
方行政は国司に一任された。その結果，現地に赴任した
（⑧〔　　　　〕）に権限が集中した。また，現地に赴任しない
（⑨〔　　　　〕）も盛んにおこなわれるようになった。

4 ［国風文化］次の文章を読み，あとの問いに答えなさい。

［西南学院大一改］

　9世紀に平がな，片かなが生まれたことで，多くの文学作品が
生み出された。和歌では，最初の勅撰和歌集であるa『古今和歌
集』が編集され，物語では，伝説をもとにした作品や，b紫式部
が著した『源氏物語』，清少納言が著した『枕草子』などの傑作
が生まれた。また，平安時代には，現世の不安から逃れ，極楽浄
土への往生を願う浄土教も流行した。10世紀半ばには，京の市
でc念仏を唱え，阿弥陀信仰を広めようとする聖も現れた。

(1) 下線部aの編集に携わり，『土佐日記』を著したのはだれか。
　　　　　　　　　　　　　　　　　　　　（　　　　　　　）

(2) 下線部bが仕えていた人物を，次のア〜エから選べ。（　　　）
　　ア　大津皇子　　イ　中宮彰子
　　ウ　草壁皇子　　エ　皇后定子

(3) 下線部cについて，浄土教を広めた右の人物は
　　だれか。　　　　　　　　　　　　（　　　　）

得点UP

①**意見封事十二箇条**…三善
清行が醍醐天皇に提出し
たもの。地方で律令政治
を続けることが困難であ
ると指摘した。
②**不輸の権**…荘園の租税
（官物・公事）を免除する
特権。太政官・民部省の
許可を得たものを官省符
荘，国司の許可を得たも
のを国免荘と呼ぶ。

注意　官物と臨時雑役

①**官物**…かつての租にあた
り，主に米で納める。
②**臨時雑役**…かつての調・
庸などにあたり，特産物
などで納める。

参考　成功と重任

　朝廷・上級貴族の寺社造
営などの費用を負担し，そ
の代償として官職に任じて
もらうことを**成功**という。
また成功をくり返すことで
官職に再任してもらうこと
を**重任**という。

✓ サクッとCHECK

● 次の文が正しければ○，誤っていれば×を書きなさい。
❶ 国司の不正を防ぐために設置された令外官は，勘解由使である。　（　　　）
❷ 桓武天皇の時に，鎮守府は胆沢城から多賀城に移された。　（　　　）
❸ 最初の勅撰漢詩文集は，嵯峨天皇の命でつくられた『経国集』である。　（　　　）
❹ 延喜の治は醍醐天皇，天暦の治は村上天皇の親政である。　（　　　）
❺ 藤原道長が建立した法勝寺にちなんで，道長を「御堂関白」と呼ぶ。　（　　　）
● 次の各問いに答えなさい。
❻ 密教の世界を図像で描いたものを何というか。　（　　　　　　　）
❼ 在原業平をモデルにした歌物語を何というか。　（　　　　　　　）
❽ 平安中期以降の貴族（男性）の正装を何というか。　（　　　　　　　）
❾ 関東地方で反乱をおこし，新皇と呼ばれた人物はだれか。　（　　　　　　　）
❿ 平忠常の乱を平定して源氏が東国に勢力を広げるもとをつくった人物はだれか。（　　　　　）

重要▶ **1** ［平安時代前半の政争］次の文章を読み，あとの問いに答えなさい。 ［早稲田大一改］

　a桓武天皇が亡くなると（　b　）天皇が即位したが数年で退位し上皇となった。あとを継いだ c嵯峨天皇はd蔵人頭を設置し，（b）上皇の復位・平城京への遷都計画を阻止した。嵯峨上皇が死去した842年，e皇太子恒貞親王の即位を企てたとして伴健岑・橘逸勢が流罪となり，藤原良房の権力が強まった。その後，良房は（　f　）天皇の外祖父として摂政に任じられ，887年には（　g　）天皇が藤原基経を関白に任命して藤原氏の権力が確立した。

(1) 下線部**a**の天皇の期間のこととして誤っているものを，次の**ア**～**オ**から選べ。　（　　　）

　ア 山背国を山城国に改めた。　**イ** 勘解由使を設置した。　**ウ** 雑徭を30日に半減した。

　エ 軍団にかえて健児を設置した。　**オ** 陸奥国で伊治呰麻呂の乱がおきた。

(2) **b**，**f**，**g**にあてはまる天皇を，次の**ア**～**カ**からそれぞれ選べ。

b（　　　）　f（　　　）　g（　　　）

　ア 宇多　**イ** 文徳　**ウ** 清和　**エ** 平城　**オ** 淳和　**カ** 醍醐

(3) 下線部**c**の天皇の期間のこととして誤っているものを，次の**ア**～**オ**から選べ。　（　　　）

　ア 金剛峯寺が建立された。　**イ** 検非違使が設置された。

　ウ 弘仁格式が編纂された。　**エ** 延暦寺に大乗戒壇が許された。

　オ 空海・最澄を乗せた遣唐使船が出発した。

(4) 下線部**d**についての説明として正しいものを，次の**ア**～**エ**から選べ。　（　　　）

　ア 蔵人頭の1人は藤原冬嗣だった。　**イ** 律令に規定された官職である。

　ウ 検非違使を統括していた。　**エ**『日本三代実録』という国史を編纂していた。

(5) 下線部**e**の事件を何というか，次の**ア**～**オ**から選べ。　（　　　）

　ア 阿衡の紛議　**イ** 応天門の変　**ウ** 昌泰の変　**エ** 安和の変　**オ** 承和の変

重要▶ **2** ［10～11世紀の地方行政］次の文章を読み，あとの問いに答えなさい。 ［仏教大一改］

　10世紀になると班田収授がおこなわれなくなったため，中央政府はa国司に一定額の税の納入を請け負わせ，国内の統治をゆだねるようになった。国司は（　b　）という有力農民に田地の耕作を請け負わせ，官物と（　c　）を課した。このため国司は私利私欲を追求する姿勢が目立つようになり，dその不法行為を有力農民らに訴えられることもあった。また，10世紀には荘園の増加や武士の反乱もあり，地方のようすは大きく様変わりした。

(1) 下線部**a**について述べた文として正しいものを，次の**ア**～**エ**から選べ。

（　　　）

　ア 任国に赴任する国司のうち，最上席者を遙任国司という。

　イ 任国に赴任せずに国司としての収入のみを得ることを受領という。

　ウ 朝廷に私財を出して国司などの官職に任命されることを成功という。

　エ 赴任しない国司が自分のかわりとして任国に派遣した役人を在庁官人という。

(2) b，cに入る語句の正しい組み合わせを，次の**ア**〜**エ**から選べ。　　　（　　　）

ア b—田部 c—公事　　イ b—田部 c—臨時雑役

ウ b—田堵 c—公事　　エ b—田堵 c—臨時雑役

(3) 下線部dの例として，10世紀末に郡司・百姓から訴えられた藤原元命が国司をつとめていた国を，右の地図中の**ア**〜**エ**から選べ。　　　（　　　）

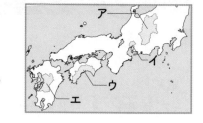

3 ［武士の台頭］次の文章を読み，あとの問いに答えなさい。　　　［青山学院大一改］

9世紀末から10世紀にかけて地方政治が大きく変化していく中で，各地で紛争が頻発し，その鎮圧のために，武芸に秀でた中・下級武士は，政府から（ ① ）や（ ② ）に任じられた。その中にはそのまま土着し，有力な武士となるものが現れ，やがてa朝廷や貴族たちに武力を見込まれ，b侍として奉仕していくようになる。

(1) ①，②に入る適語をそれぞれ漢字3字で答えよ。　　①（　　　　）　②（　　　　）

(2) 下線部aに関連して，この時期におこった乱と鎮圧者の組み合わせとして誤っているものを，次の**ア**〜**エ**から選べ。　　　（　　　）

ア 藤原純友の乱— 源 経基　　イ 平将門の乱—平正盛

ウ 前九年合戦—源頼義　　エ 平忠常の乱—源頼信

(3) 下線部bに関連して，9世紀末に設けられた（ **X** ）の武者（武士）は宮中を警衛するために伺候し，その存在が認められる糸口となった。Xに入る適語を答えよ。　　　（　　　）

4 ［平安時代の文化］次の問いに答えなさい。

(1) 弘仁・貞観文化に関する次の①〜③の各文Ⅰ・Ⅱの正誤の正しい組み合わせを，あとの**ア**〜**エ**からそれぞれ選べ。　　①（　　　）②（　　　）③（　　　）

① { Ⅰ：『性霊集』は最澄の詩や書簡などを編集したものである。
　 Ⅱ：空海は，嵯峨天皇や小野道風とともに三筆と称されている。

② { Ⅰ：神仏習合の風潮が進み，右図のような曼荼羅が描かれた。
　 Ⅱ：藤原冬嗣は一族子弟の教育施設として勧学院を設立した。

③ { Ⅰ：9世紀の仏像彫刻は一木造で，翻波式彫法を特徴とする。
　 Ⅱ：9世紀中ごろ，源信は『往生要集』を著した。

ア Ⅰ—正 Ⅱ—正　　イ Ⅰ—正 Ⅱ—誤　　ウ Ⅰ—誤 Ⅱ—正　　エ Ⅰ—誤 Ⅱ—誤

記述 (2) 9世紀ころから発達した国風文化の特色について簡単に説明せよ。

（　　）

Hints

1 (3)オ 空海・最澄は入唐を許され，帰国後に別の天皇から寺院・寺地を賜った。
2 (3)藤原元命は尾張国の国守であった。
3 (3)9世紀末ごろから蔵人所の下で内裏の警護にあたっていた武士。
4 (1)① 空海（弘法大師）は漢詩文や書道の達人。三筆のほかに三蹟と呼ばれる書家がいる。

STEP **3** チャレンジ問題 **1**

解答⊕ 別冊 5 ページ

1 次の文章の①〜⑥について，（　　）の中から適語を選びなさい。

[学習院大一改]

　弥生時代には住居や倉を囲い込んだ①（ア 環状列石　イ 環濠集落　ウ 豪族居館　エ 城柵遺跡）が見られるようになり集落間の争いが激しくなった。奈良時代にまとめられた『②（ア 懐風藻　イ 今昔物語集　ウ 風土記　エ 凌雲集）』の中には，地方豪族が指揮して水路を開削したり開墾した逸話が伝わっている。ヤマト政権がそうした地方豪族を制圧し，その支配地を③（ア 公営田　イ 田荘　ウ 勅旨田　エ 屯倉）として直轄化したり，その地の人々を④（ア 下戸　イ 家人　ウ 名代　エ 神戸）として設定したりした。7世紀の半ば以降は，各地に⑤（ア 国　イ 評　ウ 五十戸　エ 里）が設定され，豪族が（⑤）の官人に任じられた。（⑤）は大宝律令施行によって郡となったことが⑥（ア 恭仁京　イ 藤原京　ウ 平城京　エ 平安京）跡から出土した木簡の表記からわかる。

①	②	③	④	⑤	⑥

2 右の地図A，Bを見て，次の問いに答えなさい。

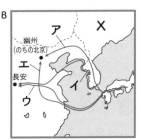

(1) 地図AのPにある，世界遺産に登録された遺跡からは大規模な竪穴住居跡などが発見された。この遺跡の名称を答えよ。

(2) 地図AのQには，アメリカ人が発掘調査した遺跡があり，磨製石器や骨角器，縄目模様をもつ土器などが出土した。この遺跡の名称を答えよ。

(3) 地図AのRにある世界遺産に登録された天皇陵がつくられた時期と名称の正しい組み合わせを，次のア〜エから選べ。

　　ア 4世紀—大仙陵古墳　　イ 4世紀—高松塚古墳

　　ウ 5世紀—大仙陵古墳　　エ 5世紀—高松塚古墳

[難問] (4) 地図AのSには6世紀に乱をおこした国造が葬られたとされる古墳がある。この国造は朝鮮半島のある国と結んで乱をおこしたが，その国名と乱を平定した大連の正しい組み合わせを，次のア〜エから選べ。

　　ア 百済—大伴金村　　　イ 百済—物部麁鹿火

　　ウ 新羅—大伴金村　　　エ 新羅—物部麁鹿火

(5) 遣唐使が i 7世紀と ii 8世紀以降に通ったルートを，地図Bのア〜エから選べ。

(6) 894年に遣唐大使に任命された人物と，その人物が編纂に関わった書物の正しい組み合わせを，次のア〜エから選べ。

　　ア 菅原道真—『類聚国史』　　イ 菅原道真—『和漢朗詠集』

　　ウ 藤原隆家—『類聚国史』　　エ 藤原隆家—『和漢朗詠集』

難問▶ (7) 8世紀から10世紀にかけて，地図Bの国Xから使者が来日していた。その際にもたらされた主な物の正しい組み合わせを，次のア〜エから選べ。

　　　ア 砂金・硫黄　　イ 硫黄・水銀　　ウ 人参・毛皮　　エ 毛皮・水銀

(1)		(2)		(3)	(4)

(5)	i	ii	(6)	(7)

3 次の文章を読み，あとの問いに答えなさい。

［センター試験─改］

　蝦夷の抵抗は奈良時代以降も続いた。780年には，（ ① ）が反乱をおこし，多賀城を焼き討ちするに至った。平安時代初め，征夷大将軍に任命された坂上田村麻呂は，蝦夷の族長らを降伏させ，制圧した北上川中流域に胆沢城を，さらに北に（ ② ）を建設し拠点とした。ついで嵯峨天皇は政治改革を進めるとともに文室綿麻呂を将軍として蝦夷征討をおこなったが大きな争乱とはならず，ここに蝦夷との戦いはひとまず終息することになった。

　蝦夷の実態については蝦夷自身が残した史料が現存しないため不明なところが多い。『日本書紀』をはじめとした史料から考えていくしかない。しかしそれは中央政府から見た蝦夷像であることに注意が必要である。蝦夷を支配下におくということが，国家の統治者としての天皇の権威を示すという点で，政治的に重要な意味をもっていたのである。

(1) ①，②に入る語句の正しい組み合わせを，次のア〜エから選べ。

　　ア ①阿弖流為　②志波城　　イ ①阿弖流為　②秋田城
　　ウ ①伊治呰麻呂　②志波城　　エ ①伊治呰麻呂　②秋田城

(2) 下線部に関連して，次の史料に関して述べた文として正しいものを，ア〜エから2つ選べ。

> 小錦下坂合部連石布(注1)（中略）を遣わして，唐国に使せしむ。よりて道奥(注2)の蝦夷男女二人をもちて，唐天子(注3)に示せたてまつる。伊吉連博徳(注4)が書に曰く，「（中略），天子問いて曰く，『その国(注5)に五穀有りや』とのたまう。使人謹み答えて，『無し。肉を食いて存活う(注6)』という。天子問いて曰く，『国に屋舎有りや』とのたまう。使人謹み答えて『無し。深山の中にして樹本(注7)に止住う』という。（中略）」という。
>
> 　　　　　　　　　　　　　　　　　　　（『日本書紀』斉明天皇5(659)年7月戊寅(3日)条）

（注1）小錦下坂合部連石布：このときに派遣された遣唐使の1人。「小錦下」は冠位の1つ。　（注2）道奥：陸奥のこと。
（注3）唐天子：唐の皇帝高宗。　（注4）伊吉連博徳：このときの遣唐使に随行した1人。
（注5）その国：蝦夷の居住地。　（注6）存活う：生活する。　（注7）樹本：木の下。樹下。

　　ア 遣唐使が，蝦夷を連れて唐に渡ったことが読みとれる。

　　イ 遣唐使が，唐の皇帝に質問をするようすが読みとれる。

　　ウ 蝦夷について，肉を食べ，山の中で樹木の下に居住していると説明されている。

　　エ 蝦夷について，穀物を食べ，建物に居住していると説明されている。

(1)		(2)	

第2章 中世の日本とアジア

5 院政と武士の躍進

STEP 1 基本問題

解答➡別冊 5 ページ

1 [院政] 次の文章中の空欄に入る適語を答えなさい。また，あとの問いに答えなさい。

藤原道長・頼通の時代に全盛を極めた摂関家も，11世紀半ばごろにはその勢力を後退させていった。その要因の1つに，摂関家を外戚としない（①　　　　　）天皇の即位があげられる。（①）天皇は，公領の回復をはかるために□a□の荘園整理令を出し，（②　　　　　）を設けて，基準にあてはまらない荘園を停止した。（①）天皇の皇子である白河天皇は，幼少の堀河天皇に譲位し，上皇として（③　　　　　）を設け，政治の実権を握る院政の道を開いた。b白河上皇ののちも，鳥羽・後白河上皇による c院政が続き，摂関家の勢力は急速に衰えた。

(1) □a□ にあてはまる年号を，次のア～エから選べ。（　　　）

ア 延喜　　イ 長久
ウ 寛徳　　エ 延久

(2) 下線部 b が僧兵の強訴などに対して組織した武士を何というか。（　　　　　）

(3) 下線部 c において，上皇の意思を伝える命令を何というか。
（　　　　　）

2 [荘園の発達] 次の文章中の空欄に入る適語を答えなさい。

11世紀になると，地方豪族や有力（①　　　　　）は，現地での権限を強め，（②　　　　　）へと成長し，所領を中央の有力者に寄進し，その権威を利用して国衙の干渉に備えようとした。（②）は（③　　　　　）となって現地を支配した。こうした寄進地系荘園は租税を免除される（④　　　　　）の権や国衙の役人の立入りを拒否する（⑤　　　　）の権を得るようになった。一方，国司は各地の（②）を国衙の役人である（⑥　　　　　）に任命し，公領の支配を強めた。1069年に出された荘園整理令を契機に荘園と公領が私領であるかのように扱われるようになった（⑦　　　　　）制が，12世紀前半の（⑧　　　　）上皇の時代に確立した。

Guide

得点UP　荘園整理令

902年醍醐天皇が出した最初のものが延喜の荘園整理令で，効果はなかった。
1069年に後三条天皇が出したのが延久の荘園整理令である。記録荘園券契所で書類を審査し，摂関家や石清水八幡宮などの荘園が没収されたことがわかっている。

参考　荘園公領制のしくみ

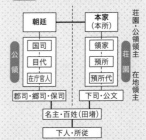

注意　法勝寺と法成寺

上皇たちが建立した，「勝」の字が寺名に入る6つの寺院を六勝寺という。法勝寺は白河天皇が建立，法成寺は藤原道長が建立した浄土教の寺院。なお，上皇（法皇）たちの神仏に対する信仰は厚く，紀伊国熊野三山や高野山への参詣が頻繁におこなわれた。これらの費用をまかなうため成功や重任が一層盛んになった（売位・売官の風潮という）。

3 ［平氏政権］次の文章の①〜⑦について，（　）の中から適語を選びなさい。

①（ア　崇徳　イ　鳥羽）上皇と②（ア　白河　イ　後白河）天皇の対立からおこった保元の乱に勝利した平清盛は，平治の乱で③（ア　源 義家　イ　源義朝）に勝利し，武士として初めて④（ア　太政大臣　イ　関白）となり，⑤（ア　安徳　イ　高倉）天皇の外祖父にもなり，一族で多数の荘園や知行国を支配した。また西日本の武士を家人として組織し，⑥（ア　音戸瀬戸　イ　大輪田泊）を修築して⑦（ア　日明　イ　日宋）貿易を盛んにした。

①（　　　）　②（　　　）　③（　　　）　④（　　　）

⑤（　　　）　⑥（　　　）　⑦（　　　）

4 ［院政期の文化］次の問いに答えなさい。

(1) 藤原清衡が陸奥国の平泉に建てた，右の資料1の阿弥陀堂を何というか。

(2) 前九年合戦を記した軍記物語は何か。

(3) 摂関家の繁栄を批判的に描いた歴史物語は何か。

(4) 庶民生活を描いた右の資料2は何か。

(5) 後白河法皇が当時の民間の流行歌である今様をまとめた書物は何か。

(6) 応天門の変を描いた絵巻物は何か。

資料1

資料2

(1)（　　　　　　）　(2)（　　　　　　）

(3)（　　　　　　）　(4)（　　　　　　）

(5)（　　　　　　）　(6)（　　　　　　）

参考　**保元の乱と平治の乱**

①保元の乱 (1156) 関係図

	後白河方			
天皇方	後白河（弟）	関白忠通（兄）	清盛（甥）	義朝（子）
	天皇家	藤原氏	平氏	源氏
上皇方	崇徳（兄）	左大臣頼長（弟）	忠正（叔父）	為義（父）

②平治の乱 (1159) 関係図

通憲(信西) ↓ [自害]	清盛	重盛	頼盛
院近臣の藤原氏	平氏		
	源氏		
信頼 ↓ [斬首]	義朝 ↓ [謀殺]	義平 [斬首]	頼朝 [伊豆へ配流]

得点UP　**院政期の文化**

①軍記物…『将門記』，『陸奥話記』

②歴史物語…『栄花(華)物語』，『大鏡』

③説話集…『今昔物語集』

④絵画…「信貴山縁起絵巻」，「伴大納言絵巻」，「鳥獣戯画」

⑤建築…中尊寺金色堂，白水阿弥陀堂，富貴寺大堂

☑ サクッとCHECK

● 次の文が正しければ○，誤っていれば×を書きなさい。

❶ 鳥羽上皇の時代に確立し，院政の基盤となった荘園は八条院領である。（　　　）

❷ 後三年合戦で勝利し，奥羽を支配した奥州藤原氏の初代は藤原秀衡である。（　　　）

❸ 延久の荘園整理令は後三条天皇が発し，効果があったと考えられている。（　　　）

❹ 僧兵を擁する大寺院の南都・北嶺とは，東大寺・延暦寺のことである。（　　　）

❺ 後白河上皇の側近で，平治の乱で殺害されたのは藤原通憲(信西)である。（　　　）

● 次の各問いに答えなさい。

❻ 院政期に天皇家の手で造営された6つの寺を総称して何というか。（　　　　　　）

❼ 上級貴族に一国の支配権を与え，収益を取得させた国を何というか。（　　　　　　）

❽ 平清盛が修築した大輪田泊はどこの国にあったか。（　　　　　　）

❾ 平清盛は娘徳子を何天皇のもとに入内させたか。（　　　　　　）

❿ 後白河法皇の近臣が平氏打倒を企てた事件を何というか。（　　　　　　）

1 ［史料問題］次の史料を読み，あとの問いに答えなさい。　　　　　　　［関西学院大一改］

> コノ a後三条位ノ御時（ごさんじょうくらい）（おんとき），……延久ノ記録所トテハジメテヲカレタリケルハ，諸国七道ノ所領ノ宣旨（せんじ）・官符（かんぷ）モナクテ公田（くでん）ヲカスムル事，一天四海ニ巨害（こがい）ナリトキコシメシツメテアリケルハ，スナハチ， b宇治殿（うじ）ノ時， c一ノ所（いち）ノ御領御領トノミ云テ（ごりょう）， d庄園諸国ニミチテ e受領（ずりょう）ノツトメタヘガタシナド云ヲ（いう），キコシメシモチタリケルニコソ。　　　（『愚管抄』）

(1) 下線部 a に関する説明として誤っているものを，次のア～エから選べ。　　　（　　　）

　　ア　当時の摂政（せっしょう）・関白（かんぱく）を外祖父としない天皇であった。

　　イ　大江広元（おおえのひろもと）ら学識のある人材を登用し国政改革にとり組んだ。

　　ウ　公定枡である宣旨枡（ます）を制定した。

　　エ　彼の子どもである白河天皇（しらかわ）は，幼少の堀河天皇（ほりかわ）に譲位し，院政を開始した。

(2) 下線部 b， c に該当する語句の正しい組み合わせを，次のア～エから選べ。　　　（　　　）

　　ア　b─藤原道長（ふじわらのみちなが）　c─摂関家領　　イ　b─藤原道長　c─天皇家領

　　ウ　b─藤原頼通（よりみち）　c─摂関家領　　エ　b─藤原頼通　c─天皇家領

(3) 下線部 d についての説明として誤っているものを，次のア～エから選べ。　　　（　　　）

　　ア　奈良時代に設けられた初期荘園の多くは，律令（りつりょう）国家の衰えとともに衰退した。

　　イ　太政官符（だいじょうかんぷ）や民部省符（みんぶしょうふ）によって税の免除が認められた荘園を官省符荘（かんしょうふしょう）という。

　　ウ　国司（こくし）によって税の免除が認められた荘園を国免荘（こくめんのしょう）という。

　　エ　寄進を受けて荘園領主となったもので，実質的な支配権をもつものを本家という。

(4) 下線部 e についての説明として誤っているものを，次のア～エから選べ。　　　（　　　）

　　ア　従来の国司より大きな権限をもち，任国の支配を一任された。

　　イ　支配下の田地を名（みょう）という課税単位に再編成し，その耕作を有力農民に請け負わせた。

　　ウ　しばしば過酷な支配をおこない，任国の郡司（ぐんじ）・百姓らと対立することもあった。

　　エ　代理人として在庁官人（ざいちょうかんじん）を現地へ派遣し政務をとらせることもあった。

重要 **2** ［院政］次の文章を読み，あとの問いに答えなさい。　　　［神奈川大・名古屋学院大一改］

　　白河上皇（じょうこう）による院政がおこなわれた a11 世紀後半～12 世紀初めは，東北地方で（　①　）合戦がおこなわれ，源 義家（みなもとのよしいえ）が東国の b武士団の長となり，（　②　）が平泉（ひらいずみ）に中尊寺金色堂（ちゅうそんじこんじきどう）を建立した時期である。白河上皇は c僧兵に対抗するために（　③　）をおいたが，これは d武士の中央政界進出のひとつの足場となった。

(1) ①～③に入る適語を答えよ。①（　　　　　　）　②（　　　　　　）　③（　　　　　　）

(2) 下線部 a の時期のでき事でないものを，次のア～エから選べ。　　　（　　　）

　　ア　記録荘園券契所（けんけいじょ）がおかれた。　　イ　ふぞろいだった枡の大きさを統一した。

　　ウ　延喜（えんぎ）の荘園整理令が出された。　　エ　『陸奥話記（むつわき）』がつくられた。

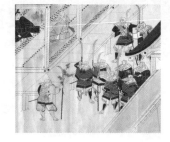

(3) 下線部 **b** を何というか, 漢字 2 字で答えよ。　　　（　　　　　）

(4) 下線部 **c** について, 次の各問いに答えよ。

① 右の図のような, 武装した僧兵が朝廷に要求を通そうと
したことを何というか。　　　（　　　　　）

② 図の僧兵は, 当時「南都」と呼ばれた寺院の僧兵である。
その寺院の名称を答えよ。　　　（　　　　　）

(5) 下線部 **d** のうち, 白河上皇（しらかわじょうこう）に重用された人物として最も適当なものを, 次の**ア**～**エ**から選べ。　　　（　　　　　）

ア 平 正盛（たいらのまさもり）　　**イ** 源 義親（みなもとのよしちか）　　**ウ** 平 貞盛（さだもり）　　**エ** 源 義仲（よしなか）

重要▷ **3** ［平氏政権］次の文章を読み, あとの問いに答えなさい。　　［青山学院大一改］

平正盛の孫（　①　）は平治（へいじ）の乱後,（　**a**　）の信任を得て 1167 年に異例の（　②　）に昇任した。(①)はその立場を利用し, 娘徳子（とくこ）を高倉（たかくら）天皇の中宮（ちゅうぐう）に入れ, その子（　③　）天皇が即位すると, 外戚として権勢を誇るようになる。平氏は経済的基盤として, 最盛期には数多くの（　④　）と 500 余りの**b**荘園（そう）を所有している。この時期**c**宋との間で交易が盛んになり, 大陸からの新しい文物が輸入され, それらは貴族や**d**僧侶, 武士の間で唐物（からもの）として珍重された。大陸では, 宋が北方地域の女真人（じょしんじん）の建てた（　⑤　）に追われ南方に移ったが, 南宋（なんそう）となってからも交易がおこなわれた。そのため(①)は摂津（せっつ）の大輪田泊（おおわだのとまり）を修築するなど瀬戸内海の航路を整備した。

(1) ①～⑤に入る適語を答えよ。

①（　　　　）②（　　　　）③（　　　　）④（　　　　）⑤（　　　　）

(2) **a**にあてはまる人物を, 次の**ア**～**エ**から選べ。　　　（　　　　　）

ア 堀河（ほりかわ）天皇　　**イ** 後白河（ごしらかわ）上皇　　**ウ** 鳥羽法皇（とばほうおう）　　**エ** 土御門（つちみかど）天皇

記述 (3) 下線部 **b** に関連して, 醍醐（だいご）天皇が出した延喜（えんぎ）の荘園整理令のあともしばしば出されたが, 整理令の実施は不徹底であった。その理由を簡潔に説明せよ。

（　　　　　　　　　　　　　　　　　　　　　　　　　　　）

(4) 下線部 **c** に関連して, このころ日本と通商をおこなった朝鮮半島の王朝を, 次の**ア**～**エ**から選べ。　　　（　　　　　）

ア 高句麗（こうくり）　　**イ** 高麗（こうらい）　　**ウ** 新羅（しらぎ）　　**エ** 加耶（かや）(加羅（から）)

(5) 下線部 **d** に関連して, 右の絵巻物を描いたとされる僧侶を, 次の**ア**～**エ**から選べ。　　　（　　　　　）

ア 喜撰（きせん）法師　　**イ** 俊寛（しゅんかん）　　**ウ** 鳥羽僧正（とばそうじょう）　　**エ** 尊円入道親王（そんえんにゅうどうしんのう）

Hints
1 (2)宇治（うじ）に平等院鳳凰堂（びょうどういんほうおうどう）を建てた人物。宇治関白（かんぱく）といわれた。
2 (2)宣旨枡（せんじます）は, 豊臣秀吉（とよとみひでよし）が京枡を定めるまで使用された。延喜は 10 世紀初めの年号。
(3)武士の一門（一家）の長を惣領（そうりょう）という。そうした一門を複数たばねた大武士団の長のこと。
3 (5)**ア**は六歌仙（ろっかせん）の 1 人。**イ**は鹿ヶ谷（ししがたに）の陰謀（いんぼう）に関係する人物だから, **ウ**か**エ**。名を覚猷（かくゆう）という。

25

第 2 章 中世の日本とアジア

6 武家政権の成立

STEP 1 基本問題

解答⊖ 別冊 6 ページ

1 ［鎌倉幕府の成立］次の文章中の空欄に入る適語を答えなさい。また，あとの問いに答えなさい。

源氏がₐ壇ノ浦の戦いで平氏を滅ぼしたのち，源頼朝は守護・地頭の設置を後白河法皇に認めさせた。これより前の 1180 年には御家人統制のための（①　　　　）を設置し，1184 年には一般政務を扱うₑ公文所と訴訟を扱う（②　　　　）を設置した。また，ₑ奥州藤原氏を滅ぼしたあと奥州（③　　　　）が設置され，奥州御家人の統制にあたった。御家人は京都大番役や軍役などの（④　　　　）をつとめ，それに対して将軍は（⑤　　　　）や新恩給与の御恩を与えた。

(1) 下線部 a がおこなわれた場所を，右の地図中から選べ。　（　　　）

(2) 下線部 b はのちに何と改称されたか。
　　（　　　）

(3) 下線部 c について，頼朝に滅ぼされたのはだれか。　（　　　）

2 ［承久の乱と執権政治］次の文章中の空欄に入る適語を答えなさい。

3 代将軍（①　　　　）の死後，朝廷と幕府の対立が激しくなり，（②　　　　）上皇は 1221 年倒幕を決意した。これが承久の乱である。上皇は自ら設置した（③　　　　）の武士や北条氏に不満をもつ御家人の武力に期待した。幕府は，（④　　　　）が演説をおこない，御家人の団結をはかった結果，幕府が勝利した。承久の乱後，北条氏は，幕府の制度を執権の下に整備した。執権を補佐する（⑤　　　　）を設置し，有力御家人 11 人を（⑥　　　　）に選び，重要な政務と裁判を合議させた。執権（⑦　　　　）は，1232 年に（⑧　　　　）を制定して裁判の基準とし，さらに，1247 年，執権（⑨　　　　）の時に挙兵した有力御家人（⑩　　　　）を破って独裁体制を完成し，所領に関する訴訟を専門に取り扱う（⑪　　　　）を設置した。

得点UP　守護・地頭

①**守護**…軍事・警察権掌握のための地方機関。1 国に 1 人任命され，**京都大番役の催促**，謀叛人の逮捕，殺害人の逮捕の**大犯三か条**を任務とした。

②**地頭**…諸国の公領・荘園に設置され，土地管理，年貢・兵粮米の徴収，治安維持などを任務とした。

③**下地中分**…承久の乱後，荘園領主と地頭の紛争が度々おこり，それに対し地頭請とともにとられた妥協策。荘園の土地をわけ，地頭・領家が分割支配する。

▲下地中分図（絵図）

注意　本補地頭と新補地頭

承久の乱後に任命された地頭を**新補地頭**という。それ以前の**本補地頭**と異なり，「**新補率法**」という給与規定が適用された。①田畑 11 町につき 1 町の給田（畑），②田地 1 段あたり 5 升の加徴米（年貢ではなく，地頭が名主から徴収し収入とするもの），③山や川からの収益の半分，を与えられるというものである。

3 [モンゴル襲来(元寇)] 次の文章中の空欄に入る適語を答えなさい。また，あとの問いに答えなさい。

元は（① 　　　　　）を征服し，南宋に侵攻する一方，日本へ朝貢を求めた。しかし，時の執権（② 　　　　　）が拒否すると1274年に来襲した〔（③ 　　　　　）の役〕。さらに，1281年に再び九州に来襲した〔（④ 　　　　　）の役〕が，幕府は（⑤ 　　　　　）を強化し，防塁を築いて博多湾の防備を固めて元軍を迎え撃った。これらの元の襲来を ₐモンゴル襲来(元寇) と呼ぶ。モンゴル襲来に際して，幕府は（⑤）へ御家人以外の武士を動員し，各地の守護に北条一門を任命することによりその権力を強化した。その結果，ｂ得宗の権力が強大化した。（⑥ 　　　　　）の代になると得宗家の家来である御内人と御家人が対立した（⑦ 　　　　　）がおきたが，平頼綱らが執権の外祖父である有力御家人（⑧ 　　　　　）らを滅ぼした。

(1) 下線部 ₐ のあと，生活が困窮した御家人救済のために出された法令は何か。　　　　　　　　　　（　　　　　　　　）

記述 (2) 下線部 ｂ について簡単に説明せよ。

（　　　　　　　　　　　　　　　　　　　　）

4 [鎌倉新仏教] 右の図が表すものを，次の**ア〜エ**から選びなさい。　（　　　）

ア 浄土宗の開祖法然による念仏会
イ 時宗の開祖一遍による踊念仏
ウ 法華宗の開祖日蓮による辻説法
エ 浄土真宗の開祖親鸞による布教

参考 **モンゴル襲来(元寇)**

弘安の役では，約3万人の軍勢が襲来した。元軍は集団戦法で毒矢や「てつはう」を用いたのに対して，日本の武士は一騎打ちで対抗した。そのようすは，竹崎季長が描かせた「蒙古襲来絵詞」に描かれている。

▲「蒙古襲来絵詞」

得点UP **得宗専制政治**

鎌倉時代には北条義時・泰時・時頼・時宗ら，北条氏の家督をつぐ得宗が活躍した。モンゴル襲来後の執権北条貞時も重要。貞時は，霜月騒動のあと内管領の平頼綱を滅ぼし，永仁の徳政令を出した得宗専制政治の最盛期の人物である。なお，幕府滅亡時の得宗は北条高時である。

✓ サクッとCHECK

● 次の文が正しければ○，誤っていれば×を書きなさい。
❶ 御家人の統率や軍事を担当する侍所の初代長官は大江広元だった。　　　　（　　　）
❷ 平家没官領のうち，源頼朝に与えられた荘園を関東御領という。　　　　（　　　）
❸ 承久の乱後，後鳥羽上皇は隠岐島へ流された。　　　　（　　　）
❹ 鎌倉時代の御家人の一族の長を惣領といい，庶子を率いて奉公した。　　　　（　　　）
❺ 栄西は建仁寺を開き，『立正安国論』で禅による国家の安定を説いた。　　　　（　　　）

● 次の各問いに答えなさい。
❻ 承久の乱後，京都守護にかわっておかれた役職を何というか。　　　　（　　　　　　）
❼ 承久の乱後に設置された地頭を何というか。　　　　（　　　　　　）
❽ 荘園領主と地頭とで荘園の土地をわけあうことを何というか。　　　　（　　　　　　）
❾ 鎌倉時代に現れた，京都や鎌倉に見られる常設の店舗を何というか。　　　　（　　　　　　）
❿ 鎌倉時代の高利貸業者を何というか。　　　　（　　　　　　）

重要 **1** [執権政治の展開] 次の文章を読み，あとの問いに答えなさい。　　　[松山大一改]

　承久の乱に勝利したa鎌倉幕府は，執権を中心に御家人たちが集団で幕府を運営していく体制を整えた。その中で，北条氏は有力な御家人を滅ぼし，専制政治の方向を示していった。鎌倉幕府は，モンゴル襲来(元寇)後も西国の御家人に異国警固番役を賦課し続け，b西国一帯に政治勢力を強めていった。幕府の支配が全国的に強化されていく中で得宗の勢力が大きくなった。それとともに得宗の家来である御内人と本来の御家人との対立が激しくなり，c御内人が有力御家人の安達泰盛を滅ぼした。得宗専制が強まる中，d生産や流通経済の目覚ましい発展と社会の大きな変動の中で，御家人たちはe幕府に対する不満をつのらせていった。

(1) 下線部 **a** に関連して，次の**ア**〜**ウ**のでき事を，年代の古い順に並べよ。（　　→　　→　　）

　　ア 御成敗式目(貞永式目)が制定された。　　**イ** 宝治合戦で三浦泰村が滅ぼされた。

　　ウ 有力御家人などから評定衆が選ばれ，評定を政策決定の最高機関とした。

(2) 下線部 **b** について，モンゴル襲来(元寇)後，西国の防備と九州の訴訟などを担当し，御家人を統轄するために新たに設置された機関として正しいものを，次の**ア**〜**エ**から選べ。（　　）

　　ア 奥州探題　　**イ** 征西将軍　　**ウ** 鎮守府　　**エ** 鎮西探題

(3) 下線部 **c** の御内人として正しいものを，次の**ア**〜**エ**から選べ。（　　）

　　ア 平重衡　　**イ** 平時忠　　**ウ** 平頼綱　　**エ** 平頼盛

(4) 下線部 **d** について，鎌倉時代の社会の変化について述べた文として誤っているものを，次の**ア**〜**エ**から選べ。（　　）

　　ア 金融業者として高利貸業者の借上が現れた。

　　イ 堺や博多では，豪商の合議によって市政が運営されるようになった。

　　ウ 商品の中継と受託販売や運送を業とする問(問丸)が発達した。

　　エ 肥料には，草を刈って田に敷き込む刈敷や，草木灰が利用されるようになった。

記述 (5) 下線部 **e** の主な理由を，当時の相続制度と恩賞に着目して簡単に説明せよ。

　　（　　　　　　　　　　　　　　　　　　　　　　　　　　　　　　　　　　　　　　　）

2 [武士の生活] 次の各文Ⅰ・Ⅱの正誤の正しい組み合わせを，あとの**ア**〜**エ**から選べ。

　　　　　　　　　　　　　　　　　　　　①（　　）②（　　）③（　　）

①{ Ⅰ：地頭は任命された荘園や公領の年貢の半分を徴収する権限をもっていた。
　 Ⅱ：地頭は任命された荘園や公領の中に年貢や公事を免除された給田をもっていた。

②{ Ⅰ：武士の家では分割相続がおこなわれており，女性も所領を相続した。
　 Ⅱ：御家人の惣領は奉公として一族を引き連れて幕府の合戦にのぞんだ。

③{ Ⅰ：武士の館は堀や土塁で囲まれ，その場所は現在「堀の内」と呼ばれることがある。
　 Ⅱ：武士の生活は簡素で，常に犬追物・巻狩・流鏑馬の騎射三物の訓練をしていた。

ア Ⅰ—正 Ⅱ—正　　**イ** Ⅰ—正 Ⅱ—誤　　**ウ** Ⅰ—誤 Ⅱ—正　　**エ** Ⅰ—誤 Ⅱ—誤

重要 **3** ［鎌倉文化］次の文章を読み，あとの問いに答えなさい。 ［同志社大一改］

　鎌倉時代には，a京都の公家文化に武士や庶民に支持された新しい文化の要素が加味されていく。文学の分野でも新たな展開が見られ，優れた和歌集や随筆が生み出された。武士であったが出家して各地を遍歴した西行は，「b心なき身にもあはれはしられけり鴫立つ沢の秋の夕暮」などをはじめとする秀歌をよんだ。歌人としても知られた鴨長明は，c人生の無常や閑居生活の楽しみなどをつづった随筆を残した。庶民に愛好された軍記物語には，1156年におこった内乱を素材とする（　A　）や平家の興亡を記した『平家物語』などがある。こうした軍記物語は，琵琶法師や物語僧によって語りつがれ広まっていった。また，仏教界では，d浄土真宗やe日蓮宗などの新しい宗派が生まれ，禅宗も武士の間で広がった。こうした動きに刺激され旧仏教の改革もおこなわれた。法相宗の僧f貞慶や華厳宗の僧明恵は，戒律の復興に努めた。興正菩薩とも称される真言律宗の僧（　B　）やその弟子で，病人の救済施設である北山十八間戸を建てた（　C　）らも戒律を重んじるとともに，慈善救済や土木事業に協力し，幕府に受け入れられ，社会に大きな影響を与えた。

(1) A〜Cにあてはまる適語を，次のア〜クからそれぞれ選べ。

A（　　　　）　　B（　　　　）　　C（　　　　）

　ア『源平盛衰記』　イ『太平記』　ウ『平治物語』　エ『保元物語』
　オ 叡尊　カ 慈円　キ 忍性　ク 明兆

(2) 下線部aに関連して，次の各問いに答えよ。

図1

　① 図1の肖像画を描いたとされる人物を，次のア〜エから選べ。（　　　）
　　ア 藤原隆信　イ 橘成季　ウ ト部兼方　エ 岡崎正宗

図2
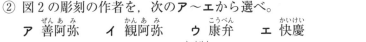

　② 図2の彫刻の作者を，次のア〜エから選べ。（　　　）
　　ア 善阿弥　イ 観阿弥　ウ 康弁　エ 快慶

(3) 下線部bの和歌は，第8番目の勅撰和歌集におさめられたものである。その編纂に携わった人物の自撰家集を，次のア〜エから選べ。（　　　）
　ア『金槐和歌集』　イ『拾遺愚草』　ウ『菅家文草』　エ『梁塵秘抄』

(4) 下線部cについて，鴨長明が著したこの随筆は何か。（　　　　）

(5) 唯円によって記された，下線部dの開祖の法語録を何というか。（　　　　）

(6) 下線部eの開祖が前執権北条時頼に提出した書物で，伊豆流罪の一因となったものを何というか。（　　　　）

(7) 下線部fが「興福寺奏状」の中で批判し，それが契機となって讃岐に配流された浄土宗の開祖はだれか。（　　　　）

Hints

❶ (5) 当時の相続は分割相続で，モンゴル襲来（元寇）では新しい領地が得られなかったことについてまとめる。
❷ ① 地頭など御家人は荘園・公領の管理をするだけで，年貢は荘園領主・国司に納める。
❸ (3) 第8番目の勅撰和歌集は『新古今和歌集』で，藤原定家らが携わった。
　(7)『選択本願念仏集』を著した人物。

重要 **1** ［鎌倉時代の産業と社会］次の文章を読み，あとの問いに答えなさい。　　　　［中央大一改］

　鎌倉時代には，畿内や西日本一帯で麦を裏作とする（　①　）が普及するなど ａ農業の発展が広く見られるとともに，鍛冶・鋳物などの手工業も発達した。この時代には，荘園・公領の中心地や交通の要地，寺社の門前などでは定期市が開かれ，月に 3 回開かれる（　②　）も珍しくなくなった。京都・奈良・鎌倉などには高級品を扱う手工業者や商人が集まり，定期市のほかに ｂ常設の小売店も出現した。商業取引が盛んになったことにより，流通も活発となり，陸上交通の要衝には宿が設けられるとともに，海上交通の中継点となった各地の湊や都市には ｃ問（問丸）が発達した。また，遠隔地間における商業取引には，ｄ金銭の輸送を手形で代用する為替が用いられ，高利貸業者である（　③　）が金融機関としての役割を担うようになった。

(1) ①〜③に入る適語を答えよ。　　　　　①（　　　　　）②（　　　　　）③（　　　　　）

(2) 下線部 ａ に関する説明として正しいものを，次のア〜オから 2 つ選べ。

　　　　　　　　　　　　　　　　　　　　　　　　　　　　　　（　　　）（　　　）

　ア　肥料には草を刈って田に敷き込む刈敷や，草木を焼いて灰にした草木灰を利用した。

　イ　鉄製の農具が普及する一方，農耕に利用する牛馬などの家畜の飼育はほとんど見られなかった。

　ウ　この時期には，多収穫米である大唐米が大陸より輸入され，米の生産力が向上した。

　エ　千歯扱や唐箕などの農具が普及するとともに，肥料には干鰯・〆粕・油粕などが用いられた。

　オ　水稲の品種改良が進み，早稲・中稲・晩稲の作付けが普及するとともに，下肥が肥料として広く使用された。

(3) 下線部 ｂ を何というか。　　　　　　　　　　　　　　　　　　　　　　（　　　　　）

(4) 下線部 ｃ について，鎌倉時代の状況についての説明として正しいものを，次のア〜オから選べ。　　　　　　　　　　　　　　　　　　　　　　　　　　　　　　　　（　　　）

　ア　貨幣の両替や秤量を商売とし，領主に納められた年貢の出納や貸付などの業務をおこなった。

　イ　流通の増加を踏まえて，関銭や津料といった通行税を徴収する役割を専ら担った。

　ウ　年貢や商品の保管や輸送をおこなうとともに，領主の依頼により年貢の徴収や委託販売を請け負う者も存在した。

　エ　生産地の仲買から商品を受託し，これを都市の仲買に手数料である口銭をとって卸売りした。

　オ　船の長として舵を取り，船を運航する役割を担い，名主や荘官が兼業して輸送業者に成長した。

(5) 下線部 ｄ について，鎌倉時代から室町時代にかけて使われた為替手形を何というか。

　　　　　　　　　　　　　　　　　　　　　　　　　　　　　　　　　　　（　　　　　）

2 ［史料問題］次のA～Cの史料を読み，あとの問いに答えなさい。　［早稲田大・中央大・京都大一改］

A 九日，源三位入道（　a　）卿，平相国禅門清盛を討滅すべき由，日ごろ用意の事あり。(中
略)ひそかにb一院の第二の宮(以仁王)の三条高倉御所に参り，前右兵衛佐頼朝以下の源氏
を催し，かの氏族(平氏)を討ち，天下を執らしめたまふべき由これを申し行う。よって散
位宗信に仰せて，（　c　）を下さる。

(1) aに適する人名を，次のア～エから選べ。　　　　　　　　　　　　（　　）
　　ア 源義朝　　イ 源頼政　　ウ 源義仲　　エ 源頼信

(2) 下線部bは当時「治天の君」として君臨していた法皇である。その人物を，次のア～エから選べ。
　　ア 白河法皇　　イ 鳥羽法皇　　ウ 崇徳法皇　　エ 後白河法皇　　（　　）

(3) cに最も適する語を，次のア～エから選べ。　　　　　　　　　　　（　　）
　　ア 宣旨　　イ 令旨　　ウ 綸旨　　エ 勅旨

B (d承久三年五月)十九日壬寅，e二品，家人等を簾下に招き，(中略)是れ最期の詞なり。故
右大将軍朝敵を征罰し，関東を草創してより以降，官位と云ひ，俸禄と云ひ，其の恩既に
山岳よりも高く，溟渤よりも深し。(中略)而るに今逆臣の讒に依て，f非義の綸旨を下さ
る。名を惜しむの族は，早く秀康・胤義等を討ち取り，三代将軍の遺跡を全うすべし。

　　　　　　　　　　　　　　　　　　　　　　　　　　　　　　（『（　g　）』）

(4) 下線部dは西暦何年か。次のア～エから選べ。　　　　　　　　　　（　　）
　　ア 1203年　　イ 1213年　　ウ 1221年　　エ 1232年

(5) 下線部eは「故右大将軍」の正妻である。その人物を漢字で答えよ。　（　　）

(6) 下線部fを発したのはだれか。次のア～エから選べ。　　　　　　　（　　）
　　ア 高倉上皇　　イ 後鳥羽上皇　　ウ 土御門上皇　　エ 順徳上皇

(7) gにあてはまる幕府の記録を，次のア～エから選べ。　　　　　　　（　　）
　　ア 吾妻鏡　　イ 今鏡　　ウ 水鏡　　エ 増鏡

C （　h　）人，対馬・壱岐に襲来し，すでに合戦を致すのよし，覚恵注申するところなり。早
く(中略)かの凶徒寄せ来たらば国中の地頭・御家人ならびに本所領家一円地の住人らを相
催し，禦戦せしむべし。(中略)i文永十一年十一月一日。

(8) hにあてはまる語を漢字2字で答えよ。　　　　　　　　　　　　　（　　）

(9) 九州北部の沿岸防備のため，下線部iの年の戦乱後，強化された
　　軍役を何というか。　　　　　　　　　　　（　　　　　　　）

(10) (9)の設置とともに，博多港などに築かれた右図のものを何という
　　か。漢字2字で答えよ。　　　　　　　　　　　　　（　　　）

Hints

1 (2)鎌倉時代には，二毛作，牛馬耕，鉄製農具，草木灰などが広まった。
　　(4)現在の運送業・倉庫業・委託販売業にあたる。
2 (1)源三位とは，源氏の三位(公卿)という意味。イの人物は平治の乱で清盛方についていた。
　　(7)正解以外は，「四鏡」と総称される公家の歴史物語のうちの3つである。

7 武家社会の成長

解答➔ 別冊7ページ

STEP ① 基本問題

1 [建武の新政] 次の文章中の空欄に入る適語を答えなさい。

幕府打倒をねらっていた（①　　　　　）天皇は，モンゴル襲来（元寇）による負担増などで困窮し，荘園を襲ったりして幕府に反抗した（②　　　　　）と呼ばれる武士などを味方につけた。（①）天皇は（③　　　　　）の変で隠岐に流されたが，1333年に（④　　　　　）が鎌倉の北条氏一族を滅ぼしたあと京都に戻り新政を始めた。しかし，所領安堵を自らの（⑤　　　　　）でおこなったことなどが原因で武士の不満が高まり，わずか3年足らずで（⑥　　　　　）により京都から追われた。

2 [南北朝の動乱と室町幕府] 次の文章中の空欄に入る適語を答えなさい。また，あとの問いに答えなさい。

北条時行が鎌倉へ攻め込んだ（①　　　　　）を鎮圧した足利尊氏は新田義貞の追討を名目に挙兵して後醍醐天皇を吉野へ追い，光明天皇を立てて a 征夷大将軍に就任した。以後60年間にわたる南北朝の動乱が始まった。室町幕府が制度的に安定するのは，3代将軍（②　　　　　）のときである。幕府の制度の中で，将軍の補佐は，b 斯波・細川・畠山から任命され，侍所の長官は c 赤松・一色・山名・京極から任命されることになっていた。関東には（③　　　　　）をおき，関東管領がこれを補佐した。

(1) 下線部 a に関連して，次の各問いに答えよ。

　① 足利尊氏が幕府を開く目的のもとに発表した，政治方針を明らかにしたものを何というか。　（　　　　　）

　② 1350年，弟の足利直義との間でおきた武力対決を何というか。　（　　　　　）

(2) 下線部 b について，これらの家を総称して何というか。
　（　　　　　）

(3) 下線部 c について，これらの家を総称して何というか。
　（　　　　　）

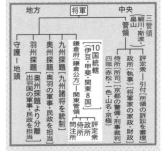

3 ［室町時代の対外関係］次の文章中の空欄に入る適語を答えなさい。また、あとの問いに答えなさい。

14世紀、倭寇と呼ばれた日本人を中心とする海賊集団に苦しんだ明は日本へ通交と倭寇の禁止を求めた。それに対し、足利義満は、1403年にa朝貢貿易の形式によるb日明貿易を始めた。この貿易では、刀剣・銅・硫黄などが輸出され、銅銭・高級繊維の原料である（①　　　　　　）・陶磁器などが輸入された。1411年4代将軍（②　　　　　　）は貿易を中断したが、1432年6代将軍（③　　　　　　）が再開した。さらに、1523年、c堺商人と博多商人が貿易の主導権を争った（④　　　　　　）がおこると、博多の商人と結んだ大内氏が貿易の実権を握った。

朝鮮との間でも貿易交流が始まった。倭寇の被害が減少しなかったため、1419年朝鮮軍がd倭寇の本拠地とみなした地を襲撃した（⑤　　　　　　）がおこり、貿易は一時中断したが、以降16世紀まで活発におこなわれた。

記述 (1) 下線部aについて簡単に説明せよ。

（　　　　　　　　　　　　　　）

図1

(2) 下線部bで用いられた海賊船でないことを証明する右図1の合い札を何というか。　　（　　　　　　）

図2

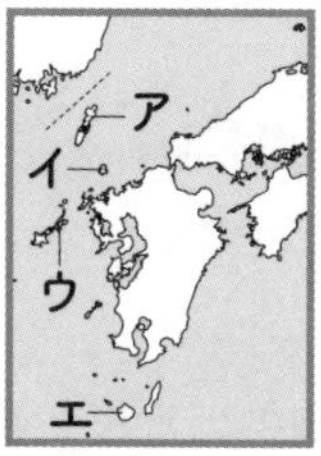

(3) 下線部cと結んだ守護大名は何氏か。
　　　　　　　　　　（　　　　　　）

(4) 下線部dは、右図2のア〜エのうちどこか。
　　　　　　　　　　（　　　　　　）

第1章
第2章
第3章
第4章
第5章
総合

注意 ⚠ **日明貿易（勘合貿易）の主導権**

足利義満が始めた勘合貿易は朝貢形式だった。4代義持はそれを嫌って中断したが、6代義教は貿易の利益を重んじて再開した。このころまで、貿易は幕府主導だったが、その後大内氏（博多商人）と細川氏（堺商人）がその主導権を握っていった。

得点UP ⬆ **商品経済の発展**

①年貢の銭納は、鎌倉時代には地頭・荘官がおこなったが、室町時代には惣村にまで広がった。（村請、百姓請）。
②鎌倉時代の問（問丸）は年貢等の保管や運送が主。室町時代の問屋は商人としての性格を強めた。
③三斎市から六斎市へと定期市の回数が増えた。
④貨幣は永楽通宝など明銭が主に流通した。
⑤金融業者は借上から、土倉・酒屋へと変化。
⑥二毛作の全国化。三毛作もおこなわれた。

☑ サクッとCHECK

● 次の文が正しければ○、誤っていれば×を書きなさい。
❶ 鎌倉中期に分裂した皇室のうち、持明院統から後醍醐天皇が即位した。（　　　）
❷ 鎌倉幕府最後の得宗は北条高時で、高時は新田義貞に鎌倉を攻められ自殺した。（　　　）
❸ 悪党と呼ばれた武士の代表例が河内の足利尊氏であった。（　　　）
❹ 室町幕府や守護が田畑に課した臨時税を棟別銭という。（　　　）
❺ 村の鎮守の祭礼を指揮する上層農民の組織を宮座という。（　　　）

● 次の各問いに答えなさい。
❻ 『神皇正統記』を著して南朝の正統性を説いたのはだれか。（　　　　　　）
❼ 嘉吉の変で播磨国の守護赤松満祐に殺された将軍はだれか。（　　　　　　）
❽ 村の自治を決定する、惣百姓の協議（会議）を何というか。（　　　　　　）
❾ 正長の徳政一揆をおこした近江坂本の運送業者を何というか。（　　　　　　）
❿ 3代将軍足利義満の時代に発達した文化を何というか。（　　　　　　）

重要 **1** ［南北朝の動乱と室町幕府］次の文章中の空欄に入る適語を答えなさい。また，あとの問い
に答えなさい。 ［法政大一改］

　1335 年，足利尊氏(あしかがたかうじ)は北条（①　　　　　）を討伐するために関東にくだると，後醍醐天皇に反
旗をひるがえした。翌年，京都を制圧した尊氏は，（②　　　　　　）天皇を立て，建武式目(けんむしきもく)を発
表し，当面の政治方針を明らかにした。すると後醍醐天皇は京都を逃れ，吉野(よしの)にこもって皇
位の継続を主張した。ここに吉野の南朝と京都の北朝が並ぶ南北朝の動乱が始まった。1338
年，尊氏が征夷大将軍(せいいたいしょうぐん)に任じられたが，幕府の内部対立が激化したこともあり，動乱は全国
に拡大した。南北朝時代，幕府は地方武士を動員するために守護の権限を大幅に拡大した。
特に a 半済令(はんぜいれい)の効果は大きかった。荘園や公領の領主が年貢徴収(ねんぐ)を守護に請け負わせる
（③　　　　　　）も盛んにおこなわれた。

　北朝と結びついた室町幕府(むろまち)がその権力を固め，足利義満(よしみつ)のころには，南北朝の動乱は収束
に向かい，1392 年，義満によって b 南北朝の統一が実現された。幕府の機構も整備されてい
き，将軍を補佐する職の c 管領(かんれい)は，侍所(さむらいどころ)・政所(まんどころ)などの中央諸機関を統括するとともに全国の
守護に対する将軍の命令を伝達した。

(1) 下線部 a についての説明として正しいものを，次のア〜エから選べ。　　　　（　　　）

　　ア 1352 年に発布された際には，山城(やましろ)，大和(やまと)，伊勢(いせ)の 3 国に限られていた。

　　イ 守護には一国内の荘園の年貢の半分を徴発する権利が与えられたが，公領には適用さ
　　　れなかった。

　　ウ 1352 年に発布された際には，1 年限りのものであった。

　　エ 守護には一国内の公領の年貢の半分を徴発する権利が与えられたが，荘園には適用さ
　　　れなかった。

(2) 下線部 b のときの南朝側の天皇を，次のア〜エから選べ。　　　　　　　　（　　　）

　　ア 後村上天皇(ごむらかみ)　　**イ** 後小松天皇(ごこまつ)　　**ウ** 後円融天皇(ごえんゆう)　　**エ** 後亀山天皇(ごかめやま)

(3) 下線部 c の職に任じられたことのある人物を，次のア〜エから選べ。　　　（　　　）

　　ア 山名氏清(やまなうじきよ)　　**イ** 赤松満祐(あかまつみつすけ)　　**ウ** 土岐康行(ときやすゆき)　　**エ** 畠山満家(はたけやままんいえ)

重要 **2** ［室町時代の社会］次の文章中の空欄に入る適語を答えなさい。また，あとの問いに答えな
さい。 ［名城大一改］

　15 世紀以降庶民の経済活動は大きく発展した。農業面では，稲の品種改良により収穫時期
の異なる早稲(わせ)・中稲(なかて)・（①　　　　　　）が普及したほか，畿内(きない)を中心に三毛作もおこなわれた。
また，手工業の原料作物や， a 各地の特色を生かした製品も生産されるようになった。それら
の特産品を売却し，あるいは年貢の銭納(せんのう)に必要な貨幣を獲得するため，地方の市場(いちば)もその数
と市日を増やし，月に 6 回開かれる（②　　　　　　）が見られるようになった。地方産業の発
展にともない， b 運送業者が活躍するようになった。商業の発達により，同業者組織の

（③　　　　　）が結成された。商品流通の発展は貨幣の需要も増大させ，貿易により新たに流通した c 明銭では追いつかず，粗悪な私鋳銭も流行するようになった。そのため悪銭をきらって，精銭による支払いを要求する（④　　　　　）がおこなわれた。

　農村では，自立的・自治的な（⑤　　　　　）と呼ばれる農村が誕生した。村には協議機関である（⑥　　　　　）で村の掟などを決定し，それにもとづき（⑦　　　　　）と呼ばれた警察権の行使をおこなった。この（⑤）を基盤に，農民は荘官の解任や年貢の減免を要求する強訴・逃散や，徳政を求める（⑧　　　　　）をおこすこともあった。

(1) 下線部 a について，播磨で生産された代表的な紙を何というか。　　　（　　　　　）

(2) 下線部 b について，次の各問いに答えよ。

　① 陸上交通で活躍した右図の運送業者を何というか。（　　　　　）

　② ①が機動性を有し集団的であるという職業的性格から中心となって，1428 年におこした一揆は何か。（　　　　　）

(3) 下線部 c について，貿易により流通した明銭を，次のア～エから選べ。　　　（　　　　　）

　ア 洪武通宝　　**イ** 饒益神宝　　**ウ** 延喜通宝　　**エ** 承和昌宝

3　［室町時代の貿易］次の文章中の空欄に入る適語を答えなさい。また，あとの問いに答えなさい。

［大阪学院大一改］

　15 世紀前半，沖縄本島の中山王の（①　　　　　）が三山を統一して琉球王国を建国した。足利義満が始めた a 明との貿易と同様，琉球王国も明への朝貢をおこなって繁栄した。一方，蝦夷地に住むアイヌ民族と日本人との交易は古くから続いていた。14 世紀には津軽地方の b 十三湊が北方と畿内を結ぶ日本海交易の拠点として栄えていた。やがて蝦夷地南部に渡った和人たちは 12 の（②　　　　　）を築き，アイヌ民族との交易を盛んにした。しかし交易品をめぐる対立が深まり，1457 年にアイヌは首長（③　　　　　）に率いられて蜂起したが，蠣崎氏に鎮圧された。朝鮮と日本の交易は 14 世紀末に始まったが，（④　　　　　）の被害を防ぐために c 富山浦・乃而浦・塩浦の三浦に限定された。

(1) 下線部 a について，日本からの輸出品として正しいものを，次のア～エから選べ。　　　（　　　　　）

　ア 銅銭　　　**イ** 生糸

　ウ 陶磁器　　**エ** 刀剣

(2) 下線部 b の場所を，右図 1 のア～エから選べ。（　　　　　）

(3) 下線部 c の場所を，右図 2 のア～エから選べ。（　　　　　）

Hints

1 (3)管領は，斯波・細川・畠山の中から任命された。

2 (2)① 車借とともに，陸上運送業者として活躍した。
(3)日明貿易で輸入された明銭のうち，洪武銭・永楽銭・宣徳銭の 3 種が国内で最も普及した。

3 ④日本人を中心とし，大陸や朝鮮半島沿岸をあらしまわった海賊集団のこと。

重要 **1** ［南北朝・室町文化］次の文章を読み，あとの問いに答えなさい。　　　　　［龍谷大一改］

　南北朝時代には，内乱によって高まった緊張感を背景に，a歴史書や軍記物などがつくられたり，b連歌が流行した。

　足利義満の時代の文化を北山文化といい，伝統的な公家文化を取り入れながら新しい武家文化が花開いた。c五山・十刹の制がほぼ完成し，五山の僧はd禅の精神を具体化した水墨画などを広く伝えた。また，神事芸能として発達した猿楽・田楽は芸能性を高めていき，e観阿弥・世阿弥によって猿楽能が完成された。その後発達した，足利義政の時代の文化を東山文化といい，幽玄・侘を精神的基調としていた。f現在の和風住宅の原型となった様式の邸宅や禅宗様の寺院には枯山水様式の庭が設けられた。新しい住宅様式の成立は，掛軸・襖絵などの絵画や生花・工芸品をいっそう発展させた。一方，地方に流行した文芸が京都の公家・武家に受け入れられて発展した文化もある。その例が喫茶の風習で，応仁の乱のころにg侘茶の方式が始められ，やがて身分を問わず楽しまれるようになった。

(1) 下線部 a に関する説明として正しいものを，次のア～エから選べ。　　　（　　　）

　　ア 『梅松論』は，武家の立場から足利氏の政権獲得までの過程を記している。

　　イ 『太平記』は，北畠親房が南北朝の動乱を記したものである。

　　ウ 『吾妻鏡』は，公家の立場から南朝の正統性を訴えたものである。

　　エ 『神皇正統記』は，復古神道の理論を背景として北朝の正統性を訴えたものである。

(2) 下線部 b についての説明として誤っているものを，次のア～エから選べ。　　（　　　）

　　ア 連歌は和歌を上下の句にわけ，一座の人々が次々に句を継いでいく共同作品である。

　　イ 二条良基は，連歌の規則書『応安新式』を制定した。

　　ウ 連歌集の『菟玖波集』は，勅撰に準じる扱いを受けた。

　　エ 俳諧連歌の祖とされる宗鑑は，『新撰菟玖波集』を編集した。

(3) 下線部 c について，京都五山と鎌倉五山の正しい組み合わせを，次のア～カから選べ。　　（　　　）

　　ア 天龍寺―建長寺　　イ 建仁寺―南禅寺　　ウ 浄智寺―寿福寺

　　エ 東福寺―永平寺　　オ 妙心寺―円覚寺　　カ 万寿寺―相国寺

(4) 下線部 d について，右上図の「瓢鮎図」の作者を，次のア～エから選べ。　（　　　）

　　ア 如拙　　イ 周文　　ウ 雪舟　　エ 明兆

(5) 下線部 e に関連する記述として正しいものを，次のア～エから選べ。　　（　　　）

　　ア 猿楽能は，華やかな装束で踊るものであり，盆踊りの原型となった。

　　イ 大和猿楽四座は，興福寺を本所とした。

　　ウ 観阿弥は，能楽に関する芸術書である『風姿花伝』を著した。

　　エ 能の合間に演じられる今様は，風刺性が強い喜劇である。

(6) 下線部 f の建築様式を何というか。　　　　　　　　　　　　　　　　　（　　　）

(7) 下線部 g を始めた人物はだれか。　　　　　　　　（　　　　　　　）

2　［史料問題］次の史料を読み，あとの問いに答えなさい。　　　　　　［神戸学院大一改］

> （a正長元年）九月　日，一天下の b 土民蜂起す。　X　と号し，　Y　，寺院等を破却せしめ，雑物等 恣 にこれを取り，借銭等 悉 これを破る。管領これを成敗す。…
>
> 　　　　　　　　　　　　　　　　　　　　　　　　（『大乗院日記目録』，原文は漢文）

(1) 下線部 a の時期以降におきた次の**ア**〜**ウ**のでき事を，年代の古い順に並べよ。

　　　　　　　　　　　　　　　　　　　　（　　　　→　　　　→　　　　）

　　ア 応仁の乱が始まる。　　**イ** 山城の国一揆がおこる。　　**ウ** 嘉吉の変がおこる。

(2) 下線部 b に関連して，農民の集団行動の内容と名称の組み合わせとして誤っているものを，
　　次の**ア**〜**エ**から選べ。　　　　　　　　　　　　　　　　　　　　　（　　　　）

　　ア 村の民主的で公正な運営を求めること―村方騒動

　　イ 耕地を放棄して山林等に逃げ込むこと―逃散

　　ウ 年貢を村がひとまとめにして請け負うこと―地下請

　　エ 村民自身による警察権の行使―自検断

(3) 　X　にあてはまる語句を，次の**ア**〜**エ**から選べ。　　　　　　　　（　　　　）

　　ア 半済　　**イ** 解脱　　**ウ** 世直し　　**エ** 徳政

重要 (4) 　Y　にあてはまる，この時代の富裕な商工業者と高利貸しの名称の正しい組み合わせを，
　　次の**ア**〜**エ**から選べ。　　　　　　　　　　　　　　　　　　　　　（　　　　）

　　ア 酒屋・馬借　　**イ** 問屋・馬借　　**ウ** 酒屋・土倉　　**エ** 問屋・土倉

(5) この史料は室町時代の一揆について書かれたものである。史料が示す一揆の説明として正
　　しいものを，次の**ア**〜**エ**から選べ。　　　　　　　　　　　　　　（　　　　）

　　ア 数万人が参加する一揆となり，京都が占拠された。

　　イ 近畿地方や周辺地域に拡大し，各地で債務の破棄等がおこなわれた。

　　ウ 京都で財力を蓄えた日蓮宗の信者が多く，延暦寺とも衝突した。

　　エ 一揆の勢力が山城国を約 8 年にわたり支配した。

3　［新仏教の発展］次の問いに答えなさい。

(1) 林下の禅の代表者である京都の大徳寺の僧侶はだれか。　　（　　　　　　　）

(2) 6 代将軍足利義教のころに活躍した，法華宗の僧侶はだれか。　（　　　　　　　）

(3) 京都の法華一揆が延暦寺と争い，敗れた事件を何というか。　（　　　　　　　）

Hints

1 (1)『神皇正統記』は北畠親房が伊勢神道の理論を背景に南朝の立場から正統性を説いたものである。
　(3) 南禅寺は五山の上におかれた寺院，妙心寺は五山・十刹には入っていない。

2 (5) 史料は徳政を求めた土一揆である。

3 (2) 戦闘的な布教をおこない，他宗と激しい論戦をおこなったため，たびたび迫害を受けた人物。

8 中世の終わりと近世への胎動

STEP ① 基本問題　　　　　　　　　　解答⇒別冊8ページ

1 ［応仁の乱］次の文章中の空欄に入る適語を答えなさい。

1467年，8代将軍（① 　　　　　　）のあと継ぎをめぐる細川勝元と（② 　　　　　　）の対立から応仁の乱がおこり，全国の守護大名を二分する争いの主戦場となった京都は荒廃した。地方では（③ 　　　　　　）や国人が守護大名の支配に反抗し，（④ 　　　　　　）の風潮が強まった。また，このころには，山城の（⑤ 　　　　　　）や加賀の（⑥ 　　　　　　）などの一揆が多発した。

2 ［群雄割拠］次の図を見て，あとの問いに答えなさい。

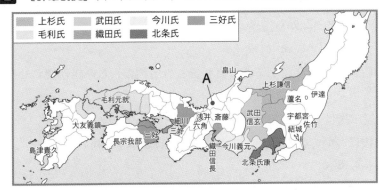

凡例：上杉氏　武田氏　今川氏　三好氏
毛利氏　織田氏　北条氏

(1) 次の文章中の空欄に入る適語を答えよ（③〜⑤は人物名）。

応仁の乱後，関東では鎌倉府が分裂し，下総に（① 　　　　　）公方，伊豆に（② 　　　　　）公方が並び立った。（②）は北条早雲により滅ぼされ，越後では（③ 　　　　　），甲斐では（④ 　　　　　），駿河・遠江では（⑤ 　　　　　）がそれぞれ領国を支配した。朝倉氏は城下町（⑥ 　　　　　）を中心に，地図中Aの（⑦ 　　　　　）を支配し，国人出身の毛利氏は中国地方西部を支配した。

(2) 次の史料について，あとの各問いに答えよ。　　［中部大一改］

一，喧嘩の事，是非に及ばず成敗を加ふべし。但し，取り懸ると雖も，堪忍せしむるの輩に於ては，罪科に処すべからず。然而，贔屓偏頗を以て合力せしむる族は，理非を論ぜず同科たるべし。……
　　　　　　　　　　　　　　　　　　　（『甲州法度之次第』）

① 戦国大名が家臣団統制のために制定した，史料のような法を何というか。 （　　　　　）

記述 ② この史料の内容について簡潔に説明せよ。
（　　　　　　　　　　　　　　　　　　　）

③ この史料を発した戦国大名を，次のア～エから選べ。 （　　　　　）

ア 北条氏　　イ 朝倉氏　　ウ 武田氏　　エ 長宗我部氏

④ 戦国大名が，家臣に知行地の面積などを申告させた検地を何というか。 （　　　　　）

⑤ 戦国時代のころ，年貢の収納高や軍役を貨幣で表したことを何というか。 （　　　　　）

⑥ 戦国大名が，富国強兵のために商工業活動を自由にした政策は何か。 （　　　　　）

3 ［戦国期の都市］次の文章を読み，あとの問いに答えなさい。

［津田塾大一改］

戦国時代にはさまざまな性格の都市があった。その１つが北条氏の小田原などの城下町である。もう１つの特徴ある都市が宗教都市である。その中でも一向宗の信者が集住したのが（ ① ）町で，戦国大名が恐れた一向一揆の拠点となった町である。また，伊勢の宇治・山田は代表的な（ ② ）町である。

(1) ①，②に入る適語を答えよ。 ① （　　　　　） ② （　　　　　）
(2) 下線部の一向一揆の中心となった大坂の寺院はどこか。
（　　　　　）

第1章　第2章　第3章　第4章　第5章　総合

得点UP 戦国大名の領国統治

①分国法の制定
②城下町の建造
③貫高制…領民への課役や家臣への軍役を貫高を基準に賦課した制度。
④寄親・寄子制…家臣団を編成する際に有力家臣を寄親に，下級武士を寄子として配属し，家臣団内の連携をはかろうとした制度。

参考 自由都市・堺

堺については，宣教師ガスパル=ヴィレラの報告書（下記）にからんで出題されることがある。
「堺の町は……ベニスと同様，執政官が治める共和国のような所である。日本全国において，この堺ほど安全な所はなく，他の国々にどのような騒乱がおきようとも，当地においては皆無である（下略）」。

☑ サクッとCHECK

● 次の文が正しければ○，誤っていれば×を書きなさい。
❶ 足利義政のあと継ぎをめぐり，義政の弟の足利義視と日野富子が対立した。 （　　）
❷ 戦国大名は家臣の収入を石高で表し，それを基準に軍役を課した。 （　　）
❸ 戦国大名は城下町や港町の有力商工業者に座を結成させ，物資を確保した。 （　　）
❹ 京都の町や町組は町衆の中から選ばれた月行事によって自治的に運営された。 （　　）
❺ 博多の町は会合衆と呼ぶ有力商人たちによって自治がおこなわれた。 （　　）

● 次の各問いに答えなさい。
❻ 戦国大名が下級家臣を有力家臣の下に編成した制度を何というか。 （　　　　　）
❼ 室町時代に唯一神道を創始したのはだれか。 （　　　　　）
❽ 1439 年に足利学校を再興した関東管領はだれか。 （　　　　　）
❾ 応仁の乱のころ，『樵談治要』を著した当代随一の学者はだれか。 （　　　　　）
❿ 室町中期につくられた日常用語の辞典を何というか。 （　　　　　）

1 ［戦国大名］次の文章中の空欄に適語を入れ，あとの問いに答えなさい。　［西南学院大一改］

　a8代将軍義政のあと継ぎをめぐる争いは，将軍家の求心力をさらに低下させた。大名の家督争いもからんだ対立からおこったb応仁の乱は戦国時代の始まりといえる。

　一方，c享徳の乱を機に東国はいちはやく戦国の世に突入していた。堀越公方家内の家督争いを制した（①　　　　　　）が家督を継いだが，北条早雲が（②　　　　　）国に侵攻し，堀越公方は滅ぼされた。地方に残った守護代や有力国人は，守護が不在の間にできた権力的な空白を利用して，領国で実権を握るようになった。彼らの中からd戦国大名が誕生する。戦国大名は，家臣同士の私闘による紛争解決を禁止する（③　　　　　　）やe楽市令などの経済政策を導入して家臣の統制や領国の発展を目ざした。他方，一揆を結成して，自治的支配がおこなわれる地域も見られた。加賀の一向一揆はその例である。実力によって下の者が上の者から権力を奪う現象は（④　　　　　）と呼ばれた。

(1) 下線部aに関する説明として誤っているものを，次のア〜エから選べ。　（　　）
　ア 義政の妻日野富子は，嫡男である義量の将軍就任を求めた。
　イ 義政の弟である義視は，義政の嫡男が生まれる前に将軍継嗣と決まっていた。
　ウ 守護大名は東西両軍にわかれて戦い，一時的に東西2つの幕府が成立した。
　エ 細川勝元と山名持豊（宗全）が，この家督争いに介入した。

(2) 下線部bの影響に関する説明として誤っているものを，次のア〜エから選べ。　（　　）
　ア 公家が戦場となった京都を逃れたため，朝廷の機能は低下した。
　イ 地方に避難した公家のなかから，戦国大名となった者もいた。
　ウ 三好氏の城下町である山口には，多くの文化人が集まった。
　エ 薩摩の島津氏，肥後の菊池氏は，儒学者をまねいて講義を聞いた。

(3) 下線部cの内容として正しいものを，次のア〜エから選べ。　（　　）
　ア 鎌倉公方が，関東管領を謀殺した。　　イ 管領が，将軍を廃位させた。
　ウ 前関東管領が反乱をおこして鎮圧された。　エ 管領が，家臣に追放された。

(4) 下線部dについて，次の各問いに答えよ。
　① 守護代出身の戦国大名を，次のア〜エから選べ。
　　ア 武田信虎　イ 今川義元　（　　）
　　ウ 毛利元就　エ 長尾景虎
　② 『塵芥集』という法を制定した戦国大名の本拠地を，右の地図中のア〜キから選べ。（　　）

(5) 下線部eについて，次の各問いに答えよ。
　① 領国内の陸上交通路に宿駅をおき，人馬を常備した制度は何か。（　　　　）
　② 経済活動を円滑にするために，銭貨の交換比率や通用させる銭貨を限定した命令を何というか。（　　　　）

[重要] **2** ［史料問題］次のＡ～Ｃ史料を読み，あとの問いに答えなさい。史料は手を加えたり，一部書き改めたりしたところがある。

［関西学院大一改］

Ａ 　X　の事，是非に及ばずＹを加ふべし。但し取り懸ると雖も，堪忍せしむるの輩に於ては，罪科に処すべからず。然而，贔屓偏頗を以て合力せしむる族は，理非を論ぜず同科たるべし。……

(『甲州法度之次第』)

Ｂ 一　X　こうろん闘諍のうへ，理非ひろうにあたハす，わたくしに人の在所へさしかくる事，たとひしこくの _aたうり(道理)なりといふとも，さしかけ候かたのおつとたるへし，……

(『塵芥集』)

Ｃ 一 _b駿府の中，不入地の事，これを破り畢ぬ。各，異儀に及ぶべからず。
　一 駿・　Z　両国の輩，_c或はわたくしとして他国より嫁をとり，或は婿にとり，娘をつかはす事，自今以後停止し畢ぬ。

(『今川仮名目録』)

(1) 　X　，Ｙに入る適語の正しい組み合わせを，次のア～エから選べ。　　（　　）
　　ア Ｘ―喧嘩　Ｙ―成敗　　イ Ｘ―喧嘩　Ｙ―流罪
　　ウ Ｘ―越訴　Ｙ―成敗　　エ Ｘ―越訴　Ｙ―流罪

(2) 下線部 **a** の解釈として正しいものを，次のア～エから選べ。　　（　　）
　　ア 　X　の原因となった紛争において，自分が正当であること。
　　イ 紛争において，自分が実力を行使していないこと。
　　ウ 他人の助力を得て実力を行使していないこと。
　　エ 裁判人を買収していないこと。

(3) 　Z　に入る文字(国名を意味する)を，次のア～エから選べ。　　（　　）
　　ア 三(三河)　　イ 相(相模)　　ウ 遠(遠江)　　エ 豆(伊豆)

(4) 下線部 **b** の解釈として正しいものを，次のア～エから選べ。　　（　　）
　　ア 駿府の中に入ることを一切禁止した。
　　イ 駿府の中において守護使の不入地の規定を破棄した。
　　ウ 駿府の中から出ることを一切禁止した。
　　エ 駿府の中において守護使の不入地の規定を容認した。

(5) 下線部 **c** の解釈として正しいものを，次のア～エから選べ。　　（　　）
　　ア 家臣の子弟が勝手に自国の者と婚姻することを禁止する。
　　イ 家臣の子弟が勝手に自国の者と婚姻することを容認する。
　　ウ 家臣の子弟が勝手に他国の者と婚姻することを禁止する。
　　エ 家臣の子弟が勝手に他国の者と婚姻することを容認する。

Hints
1 (3) 享徳の乱は，足利成氏が上杉憲忠を暗殺した事件である。
　　(4)②『塵芥集』は伊達氏が制定した分国法である。
2 (3) Ｃは今川氏が制定した分国法である。今川氏の領国から推測する。
　　(4)「不入の権」とは国司の役人らが荘園内に立ち入ることを拒否する権利。

41

STEP 3 チャレンジ問題 2

解答⊖ 別冊 9 ページ

1 次の文章中の空欄に入る適語を答えなさい。また，あとの問いに答えなさい。　［近畿大一改］

　平清盛は（ ① ）を修築して a日宋貿易を推進した。b鎌倉幕府が成立したあとも，宋との間の私的な貿易や商人・僧侶の往来は活発におこなわれた。その後，元が日本に対して朝貢を強要したが，執権（ ② ）が拒否したため，元は大挙して九州北部に来襲した。幕府は再度の来襲に備えて九州北部の要地を御家人に警備させる（ ③ ）を強化した。一方，大陸からもたらされたさまざまな文物は c鎌倉時代の文化に大きな影響を与えた。d室町時代に入ると，明の近隣諸国への通交要求に応じた（ ④ ）が，1401 年に明に使者を送って国交を開き日明貿易が始まった。15 世紀後半になると，幕府の衰退とともに貿易の実権はしだいに堺商人と結んだ細川氏や，博多商人と結んだ（ ⑤ ）の手に移った。

(1) 下線部 a についての説明として誤っているものを，次のア～エから選べ。

　　ア　平清盛は宋と国交を結び，「日本国王」の称号を得た。

　　イ　貿易による利潤は，平氏政権の重要な経済基盤となった。

　　ウ　日本からは金・水銀・硫黄・木材・米・漆器・扇などを輸出した。

　　エ　大陸からは宋銭をはじめ陶磁器・香料・薬品・書籍などを輸入した。

記述 (2) 下線部 b に関連して，新田義貞により北条高時らが自害に追い込まれ，鎌倉幕府は滅びたが，このとき自害した人々の中に，御家人の姿はほとんど見られなかった。その理由を，「得宗」，「強化」の語を用いて説明せよ。

(3) 下線部 c についての説明として誤っているものを，次のア～エから選べ。

　　ア　禅宗の僧侶が師僧の肖像画を崇拝する風習は，鎌倉時代に中国から伝わった。

　　イ　尊円入道親王は，平安時代以来の和様に宋の書風を取り入れて土佐派を創始した。

　　ウ　瀬戸焼の多くは，宋や元の強い影響が認められる。

　　エ　東大寺再建にあたって採用された大仏様は，中国南方の寺院建築を参考とした。

(4) 下線部 d の時代の水墨画として不適切なものを，次のア～エから選べ。

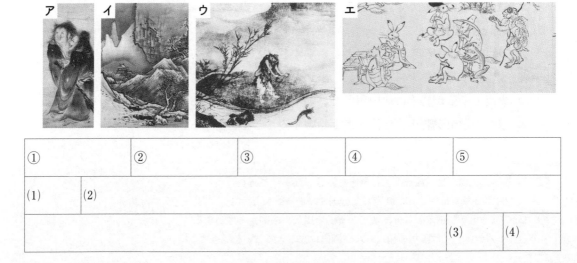

①		②		③		④		⑤	
(1)		(2)							
								(3)	(4)

2 次の文章を読み，あとの問いに答えなさい。

［共通テスト一改］

　　院政が始まると，<u>a南都・北嶺をはじめとする寺社や有力貴族は多くの荘園の領有を公認された</u>。荘園領主は，使者を現地に派遣して年貢・公事の収納などをおこなうことで荘園現地と深く関わるようになった。一方，地方の有力者のなかには，京都をはじめとした都市にも拠点をもち，都市と地方を往来し，武士として活躍する者も多くいた。さらに，鎌倉幕府が成立すると，鎌倉も都市として充実していき，<u>b都市と地方との往来はますます活発になっていった</u>。室町時代におきた嘉吉の変以降は将軍の権威が大きく揺らぎ，さらに，応仁の乱によって京都が荒廃したため地方へ下る公家や僧侶も多くなり，<u>c都市と地方との関係も変化していった</u>。

[難問] (1) 下線部aに関連して，紀伊国那賀郡神野真国荘の成立にあたって作成された下の図を読み解く方法について述べた次の文X・Yと，その方法で分かることについて述べた文a〜dの正しい組み合わせを，あとのア〜エから選べ。

X：牓示が設置された場所を見つける。

Y：牓示と牓示とを線でつないでみる。

a　牓示は，田や村の中心に設置されている。

b　牓示は，山の中や川沿いに設置されている。

c　この荘園の領域が見えてくる。

d　この荘園内の各村の境界が見えてくる。

ア　X—a　Y—c　　イ　X—a　Y—d

ウ　X—b　Y—c　　エ　X—b　Y—d

図　紀伊国那賀郡神野真国荘絵図

（神護寺所蔵，トレース図）

(2) 下線部bに関連して，平安時代末から鎌倉時代の都市と地方との関係について述べた文として誤っているものを，次のア〜エから選べ。

ア　伊勢平氏は，伊勢・伊賀を地盤にし，京都でも武士として活躍した。

イ　禅文化が東国へも広まり，鎌倉には壮大な六勝寺が造営された。

ウ　白河上皇は，熊野詣をしばしばおこなった。

エ　鎌倉幕府の御家人は，奉公のために京都や鎌倉に赴いた。

(3) 下線部cに関連して，鎌倉時代から室町時代の都市と地方，及び地方間の交流に関して述べた次の文X・Yと，それに該当する語句a〜dの正しい組み合わせを，あとのア〜エから選べ。

X：この人物らが諸国を遍歴したことで連歌が広まり，地方文化に影響を与えた。

Y：宋や元の影響を受けて，地方で製造された陶器の1つで，流通の発達によって各地に広まった。

a　西行　　b　宗祇　　c　赤絵　　d　瀬戸焼

ア　X—a　Y—c　　イ　X—a　Y—d　　ウ　X—b　Y—c　　エ　X—b　Y—d

(1)	(2)	(3)

9 近世の幕開け

第3章 近世の日本とアジア

STEP ① 基本問題

解答⊙ 別冊10ページ

1 ［鉄砲とキリスト教の伝来］次の文章中の空欄に入る適語を答えなさい。

　1543年（① 　　　　　　）に漂着した中国船に乗船していたポルトガル人によって鉄砲が伝来した。鉄砲の製法は和泉の（② 　　　　）や近江の（③ 　　　　　）などに広まり，（④ 　　　　　　）鉄砲隊の編成など戦国大名に大きな影響を与えた。また，ポルトガル船やスペイン船が平戸・長崎などに来港し，（⑤ 　　　　　）貿易が始まった。それとともに，フランシスコ＝ザビエルら（⑥ 　　　　　　）会の宣教師も来日した。（⑤）貿易の利を重視した（⑦ 　　　　　　）大名となる者も現れ，特に大友義鎮・（⑧ 　　　　　）・有馬晴信は宣教師（⑨ 　　　　　　　　）のすすめで少年使節をローマに派遣した。

2 ［織豊政権］次の文章中の空欄に入る適語を答えなさい。

［駒澤大一改］

　織田信長は，桶狭間の戦いで（① 　　　　　　　　）を倒し，ついで斎藤氏を滅ぼして岐阜城に移り，1568年には（② 　　　　　　　　）を奉じて入京した。1570年に浅井・朝倉氏を破り，翌年には比叡山延暦寺の焼討ちをおこなった。また，武田勝頼の軍に（③ 　　　　　　　　）で大勝した。さらに，一向一揆を指導した石山本願寺法主の（④ 　　　　）を屈服させた。一方，信長は，（⑤ 　　　　　）城下に（⑥ 　　　　　　）を出し，商工業の発展をはかった。しかし，1582年，本能寺で（⑦ 　　　　　　）に背かれ，自害した。同年，豊臣秀吉は，山崎の合戦で（⑦）を討ち，翌年には信長の後継者の地位を確立した。1585年に朝廷から（⑧ 　　　　　）に任命された秀吉は，（⑨ 　　　　　　　）を出し，全国の戦国大名に停戦を命じ，その領国の画定を秀吉の裁定に任せることを強制した。そして，1590年（⑩ 　　　　　　）氏を滅ぼし全国統一を果たした。その後，秀吉は中国侵略を計画し，1592年朝鮮に出兵した。これが（⑪ 　　　　　）の役で，さらに，1597年に再度朝鮮侵略を試みたが，彼自身の死で中止された。

Guide

⚠ 注意 **南蛮人と紅毛人**

①南蛮人…ポルトガル人・スペイン人の呼称。

②紅毛人…イギリス人・オランダ人の呼称。

⬆ 得点UP **太閤検地と度量衡の統一**

　豊臣秀吉は検地の実施にあたって，米の量をはかるものとして京枡を全国で用いた。また，律令制以来の土地測量の単位である1段＝360歩をやめ，1段＝300歩に変更した。さらに，田畑を上・中・下・下々の4等級に区別した。その上で上田1段＝1石5斗などと収穫量（石盛または斗代）を定め，面積をかけて石高を計算した。この結果，それまでの貫高が廃止され，年貢負担などがすべて石高で表示されるようになった。

▶検地結果

①石高制の確立…「天正の石直し」と呼ばれる。

②一地一作人の原則…百姓が貢租負担者として，年貢を村請制で納入。

③大名の石高の確立…領国の石高にみあう軍役を奉仕。

44

3 ［桃山文化］次の文章を読み，あとの問いに答えなさい。

［北海学園大一改］

　織田信長や豊臣秀吉の時期の文化は桃山文化と呼ばれ，それを象徴するものの1つに城郭建築がある。このころの城は，堀や石垣が築かれ，本丸等にa城郭の中核で高層の楼閣があるものが多かった。その内部にはb狩野派を代表とする絵師らによって，c豪華な障壁画が描かれた。また，このころには身分を問わず愛好されたd芸能も多い。一方，ヨーロッパ人の東洋進出にともない，多くのヨーロッパ人が貿易やeキリスト教の布教のために来航するようになり，庶民の間にもヨーロッパの文化がしだいに浸透していった。

(1) 下線部**a**を何というか。　　（　　　　　　　）

図1

(2) 下線部**b**について，右の図1の「唐獅子図屏風」の作者はだれか。（　　　　　　　）

(3) 下線部**c**について，金箔を貼った両面に青や緑を彩色する手法で描かれた障壁画を何というか。　　　　　　（　　　　　　　）

(4) 下線部**d**について，次の各問いに答えよ。

図2

　① 堺の豪商出身で茶の湯を大成した人物はだれか。（　　　　　　　）

　② 右の図2のかぶき踊りを始めたお国（阿国）という女性の出身地を，次から選べ。

　　ア　備前　　イ　出雲　　ウ　安芸　　エ　長門　　（　　　　）

(5) 下線部**e**について，当時の宣教師がつくった宣教師の養成学校を何というか。　　　　　　　　　（　　　　　　　）

▶**南蛮文化**
　宣教師**ヴァリニャーノ**がもたらした活字印刷機は，ローマ字の書物（**キリシタン版**）が数多く出版される基盤となった。天草版『**平家物語**』などがその代表例。

▲天草版『平家物語』

▶**宣教師**
①**ヴァリニャーノ**…4人の少年使節派遣と活字印刷機の輸入。
②**ルイス゠フロイス**…信長・秀吉の保護をうけ，『**日本史**』を執筆した。
③**オルガンティーノ**…信長の許可で京都に南蛮寺，安土にセミナリオを建設した。

▶**茶の湯**
　村田珠光の佗茶に始まり，堺の武野紹鷗が継承し，同じく堺の**千利休**が茶道を大成した。なお，千利休は妙喜庵待庵と呼ぶ茶室を設計した。

☑ サクッとCHECK

● 次の文が正しければ○，誤っていれば×を書きなさい。

❶ 南蛮貿易で日本からの輸出品の中心となったものは銀であった。（　　　）
❷ 織田信長は伊勢長島の法華一揆を全滅させた。（　　　）
❸ 豊臣秀吉の五大老のなかに，毛利輝元や前田利家がいる。（　　　）
❹ 豊臣秀吉は太閤検地の実施にあたって1段360歩とした。（　　　）
❺ 宣教師のヴァリニャーノによって活版印刷術が伝えられた。（　　　）

● 次の各問いに答えなさい。

❻ イエズス会により出版された書物を総称してカタカナで何というか。（　　　　版）
❼ キリシタン大名がローマ教皇のもとに派遣した少年使節を何というか。（　　　　　　　）
❽ 織田信長が明智光秀に背かれて敗死したでき事を何というか。（　　　　　　　）
❾ 豊臣秀吉が1597年に朝鮮へ2度目の大軍を送ったでき事を何というか。（　　　　　　　）
❿ 桃山時代の男女に一般化した衣服を何というか。（　　　　　　　）

1 ［キリスト教と信長・秀吉］次の文章を読み，あとの問いに答えなさい。　　［聖心女子大―改］

　1549年，（ ① ）会の宣教師フランシスコ゠ザビエルが鹿児島に上陸し，初めてキリスト教を伝えた。その後多くの宣教師が来日し，教会や_a学校を建てたり，病院を建て医療活動をしたりした。九州では_b貿易と布教が切り離せないことを知った大名がみずから洗礼を受け，布教をたすけたので信者も多かった。

　16世紀後半，織田信長が右図の「（ ② ）」の印章を用いつつ，全国統一を進めた。その中で一向宗をはじめとする寺院勢力をおさえる手段としてキリスト教は保護され，京都に教会堂，（ ③ ）には神学校の建築が許されるなど，中世の権威を否定する政策がとられた。豊臣秀吉は初めキリスト教の布教を認めていたが，1587年の九州出兵が終わると，_c（ ④ ）令を出し，布教禁止の方針をとった。

(1) ①～④にあてはまる語を答えよ。

　　①（　　　　　）②（　　　　　）③（　　　　　）④（　　　　　　　）

(2) 下線部 a について，当時の宣教師らによってつくられた学校を何というか。（　　　　　　　）

(3) 下線部 b に関連して，豊後国（現在の大分県）のキリシタン大名として有名な人物はだれか。
　　　　　　　　　　　　　　　　　　　　　　　　　　　　　　　（　　　　　　　）

(4) 下線部 c の原因の1つで，長崎を教会に寄進していたキリシタン大名はだれか。（　　　　　）

(5) 下線部 c に関連して，布教の禁止の方針をとったが，それが徹底しなかった理由について説明せよ。
　　（　　　　　　　　　　　　　　　　　　　　　　　　　　　　　　　）

2 ［豊臣秀吉の政策］次の文章中の空欄に入る適語を答えなさい。また，あとの問いに答えなさい。　　［北海学園大―改］

　秀吉が実施した政策のなかで，後世まで大きな影響を与えたのは，検地と刀狩である。太閤検地と呼ばれる秀吉の検地では，現地に検地奉行を派遣して田畑・屋敷地の面積と等級の綿密な調査をおこない，土地の生産力は，これまでの貫高にかわって，（① 　　　　）で表示するようになった。従来の複雑な土地領有関係は整理され，（② 　　　　）の原則をもとに，（③ 　　　　）には実際の耕作者の田畑と屋敷地を（①）で示した。それに応じて年貢と労役が義務づけられ，大名は農民を直接支配するようになった。1588年の_a刀狩令は，全国の農民から武器を没収し，一揆を防いで検地の遂行を容易にすることが目的とされた。また，1591年に（④ 　　　　）を出して，武家奉公人が町人や農民になったり，農民が商人や職人になることなどを禁じ，翌年には_b朝鮮出兵のための人員確保のために全国で職業ごとの戸数や人数を調べる戸口調査を実施した。こうして武士と農民の身分の区別を明確にする（⑤ 　　　　）が完成するとともに江戸時代にとられる士農工商の制度の骨格ができあがった。また，秀吉は_c海外貿易にも強い関心をもっていた。

(1) 下線部 a は寺院の大仏造立を名目におこなわれた。その寺院はどこか。　　（　　　　　）

(2) 下線部 b について，鉄板の装甲をほどこした亀甲船を考案して指揮し，日本水軍を苦しめた朝鮮の将軍はだれか。　　（　　　　　）

(3) 下線部 c に関連して，海上支配の強化のため 1588 年に出された法令は何か。

　　（　　　　　）

重要 **3** ［史料問題］次の A ～ C の史料を読み，あとの問いに答えなさい。［(1)～(3)関西大・(4)(5)聖心女子大一改］

A　定　a安土山下町中

一　当所中（ X ）として仰せ付けらるるの上は，諸座・諸役・諸公事等，悉く免許の事。

一　往還の商人，上海道はこれを相留め，上下共当町に至り寄宿すべし。(後略)

一　分国中（ Y ）これを行ふと雖も，当所中免除の事。(後略)

　　　　　　　　b天正五年六月日

B　一　諸国百姓，刀・脇指・弓・やり・てつはう・其外武具のたぐひ所持候事，堅く御停止候。

C　一　日本ハ神国たる処，きりしたん国より邪法を授け候儀，太以て然るべからず候事。

一　……　伴天連の儀，日本の地ニハおかせられ間敷候間，今日より廿日の間ニ用意仕り帰国すべく候。…(後略)

(1) 下線部 a が所在する近江国内でおこなわれた戦いを，次のア～エから選べ。　（　　　）

ア　長篠の戦い　　イ　姉川の戦い　　ウ　桶狭間の戦い　　エ　小牧・長久手の戦い

(2) X，Y に入る語句の正しい組み合わせを，次のア～エから選べ。　（　　　）

ア　X―楽市　Y―徳政　　イ　X―楽市　Y―楽座

ウ　X―徳政　Y―楽座　　エ　X―徳政　Y―楽市

(3) 下線部 b にあたる 1577 年以降におこったでき事を，次のア～ウから選べ。　（　　　）

ア　天正遣欧使節の派遣　　イ　室町幕府の滅亡　　ウ　延暦寺の焼討ち

(4) 史料 B の法令を何というか。　　（　　　　　）

記述 (5) 史料 B が出された趣旨とその結果について，「武器」，「武士と百姓」の語句を用いて簡潔に説明せよ。

（　　　　　　　　　　　　　　　　　　　　　　　　　　　）

(6) 史料 C を出した人物が京都に新築し，後陽成天皇を迎えて歓待し，諸大名に天皇と C を出した人物への忠誠を誓わせた建物を何というか。　　（　　　　　）

(7) 史料 C を出した人物の経済的基盤となった直轄領のことを何というか，漢字 3 字で答えよ。

（　　　　　）

Hints

1 (2) 宣教師の養成学校コレジオと混同しないように。

2 (3) 倭寇などの海賊行為を禁止する法令である。

3 (2) Y．民衆の借金を破棄することがあてはまる。

(4)(5) 武器を取り上げ，農民が一揆をおこさないようにした。

10 幕藩体制の確立

STEP 1 基本問題

解答⊙別冊11ページ

1 [江戸幕府の成立] 次の文章中の空欄に入る適語を答えなさい。

1603年に征夷大将軍となった徳川家康は，早くも1605年に将軍職を子の（①　　　）に譲って将軍の徳川氏世襲を示し，（②　　　）として駿府で実権を握った。そして（③　　　）鐘銘事件を契機に大坂の陣をおこし，翌年豊臣（④　　　）を滅ぼした。そして，豊臣氏滅亡直後に（⑤　　　）によって大名の居城以外の城を破壊させ，（⑥　　　）によって大名に守るべき規範を示した。また，同年（⑦　　　）諸法度によって天皇や公家の行動を規制し，（⑧　　　）に朝廷を監視させた。

2 [江戸幕府のしくみ] 次の文章を読み，あとの問いに答えなさい。

将軍の下で通常の幕政を運営するのは（　①　），臨時におかれる最高職は（　②　）で，どちらも譜代大名から選ばれた。（①）を補佐する（　③　）は，配下に（　④　）をおいて旗本・御家人の監察をした。（①）とともに（　⑤　）で役職をまたがる事案などを協議する三奉行のうち，（　⑥　）は譜代大名から選ばれた。

(1) ①〜⑥に入る適語を，次のア〜ケから選べ。

①（　　） ②（　　） ③（　　）
④（　　） ⑤（　　） ⑥（　　）

ア 勘定奉行　イ 目付　ウ 評定所　エ 老中
オ 大目付　カ 若年寄　キ 大老　ク 寺社奉行
ケ 武家伝奏

(2) 江戸時代の幕府と藩の機構についての説明として誤っているものを，次のア〜エから選べ。　　　（　　）

ア 東北地方には奥州総奉行がおかれた。

イ 幕府直轄地には，郡代や代官が派遣された。

ウ 幕府の財政には，主要鉱山からの収入も重要だった。

エ 多くの藩で17世紀半ばまでに地方知行制は見られなくなった。

Guide

注意 幕府の機構

①**武家伝奏**…公家から2名を選び，朝幕間の連絡にあたった。幕府にとっては朝廷の動向を把握する役となった。

②**遠国奉行**…長崎・佐渡など，江戸から離れた天領の行政・司法を司った奉行の総称。

③**道中奉行**…五街道の管理をおこなう。旗本から任命された。

注意 紫衣事件

禁中並公家諸法度に定められていた紫衣の寺の住持に関する許可規定が遵守されなかったことに対し，1627年，幕府は，後水尾天皇が届け出なく紫衣着用を勅許したことを問題にし，これに抗議した大徳寺の沢庵らを処罰した。幕府の法度が天皇の勅許に優先することを明示した事件といえる。

得点UP 藩のしくみ

藩主の下，家老以下町奉行など幕府と類似した組織で支配した。17世紀には上級家臣に知行地を与えていたが（**地方知行制**），18世紀以降，家臣に年貢米を分与するしくみ（**俸禄制度**）に切りかわっていった。なお，幕府の許可を得て藩札（藩内でのみ通用する紙幣）を発行する藩もあった。

3 ［鎖国］次の年表中の空欄に入る適語を答えなさい。

1613年	全国に（ ① ）令を発する
1616年	中国以外の外国船の寄港を長崎・（ ② ）に制限する
1624年	（ ③ ）船の来航を禁止する
1633年	（ ④ ）船以外の海外渡航を禁止する
1635年	日本人の海外渡航・帰国を全面的に禁止する
1637年	（ ⑤ ）の乱がおこる
1639年	（ ⑥ ）船の来航を禁止する
1641年	平戸の（ ⑦ ）商館を長崎の（ ⑧ ）に移す

① （　　　　　）　② （　　　　　）　③ （　　　　　）

④ （　　　　　）　⑤ （　　　　　）　⑥ （　　　　　）

⑦ （　　　　　）　⑧ （　　　　　）

4 ［江戸時代初期の対外政策］次の問いに答えなさい。

(1) 江戸幕府に謝恩使や慶賀使を派遣した国を，右の地図中の**ア～エ**から選べ。（　　　）

(2) 江戸時代初めに朝鮮と宗氏の間に結ばれた条約を何というか。（　　　　　）

(3) 朝鮮が将軍の代がわりごとに江戸に派遣した使節を何というか。（　　　　　）

(4) アイヌ民族との交易権を幕府から認められた大名は何氏か。（　　　　　）

(5) シャクシャインの蜂起後，(4)の藩がとった制度を何というか。（　　　　　）

得点UP 「四つの窓口」

鎖国下の海外との交易・情報伝達の地を指す。

① **長崎**…オランダと中国との貿易。**オランダ風説書**で海外の情報を得た。

② **対馬藩**…朝鮮との交渉にあたった（対馬藩のみが朝鮮と貿易をおこなった）。将軍の代がわりの慶賀を主な目的として**朝鮮通信使**が来日した。

③ **琉球王国**…薩摩藩に征服されていたが，中国に対する朝貢は続けた。また国王の代がわりごとに**謝恩使**を，将軍の代がわりごとに**慶賀使**を江戸へ送った。

④ **松前氏**…アイヌ民族との交易を通じて北方の情報を得た。松前藩は家臣に交易権を分与していた（**商場知行制**）が，**シャクシャイン**の蜂起後，特定商人に交易を請け負わせて運上金を取るようになった（**場所請負制度**）。

☑ サクッとCHECK

● 次の文が正しければ○，誤っていれば×を書きなさい。

❶ 元和の武家諸法度は徳川家康の名で出され，参勤交代を制度化した。（　　　）

❷ 寺社奉行・勘定奉行・（江戸）町奉行の三奉行は，旗本から選任された。（　　　）

❸ 若年寄の配下である目付は大名の監察を任務とした。（　　　）

❹ 紫衣事件で大徳寺の僧沢庵は流罪となり，後陽成天皇は退位した。（　　　）

❺ 町の住人である地借や店借は，家持・地主とともに町の自治をおこなった。（　　　）

● 次の各問いに答えなさい。

❻ ポルトガル商人の生糸貿易独占を阻止するために始められた制度は何か。（　　　　　）

❼ 清国商人を居住させた長崎郊外の施設を何というか。（　　　　　）

❽ 桂離宮に見られる茶室風の建築様式を何というか。（　　　　　）

❾ 有田焼に赤絵の上絵付の技法を完成させたのはだれか。（　　　　　）

❿ 徳川家康から京都洛北に土地を与えられた芸術家はだれか。（　　　　　）

1 [江戸幕府のしくみ] 次のA〜Cの文章中の空欄に入る適語を，それぞれの〔語群〕から選びなさい。

[慶應義塾大一改]

A 江戸幕府の軍事力は旗本・御家人のほか，諸大名の（ ① ）によって成り立っていた。旗本は大番・書院番，御家人は徒組・鉄砲百人組などに編成され，江戸城や将軍の警固をした。これを（ ② ）と呼んだ。一方，旗本は幕府財政に責任をもつ（ ③ ）奉行など行政職につき，御家人は与力・同心として江戸の警察や司法の下級職についた。これらを（ ④ ）と呼んだ。
　〔語群〕 ア 国役　イ 軍役　ウ 番方　エ 役方　オ 遠国　カ 勘定

B 老中は原則として（ ⑤ ）から選ばれ，定置された幕府の最高職であった。（ ⑥ ）は老中を補佐するなか，旗本・御家人を監察し，（ ⑦ ）を配下とした。（ ⑧ ）奉行を筆頭とする三奉行は老中や大目付とともに評定所を構成し，重要政務・裁判を合議した。
　〔語群〕 ア 遠国　イ 勘定　ウ 親藩　エ 外様大名　オ 譜代大名
　　　　　カ 若年寄　キ 側用人　ク 目付　ケ 大目付　コ 寺社

C 幕府は地方では京都（ ⑨ ）をおき，朝廷の統制と西国大名の監視をおこなわせた。朝廷には（ ⑩ ）が公家から選ばれ，朝幕間の連絡役をした。京都・大坂・駿府には（ ⑪ ）がおかれ，それぞれの町奉行とともに行政・司法などを司った。
　〔語群〕 ア 公家伝奏　イ 武家伝奏　ウ 議奏　エ 城代　オ 郡代
　　　　　カ 守護職　キ 守護　ク 所司代

①（　　　）②（　　　）③（　　　）④（　　　）⑤（　　　）⑥（　　　）
⑦（　　　）⑧（　　　）⑨（　　　）⑩（　　　）⑪（　　　）

2 [農村と農民] 次の文章中の空欄に入る適語を答えなさい。また，あとの問いに答えなさい。

　江戸時代の村は（①　　　　　）（庄屋・肝煎）・組頭・百姓代からなる（②　　　　　）によって運営され，彼らは本百姓から選出された。本百姓に課せられた負担としては，本田畑と屋敷にかけられる（③　　　　　），その他に山野河海の利用や農業以外の副業などにかかる（④　　　　），一国単位で河川の土木工事にかりたてられる（⑤　　　）役や街道宿駅の公用交通に人や馬を差し出す（⑥　　　　）役があった。村には一定の自治が認められ，（①）が村の代表として年貢や諸役を納めた。このしくみを（⑦　　　　）と呼ぶ。こうした自治のために共同経費を出しあったり，田植えなど農繁期には結などと呼ばれる共同労働をおこなった。また a村民は数戸ずつに編成され，年貢の納入や犯罪の防止に連帯責任を負わされた。さらに，幕府は b さまざまな法令により，年貢・諸役の徴収を確実にしようとした。

(1) 下線部 a について，このようなしくみを何というか。（　　　　　）

(2) 下線部 b について，次のA，Bにあてはまる法令の名称を答えよ。
　A 1643年に出された，農地の権利が移動することを禁じた法令。（　　　　　）
　B 1673年に出された，耕地の分割相続を制限した法令。（　　　　　）

3 ［幕府の初期貿易］次の文章を読み，あとの問いに答えなさい。

［西南学院大一改］

　当初，a幕府はスペインとの積極的な貿易を意図する一方，b外国商人による利益独占には厳しい態度をとった。c朱印船貿易などによる日本人の海外渡航も盛んでd海外に移住する日本人も増えた。しかし宗教上の理由と幕府による貿易の利益独占のため，eヨーロッパとの貿易・交流は限定されていき，f最終的にはオランダのみに限られた。日本船の海外渡航は制限され，中国船の寄港地も長崎に限定された。

　徳川家康は，g朝鮮との講和を実現し，対馬藩主の宗氏には朝鮮外交上の特権が与えられた。朝鮮からは計12回の使節が来日した。琉球王国は薩摩藩の支配下に入り，中国との交易を維持しつつ，h幕府に使節を送るという二重の外交体制におかれた。北海道では，松前藩が交易独占権を保障され，iアイヌ集団と交易をおこなった。やがて，アイヌは松前藩と対立しj戦闘をおこなったが敗北し松前藩に服従させられた。

(1) 下線部 a について，豊後に漂着したオランダ船の船員で，家康の外交顧問となった人物を，次の**ア**～**ウ**から選べ。　　　　　　　　　　　　　　　　　　（　　　　）

　　ア ヴァリニャーノ　　**イ** ルイス＝フロイス　　**ウ** ウィリアム＝アダムズ

(2) 下線部 b に関連して，徳川家康が1604年に始めた，生糸の輸入に統制を加えた制度を何というか。　　　　　　　　　　　　　　　　　　　　　　　　　（　　　　）

(3) 下線部 c による輸入品として誤っているものを，次の**ア**～**エ**から選べ。（　　　　）

　　ア 鮫皮　　**イ** 銅　　**ウ** 砂糖　　**エ** 生糸

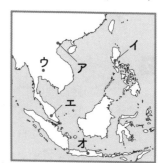

(4) 下線部 d について，山田長政が重用された王朝所在地として適切な場所を，右の地図中の**ア**～**オ**から選べ。　（　　　　）

(5) 下線部 e について，次のヨーロッパ諸国を，日本との交易が断たれた順に並べよ。　（　　　→　　　→　　　）

　　ア スペイン　　**イ** イギリス　　**ウ** ポルトガル

記述 (6) 下線部 f の理由を簡潔に説明せよ。

　（　　　　　　　　　　　　　　　　　　　　　　　　　　　　　　　　）

(7) 下線部 g の条約を何というか。　　　　　　　　　　　　　　（　　　　）

(8) 下線部 h について，琉球王国が，国王の代がわりごとに派遣した使節の名称は何か。

　　　　　　　　　　　　　　　　　　　　　　　　　　　　　　（　　　　）

(9) 下線部 i について，アイヌが居住する交易対象の地域は何と呼ばれたか。（　　　　）

(10) 下線部 j について，1669年にこの戦いを主導したアイヌの人物はだれか。

　　　　　　　　　　　　　　　　　　　　　　　　　　　　　　（　　　　）

Hints

1　B 大目付は老中の配下，目付は若年寄の配下におかれた役職である。
2　⑦中世の惣村では地下請（百姓請）と呼んでいて，それをひきついだ制度である。
3　(4)山田長政が重用された王室はアユタヤ朝である
　　　(8)江戸幕府の将軍の代がわりごとに江戸に送られた使節は慶賀使という。

1 ［幕府の初期外交］江戸幕府の初期外交について，次の問いに答えなさい。　［関西学院大一改］

(1) 江戸時代初頭の対外貿易に関する次の A〜D のでき事を年代の古い順に正しく並びかえた

ものを，次のア〜エから選べ。　　　　　　　　　　　　　　　　　　　　　（　　　）

　　A 奉書船以外の渡航が禁止された。　　B オランダが平戸に商館を開設した。

　　C イギリスが平戸に商館を開設した。　D 糸割符制度が始まった。

　　ア D→C→B→A　　　イ D→B→C→A

　　ウ B→C→D→A　　　エ D→A→C→B

(2) 対外外交をおこなおうとした大名と使節派遣先の国の正しい組み合わせを，次から選べ。

　　ア 島津家久—ポルトガル　　イ 大友義鎮(宗麟)—イギリス　　　　　　　（　　　）

　　ウ 伊達政宗—スペイン　　　エ 有馬晴信—カンボジア

(3) 日本人の海外渡航について述べた文として正しいものを，次のア〜エから選べ。（　　　）

　　ア 幕府は海外に渡航しようとする商人たちに朱印状を与え，貿易を認めた。

　　イ 幕府はいわゆる鎖国政策をとるにあたって，1630 年代半ばに日本人の海外渡航を禁止

　　　し，海外に在住する日本人に日本への帰国を命じた。

　　ウ 山田長政はカンボジアの首都の日本町の長となった。

　　エ 海外各地の日本町では，日本人による自治は認められなかった。

2 ［史料問題］次の A〜C の史料を読み，あとの問いに答えなさい。　［近畿大・慶應義塾大一改］

　A 一，（ a ）船の外，日本人異国へ遣し申す間敷候。

　　　一，ｂ異国船につみ来り候白糸，直(値)段を立候て，残らず五ヶ所へ割符仕るべき事。

　B 一，右兹に因り自今以後，ｃかれうた渡海の儀，之を停止せられ訖。

　C 一，異国え日本の船遣すの儀，堅く停止の事。

　　　一，日本人異国え遣し申す間敷候。若忍び候て乗渡る者之有るに於ては，其者は死罪，……

(1) ａ に入る適語を，次のア〜エから選べ。　　　　　　　　　　　　　　　　（　　　）

　　ア 勘合　　イ 奉書　　ウ 親書　　エ 朱印

(2) 下線部 ｂ の説明として正しいものを，次のア〜エから選べ。　　　　　　　（　　　）

　　ア 生糸の輸出価格は，中国・朝鮮・ポルトガル・オランダ・イギリスの 5 か国の商人に

　　　よって決定された。

　　イ 生糸の輸出価格は，国内 5 か所の特定の商人によって決定された。

　　ウ 輸入生糸は，国内 5 か所の特定商人が決定した価格で買い取られた。

　　エ 輸入生糸は，ポルトガル商人が決定した価格で国内 5 か所の特定商人が買い取った。

(3) 下線部 ｃ が意味するものを，次のア〜エから選べ。　　　　　　　　　　　（　　　）

　　ア 朱印船　　イ ポルトガル船　　ウ イギリス船　　エ スペイン船

(4) A〜C の法令を年代の古い順に並べよ。　　　　　　　　（　　　→　　　→　　　）

3 ［大名・朝廷・宗教統制］次のＡ～Ｃの文章を読み，あとの問いに答えなさい。　　［大阪学院大一改］

A ａ1615年，幕府は武家諸法度を制定した。この時のものには参勤交代の規定はなかったが，ｂ1635年に改定された武家諸法度からは，参勤交代が制度化された。

(1) 下線部ａに関して，この時制定された武家諸法度の内容として正しいものを，次のア～エから選べ。　　（　　　）

　　ア　大名の居城は一国一城までと定められた。

　　イ　大名間の婚姻は幕府の許可が必要と定められた。

　　ウ　大名は学問第一と定められた。

　　エ　この時のものは徳川家康の名で発布された。

(2) 下線部ｂの参勤交代制度について述べた文として誤っているものを，次のア～エから選べ。

　　　　　　　　　　　　　　　　　　　　　　　　　　　　　　　　　　（　　　）

　　ア　大名は妻子を江戸におくことを義務づけられた。

　　イ　大名は1年ごとに領国と江戸を往復するのが原則とされた。

　　ウ　参勤交代のため大名は多額の出費を要し，財政が圧迫されることになった。

　　エ　在府中の大名は，江戸にそれぞれ本陣をおいていた。

B 朝廷との関係はしだいに武家主導の公武融和が実現した。1629年，ｃ高徳の僧に対する勅許を幕府が吟味することに抗議した京都大徳寺の僧（　d　）らが処罰されたことに対し，後水尾天皇はこれを不服として退位した。その結果，当時の大御所であった徳川（　e　）の娘和子が生んだ皇女が即位した。奈良時代以来の女帝明正天皇である。

(3) 下線部ｃの抗議を発端とする事件を，次のア～エから選べ。　　（　　　）

　　ア　慶安の変　　イ　赤穂事件　　ウ　紫衣事件　　エ　宝暦事件

(4) ｄに入る僧侶として正しいものを，次のア～エから選べ。　　（　　　）

　　ア　金地院崇伝　　イ　良寛　　ウ　林羅山　　エ　沢庵

(5) ｅに入る人名として正しいものを，次のア～エから選べ。　　（　　　）

　　ア　家康　　イ　秀忠　　ウ　家光　　エ　家綱

C 江戸幕府は天領だけでなく，諸藩にもｆ宗門改帳（宗旨人別改帳）の作成を命じた。

(6) 下線部ｆの説明として誤っているものを，次のア～エから選べ。　（　　　）

　　ア　宗門改帳は寺請制度とともに運営された。

　　イ　宗門改帳は一国単位で記載された。

　　ウ　宗門改帳はキリスト教禁止を徹底する目的で作成が命じられた。

　　エ　宗門改帳を作成するにあたり，右図のものを全国的に用いた。

Hints

1 (3)1635年の鎖国令で，日本人海外渡航と海外居住の日本人の帰国が禁止された。

2 A 糸割符制度は，それまで中国産生糸貿易を独占していたポルトガルを抑圧するのが目的だった。

3 (1)武家諸法度は将軍の代がわりごとに少しずつ改訂された。

　　(6)幕藩体制における支配の基本単位は村（町）であることから考える。

11 幕藩体制の安定

解答⊖ 別冊12ページ

STEP 1 基本問題

1 [文治政治] 次の文章中の空欄に入る適語を答えなさい。

A **4代家綱**…3代徳川家光までの武断政治で多数の牢人が発生し,
（①　　　　　）の乱(慶安の変)などがおこった。そこで
（②　　　　　）の禁止を緩和して牢人の増加を防いだ。ま
た（③　　　　　）を禁止し,家臣は主人の家に仕えるものとした。

B **5代綱吉**…武家諸法度の改訂にあたり「忠孝」という
（④　　　　　）にもとづく道徳を強調した。江戸湯島に
（⑤　　　　　）を建て,その学問所の運営を朱子学者の
（⑥　　　　　）に担わせた。また仏教を篤く信仰し,（⑦
　　　　　　）を発して生き物愛護を強制した。しかし,
寺院の修築や犬小屋の経費などで財政が悪化し,勘定吟味役
の（⑧　　　　　）の意見で（⑨　　　　　）小判を発行した。

C **正徳の政治**…6代家宣・7代家継の時に朱子学者の（⑩
　　　　　　）が改革をおこなった。⑩は,金銀の海外流失を防
ぐため（⑪　　　　　）新例で長崎貿易を制限した。また朝
鮮通信使の国書に将軍を「日本国王」と記させたり,皇統保
持のため（⑫　　　　　）家を創設し朝廷との融和をはかった。

2 [農業生産の発展] 次の文章の①～⑦について,（　　）の中か
ら適語を選びなさい。

　17世紀後半,農業技術は進歩した。深耕用の①(ア 千歯扱
イ 備中鍬)や米の穀粒の大きさ選別用の②(ア 唐箕 イ 千石箆)
などが農民によって開発された。右図は揚水
具の③(ア 竜骨車 イ 踏車)である。肥料も
④(ア 干鰯 イ 下肥)などの金肥が使用され,
その結果,米の増産に加えて衣料用の
⑤(ア 木綿 イ 藍),染色用の⑥(ア 紅花
イ 麻),油や油かすの原料となる⑦(ア 菜種
イ 漆)など商品作
物の栽培が盛んになり,農村に貨幣経済が浸透した。

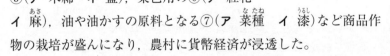

①(　　) ②(　　) ③(　　) ④(　　)
⑤(　　) ⑥(　　) ⑦(　　)

Guide

得点UP 諸藩の文治政治

①岡山藩主池田光政…陽明学者の熊沢蕃山をまねき,蕃山は花畠教場で教授した。
②会津藩主保科正之…朱子学者山崎闇斎を重用した。
③水戸藩主徳川光圀…明から儒学者朱舜水をまねき,尊王を特徴とする水戸学の基礎を築いた。
④加賀藩主前田綱紀…朱子学者木下順庵をまねき,古典の収集・保存をおこなった。

注意 側用人

将軍と老中の連絡役で常置の職ではなかったが,老中と並んで実権を握る者が出た。5代綱吉に仕えた柳沢吉保,6代家宣・7代家継に仕えた間部詮房が入試では重要。

参考 農作業と農具

備中鍬は田の荒おこし用,唐箕・千石箆は穀粒の選別,揚水機は中国伝来の竜骨車から小型の踏車に,また脱穀は扱箸から千歯扱にかわった。

備中鍬
鍬　　千石箆

千歯扱　　唐箕

3 ［交通と商業の発達］次の文章を読み，あとの問いに答えなさい。

［同志社大一改］

江戸（えど）時代に，三都を中心に各地の城下町をつなぐ全国的な街道が完成した。とくに，（　①　）・（　②　）・甲州道中（こうしゅう）・日光道中（にっこう）・（　③　）の五街道は，江戸を起点とする重要な幹線道路で，幕府の直轄下におかれ，（　④　）奉行（ぶぎょう）によって管理された。また，（　⑤　）により，出羽酒田（でわさかた）を起点に下関（しものせき）を経由して上方（かみがた）に至る（　⑥　）海運と東北の日本海沿岸より津軽（つがる）海峡を経由して江戸に至る（　⑦　）海運が整備されるようになった。陸上・水上交通が整備されると，三都や城下町において，各地からの商品の受託や仕入れを独占する問屋（といや）が商業・流通の中心を占めた。三都の１つである（　⑧　）は「天下の台所」ともいわれ，西日本や全国の物資の集散地として栄えた。諸藩は（　⑨　）屋敷を（⑧）において，領内の年貢米（ねんぐまい）や特産物を販売し，貨幣の獲得につとめた。また，全国の商人がこの都市などに送る商品である納屋物（なやもの）も活発に取引されて，江戸をはじめ全国に出荷された。

問　①〜③は，右の地図中の①〜③に対応している。①〜③に入る街道名を答えよ。また，④〜⑨に入る適語を答えよ。

①（　　　　　　）　②（　　　　　　）　③（　　　　　　）

④（　　　　　　）　⑤（　　　　　　）　⑥（　　　　　　）

⑦（　　　　　　）　⑧（　　　　　　）　⑨（　　　　　　）

地図中：日光　白河　木曽福島　宇都宮　京都　小仏　江戸　名古屋　③　①　奈良　②　駿府

得点UP

▶**河村瑞賢（かわむらずいけん）と角倉了以（すみのくらりょうい）**

西廻り海運・東廻り海運を整備したのが河村瑞賢。富士川（ふじ），高瀬川など河川交通路を整備したのが角倉了以。

▶**菱垣廻船（ひがき）と樽廻船（たる）**

菱垣廻船は，堺商人が創始したといわれる大坂・江戸間の回漕船（かいそうせん）。樽廻船は主に酒荷を上方から江戸へ輸送した。荷積みが迅速で早く着いたため，菱垣廻船を圧倒した。

参考　幕府直轄以外の銀山・銅山

秋田藩の院内（いんない）銀山は17世紀中ごろまで産出量が多かった。伊予（愛媛県）の別子（べっし）銅山は幕府の許可で住友（すみとも）家が開発・経営し，17世紀末〜18世紀前半に最高の産出額をほこった。銅は長崎貿易における最大の輸出品となった。

☑ サクッとCHECK

● 次の文が正しければ○，誤っていれば×を書きなさい。

❶ 徳川綱吉（とくがわつなよし）の時代の財政窮乏の原因の１つに，明暦（めいれき）の大火による江戸の復興費用があった。　（　　　）

❷ 岡山藩主池田光政（いけだみつまさ）は朱子学者（しゅしがくしゃ）の木下順庵（きのしたじゅんあん）をまねき，学問の興隆につとめた。　（　　　）

❸ 水戸藩主徳川光圀（みつくに）は，江戸に彰考館（しょうこうかん）をつくり，『大日本史』の編纂を始めた。　（　　　）

❹ 江戸時代には潮の干満を利用して塩田に海水を入れ，塩をつくる揚浜塩田（あげはま）の方式（えんでん）が発達した。　（　　　）

❺ 江戸幕府は金・銀・銅貨をそれぞれ，金座・銀座・銅座で鋳造（ちゅうぞう）した。　（　　　）

● 次の各問いに答えなさい。

❻ 生類憐（しょうるいあわれ）みの令を出した，５代将軍はだれか。　（　　　　　　）

❼ 参勤交代の途中，大名らが宿泊した主たる施設を何というか。　（　　　　　　）

❽ 朱子学者の山崎闇斎（やまざきあんさい）が創始した独自の神道（しんとう）を何というか。　（　　　　　　）

❾ 京都堀川（ほりかわ）で，古義学（こぎがく）を提唱した人物はだれか。　（　　　　　　）

❿ 浮世絵（うきよえ）を創始し，「見返り美人図」などを描いた人物はだれか。　（　　　　　　）

重要 **1** ［文治政治の展開］次の文章中の空欄に入る適語を，〔語群〕から選びなさい。　［愛知学院大一改］

　1680 年，（　①　）が 5 代将軍につくと，民政・財政を重視して大老（　②　）を重用し，勘定吟味役を設置して代官の不正を改めた。（①）は学問に熱心で，1683 年に発布された代がわりの（　③　）には主君への忠と父祖への孝，礼儀の重視がうたわれ，文治主義政治の基本が示された。また（①）は儒学を重視し，湯島聖堂を建て，（　④　）を大学頭に任じて学問所を充実させた。

　しかし，（②）が暗殺されてからは（　⑤　）を側用人に登用して重用した。（①）は 1685 年には（　⑥　）を発して犬を大事にし，生類すべての殺生を禁じた。仏教信仰にもとづくこの政策と，寺社の造営費の肥大化などで幕府財政は破綻した。勘定吟味役に登用した（　⑦　）に貨幣鋳造を行わせ幕府の収入は増加したが，貨幣価値の下落で物価が騰貴し，人々の生活を苦しめた。

　6 代将軍徳川家宣は（⑤）（⑦）を更迭し，側用人（　⑧　）や朱子学者の（　⑨　）を重用した。家宣は 3 年余りで死去し，（　⑩　）が 7 代将軍となったが幼少で，（⑧）（⑨）が政務を主導した。彼らは将軍職の権威を高めるとともに，朝廷との融和をはかるために（　⑪　）を創設した。朝鮮との関係では，朝鮮国王の国書に将軍を「（　⑫　）」と記させて将軍権威の高揚をはかった。財政面では，金の含有率が低い（　⑬　）を改め，慶長小判と同率の（　⑭　）を鋳造して物価の騰貴をおさえようとした。また，長崎貿易で金銀が流出するのを防ぐ目的で（　⑮　）を発布した。

〔語群〕　ア　新井白石　　イ　大岡忠相　　ウ　荻原重秀　　エ　田沼意次　　オ　保科正之
　　　　　カ　間部詮房　　キ　柳沢吉保　　ク　堀田正俊　　ケ　徳川家継　　コ　徳川家綱
　　　　　サ　徳川綱吉　　シ　林鳳岡　　ス　林羅山　　セ　室鳩巣　　ソ　伏見宮家
　　　　　タ　閑院宮家　　チ　元禄小判　　ツ　正徳小判　　テ　宝永小判　　ト　生類憐みの令
　　　　　ナ　服忌令　　ニ　海舶互市新例　　ヌ　武家諸法度　　ネ　諸士法度
　　　　　ノ　公事方御定書　　ハ　日本国王　　ヒ　日本国大君

①（　　　　）　②（　　　　）　③（　　　　）　④（　　　　）　⑤（　　　　）　⑥（　　　　）

⑦（　　　　）　⑧（　　　　）　⑨（　　　　）　⑩（　　　　）　⑪（　　　　）　⑫（　　　　）

⑬（　　　　）　⑭（　　　　）　⑮（　　　　）

重要 **2** ［農業の発達］次の文章を読み，あとの問いに答えなさい。　［神戸学院大一改］

　17 世紀には幕府や諸藩が新田開発に力を入れた。a鉱山開発の技術がb用水路の開削に転用され，全国の耕地が広がった。その結果，田畑の面積は 18 世紀初めには（　c　）万町歩に達した。またd各種の農具が考案され，それらをe農書にまとめる人々が出て全国に新技術が広まった。こうして農民は米穀だけでなく，f各種の商品作物を生産しg都市へ出荷して収入を得るようになった。

(1) 下線部 a のうち，近世の主要な銀山として不適切なものを，次のア～エから選べ。（　　　　）

　ア　生野　　イ　別子　　ウ　院内　　エ　大森

(2) 下線部 b の用水路のうち，見沼代用水はどの河川から分水したか。次のア～エから選べ。

　ア　淀川　　イ　利根川　　ウ　北上川　　エ　阿賀野川　　　　　　　　　　（　　　　）

(3) ｃに入る数字として最も適切なものを，次の**ア〜エ**から選べ。　（　　　）

　　ア 約150　　**イ** 約300　　**ウ** 約450　　**エ** 約600

(4) 下線部ｄについて，右の図Ⅰ〜Ⅳと名称の正しい組み合わせ
　　を，次の**ア〜エ**から選べ。　（　　　）

　　ア Ⅰ―千石簁（せんごくどおし）　Ⅱ―千歯扱（せんばこき）　Ⅲ―唐箕（とうみ）　Ⅳ―踏車（ふみぐるま）

　　イ Ⅰ―唐箕　Ⅱ―千歯扱　Ⅲ―踏車　Ⅳ―千石簁

　　ウ Ⅰ―千歯扱　Ⅱ―千石簁　Ⅲ―唐箕　Ⅳ―踏車

　　エ Ⅰ―千歯扱　Ⅱ―唐箕　Ⅲ―千石簁　Ⅳ―踏車

(5) 下線部ｅのうち，17世紀末に宮崎安貞（みやざきやすさだ）が著したものを，次の**ア〜エ**から選べ。　（　　　）

　　ア 『農具便利論』　　**イ** 『大和本草』（やまとほんぞう）　　**ウ** 『元亨釈書』（げんこうしゃくしょ）　　**エ** 『農業全書』

(6) 下線部ｆを生産するために金肥（きんぴ）を使用する地方も多かった。金肥として不適切なものを，次から選べ。

　　ア 〆粕（しめかす）　　**イ** 干鰯（ほしか）　　**ウ** 刈敷（かりしき）　　**エ** 油粕　　（　　　）

(7) 下線部ｇのように，年貢米（ねんぐまい）などと異なり，農村から大坂などの都市へ出荷される商品を，次から選べ。

　　ア 納屋物（なやもの）　　**イ** 蔵物（くらもの）　　**ウ** 世話物（せわ）　　**エ** 唐物（から）　　（　　　）

重要 **3** ［経済の発展］次の文章を読み，あとの問いに答えなさい。　　　　　　　［関西学院大一改］

　江戸（えど）時代の経済の発展は著しく，陸上交通や河川・海上交通それぞれで交通路や施設の
整備があった。三都と呼ばれる江戸・大坂・京都は，世界有数の大規模都市に発展し経済活
動の中心となった。また，地方でも，（　**A**　）の酒，（　**B**　）の醤油，（　**C**　）の漆器など諸産業
が発達した。これらの経済活動を支えたのが貨幣であり，幕府によって全国的に通用する日
本独自の貨幣が造られた。商業活動を正当化し商人の存在意義を主張する心学という思想が，
（　**D**　）によって生み出された。

(1) 下線部についての説明として誤っているものを，次の**ア〜エ**から選べ。　（　　　）

　　ア 江戸には十組問屋（とくみといや），大坂には二十四組問屋（にじゅうし）といった連合組織が結成された。

　　イ 三都および長崎・横浜（よこはま）の特権商人は生糸（きいと）貿易を独占し，五か所商人と呼ばれた。

　　ウ 大坂天満（てんま）や江戸神田（かんだ）の青物市場（あおものいちば）など卸売市場（おろしうり）が発達した。

　　エ 京都には呉服商（ごふく）など大商人の本拠地が多く，西陣織（にしじんおり）などの手工業生産も発達した。

(2) **A〜C**に入る地名の正しい組み合わせを，次の**ア〜エ**から選べ。　（　　　）

　　ア A摂津灘（せっつなだ）　B下総野田（しもうさのだ）　C能登輪島（のとわじま）　　**イ** A播磨龍野（はりまたつの）　B摂津灘　C能登輪島

　　ウ A摂津灘　B播磨龍野　C下総野田　　**エ** A摂津灘　B下総野田　C加賀九谷（かがくたに）

(3) **D**に入る人物として正しいものを，次の**ア〜エ**から選べ。　（　　　）

　　ア 中沢道二（なかざわどうに）　　**イ** 石田梅岩（いしだばいがん）　　**ウ** 山片蟠桃（やまがたばんとう）　　**エ** 富永仲基（とみながなかもと）

Hints

1 ⑨は正徳（しょうとく）の政治をおこなった人物。『西洋紀聞』（せいようきぶん）など蘭学の先駆的業績でも知られている。

2 (6)〆粕（しめかす）は鰯（いわし）の油をしぼったあとのもので，肥料として用いる。

3 (2)現在の兵庫県の神戸市（こうべ）は灘の酒で知られている。

　(3)中沢道二は石田梅岩の門に入った手島堵庵（てしまとあん）に学んだ心学者である。

1 ［近世の商工業・貨幣・金融］次の年表を見て，あとの問いに答えなさい。　　［京都産業大一改］

1606年	（ a ）が大堰川の舟路を開く
1609年	b金銀銭の交換比率を金1両＝銀50匁＝銭4貫文と定める
1671年	（ c ）が東廻り海運を整備する
1673年	三井高利が江戸にd越後屋呉服店開業
1691年	住友友芳がe別子銅山の採鉱開始
1702年	fたばこの本田畑栽培が許可される

(1) aに入る最も適当な人物を，次のア～エから選べ。　　　　　　　（　　　）
　　ア 末吉孫左衛門　　イ 角倉了以　　ウ 末次平蔵　　エ 茶屋四郎次郎

(2) 下線部bについて述べた文X・Yの正誤の正しい組み合わせを，あとのア～エから選べ。
　　X：金貨は計数貨幣であり，その単位は両・分・朱である。　　（　　　）
　　Y：銀貨は秤量貨幣であり，その単位は貫・匁などである。
　　ア X―正　Y―正　　イ X―正　Y―誤
　　ウ X―誤　Y―正　　エ X―誤　Y―誤

図1

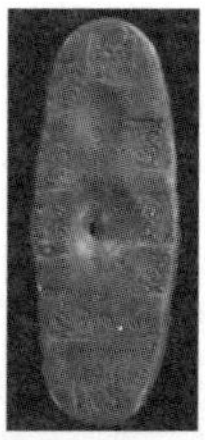

(3) 右図1の貨幣を何というか。次のア～エから選べ。（　　　）
　　ア 小判　　イ 丁銀　　ウ 豆板銀　　エ 寛永通宝

図2

(4) 金銀銭貨の交換を商いとする商人を，次のア～エから選べ。
　　　　　　　　　　　　　　　　　　　　　　　　（　　　）
　　ア 土倉　　イ 両替商　　ウ 五か所商人　　エ 在郷商人

(5) cに入る最も適当な人物を，次のア～エから選べ。（　　　）
　　ア 雨森芳洲　　イ 淀屋辰五郎
　　ウ 河村瑞賢　　エ 津田宗及

図3

記述 (6) 下線部dについて，右図2は越後屋の店のようすである。
越後屋がおこなった新商法について，簡潔に説明せよ。
　　（　　　　　　　　　　　　　　　　　　　　　）

(7) 下線部eの場所を図3中のア～エから選べ。　（　　　）

(8) 下線部fと並んで，商品作物の代表として「四木三草」がある。「四木三草」に入らないものを，次から選べ。（　　　）
　　ア 桑　　イ 茶　　ウ 漆　　エ 菜種

図4

(9) 右図4は，18世紀に広まった，問屋商人が原料・器具を家内生産者に前貸し，その生産物を買い上げる商業資本的生産形態のようすである。このような生産形態を何というか。　　　　　　　　　　　（　　　　　　　　　）

重要 **2** ［元禄文化］次のA〜Cの文章を読み，あとの問いに答えなさい。　　　　　［中央大・上智大一改］

A 元禄美術を代表する絵師としては，図1・2の絵画を
残した（ ① ）や「見返り美人図」を描いた（ ② ）がい
る。陶芸では（ ③ ）が，京都で図3のような作品をつ
くり，上絵付法をもとに色絵を完成させている。

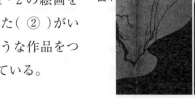

図1

(1) ①〜③に入る人名を答えよ。

　　　　　①（　　　　　　　）　②（　　　　　　　　）

　　　　　③（　　　　　　　　）

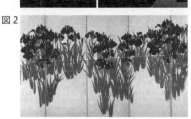

図2

B 元禄期には「天下の台所」と呼ばれた（ ④ ）が経済の
中心であり，町人文化を開花させた地であった。
（ ⑤ ）が書いた『日本永代蔵』はそうした町人の生活を描いたもので
ある。江戸時代の三大文学者といわれるのは，（⑤）・松尾芭蕉・（ ⑥ ）
である。松尾芭蕉は，さび・かるみで示される幽玄閑寂の情景を表現
する（ ⑦ ）俳諧を確立し，『奥の細道』などの紀行文を著した。（⑥）は
社会や歴史に題材を求めて，義理と人情の板ばさみに悩む人々の姿を，人形浄瑠璃や歌舞
伎の脚本によって表現した。その作品は竹本（ ⑧ ）が語って好評を得，やがて（⑧）節とい
う独立した音曲にまで成長した。歌舞伎においては江戸・大坂に芝居小屋が常設され，江
戸に荒事の（ ⑨ ），大坂に和事の（ ⑩ ）などの名優が出た。

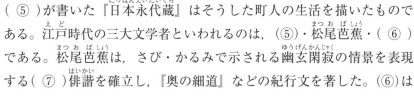

図3

(2) ④〜⑩に入る適語を答えよ。④（　　　　　）　⑤（　　　　　　　）　⑥（　　　　　　　）

　　　　　　⑦（　　　　　）　⑧（　　　　　　　）　⑨（　　　　　　　）　⑩（　　　　　　　）

C 文治政治は儒教思想を家臣や民衆に学ばせて，政治や社会の安定をはかるという点に1つ
の特徴がある。その意味で身分秩序の維持を強調する（ ⑪ ）が幕藩の基本的な学問となっ
た。幕府では（ ⑫ ）に始まる林家，加賀の前田家に用いられのちに徳川綱吉の侍講となっ
た（ ⑬ ）が代表的な学者である。一方，知行合一という実践を重んじる陽明学は近江の
（ ⑭ ）が日本における祖とされており，岡山藩に仕えた熊沢蕃山らの弟子を育てた。この
2つの学派を批判して孔子・孟子の原典に立ち返ろうと主張したのが古学であり，『聖教要
録』を著した（ ⑮ ）がその祖とされている。

(3) ⑪〜⑮に入る適語を答えよ。　　⑪（　　　　　　　）　⑫（　　　　　　　）　⑬（　　　　　　　）

　　　　　　　　⑭（　　　　　　　）　⑮（　　　　　　　）

> **Hints**
>
> **1** (3)「なまこ形」と呼ばれる棒状の銀貨である。
>
> 　(6)江戸時代の商売の支払いは，月や年ごとにまとめておこなわれていた。
>
> **2** (1)③肥前有田焼で赤絵・技法を始めた酒井田柿右衛門と混同しないこと。
>
> 　(2)⑨荒事とは眉や口元を化粧で強調し，勇壮な男性を演じるものをいう。

12 幕藩体制の動揺

STEP 1 基本問題

解答⊃ 別冊13ページ

1 ［享保の改革と田沼時代］次の文章中の空欄に入る適語を答えなさい。

A **社会の変化**…商品経済の発展は年貢を負担する本百姓の経営を圧迫した。都市では諸物価が上昇し，（①　　　　　）の支給で生計をたてる下級武士に困窮をもたらした。

B **享保の改革**…8代将軍徳川（②　　　　　）は（③　　　　　）を実施し，その代わりに参勤交代を緩和し，（④　　　　　）法を採用して年貢増徴をおこない，（⑤　　　　　）請負方式の新田開発を推進した。支出の面では倹約令を発し，（⑥　　　　　）の制によって有能な人材登用と支出削減の両方を進めた。そのほか，（⑦　　　　　　　　　）の制定で裁判の公平化をはかり，（⑧　　　　　）の設置で民衆の意見を聞くなどにつとめた。

C **田沼時代**…10代将軍徳川家治の側用人から老中に出世した田沼（⑨　　　　　）は，商工業からの収入を重視した。都市のみならず農村にも（⑩　　　　　）を結成させ，運上・（⑪　　　　　）の増収を狙った。幕府の御用商人に銅などの（⑫　　　　　）をつくらせたのもその一環である。また，長崎貿易で銅や（⑬　　　　　）の輸出を奨励して金銀の輸入をはかり，ロシア交易を視野に蝦夷地調査に（⑭　　　　　　　　　）を派遣した。

2 ［寛政の改革］次の文章の①〜⑥について，（　　）の中から適語を選びなさい。

本百姓の経営悪化を背景に17世紀末から多数の農民が年貢減免を求めて強訴をおこなう①（ア 代表越訴　イ 惣百姓一揆）が盛んになった。また名主の不正を追及する②（ア 伝馬騒動　イ 村方騒動）も増加した。③（ア 天明　イ 天和）の大飢饉がおこり，江戸で打ちこわしが続く中，老中首座となった松平定信は農村や都市生活の再建のため改革をおこなった。大名に④（ア 囲米　イ 廻米）を命じて米穀を蓄えさせ，⑤（ア 人返しの法　イ 旧里帰農令）を出して江戸の出稼者の帰村を進めた。江戸では⑥（ア 棄捐令　イ 七分積金）によって飢饉に備えさせた。

①（　　）②（　　）③（　　）④（　　）
⑤（　　）⑥（　　）

Guide

▶**得点UP**

▶**物価の調整**

享保の改革では，米価安と諸色（米以外の商品）高を是正し，下級幕臣の困窮を救うことにも尽力した。大坂堂島の米市場を公認して米価の高値安定をはかり，株仲間の公認で諸商品の価格を統制して，俸禄米で生活する幕臣を救おうとした。また，相対済し令も，札差からの借金を実質的になくしていこうとするものであった。

▶**諸藩の改革**

寛政期に次の3つの藩で倹約の実施・国産品（専売品）の奨励，藩校での人材育成などの改革がおこなわれた。
①熊本藩主細川重賢
②秋田藩主佐竹義和
③米沢藩主上杉治憲

特に③は絹織物（米沢織）の専売，藩校興譲館の再興で入試問題に頻出。

⚠**注意 漢訳洋書の輸入制限緩和**

徳川吉宗は，キリスト教以外の漢訳洋書の輸入を緩和した。これは救荒用や商品用となる甘藷などの作物の栽培を奨励し，そのための実学をとり入れようとしたものである。これにともない，野呂元丈や青木昆陽にオランダ語を習得させ，のちの蘭学隆盛の基礎となった。

3 ［欧米列強の接近］次の年表中の空欄に入る適語を，右の**ア**〜**コ**から選びなさい。

1791 年	林子平が『（①　　　　）』で海防の強化を説く	**ア** 間宮林蔵
1792 年	ロシア使節（②　　　）が根室に来航する	**イ** 伊能忠敬
1798 年	（③　　　）が択捉島に「大日本恵登呂府」の標柱を立てる	**ウ** 近藤重蔵
1800 年	（④　　　）が蝦夷地の測量をおこなう	**エ** 高野長英
1804 年	ロシア使節（⑤　　　）が長崎に来航する	**オ** 海国兵談
1808 年	イギリスの（⑥　　　）号が長崎港に侵入する	**カ** フェートン
	（⑦　　　）が探索した樺太を島だと確認する	**キ** ラクスマン
1825 年	（⑧　　　）打払令を出す	**ク** モリソン
1837 年	アメリカの（⑨　　　）号が浦賀に来航する	**ケ** レザノフ
1839 年	『戊戌夢物語』を書いて，幕府の対外政策を批判した（⑩　　　）が投獄される	**コ** 異国船

4 ［蘭学の発達］次の文章中の空欄に入る適語を答えなさい。［愛知大一改］

18 世紀に洋学をいち早く取り入れたのは医学であった。1774年，前野良沢や（①　　　　　　）らが『ターヘル=アナトミア』を翻訳して『（②　　　　　）』を著した。その後，（①）は『蘭学事始』を著し，稲村三伯は蘭日辞書である『（③　　　　）』を作成した。また，（④　　　　　　）はエレキテルの実験をするなど物理学の研究を進めた。西洋画も洋学の隆盛にあわせて伝えられた。18 世紀後半には，西洋画では（⑤　　　　　）や亜欧堂田善らが活躍し，（⑤）は右図の「不忍（之）池図」などの銅版画を描いた。

ゴローウニン事件

レザノフが北方を襲ったのち，幕府はロシアを警戒して全蝦夷地を直轄化した。1811 年，国後島に上陸したロシア艦長ゴローウニンを幕府役人が捕えた。これに対してロシアは高田屋嘉兵衛を捕えた。しかし日露間の交渉で人質交換がおこなわれ，日露関係が安定したため，幕府は直轄化していた蝦夷地を松前藩に還付した。

得点UP　国 学

日本の古典を研究し，民族精神の究明につとめた学問。
①荷田春満…『創学校啓』
②賀茂真淵…『国意考』
③本居宣長…『古事記伝』
④平田篤胤…復古神道を唱える。尊王論とつながって，明治維新の指導理念の１つとなる。
⑤塙保己一…『群書類従』

☑ サクッとCHECK

● 次の文が正しければ○，誤っていれば×を書きなさい。
❶ 享保の改革期に青木昆陽は救荒作物として甘藷の栽培に成功した。（　　）
❷ 18 世紀，村役人の中には金融で稼ぐ者が出て，問屋制家内工業を営む者もいた。（　　）
❸ 18 世紀，年貢減免を求める本百姓たちは村々の代表に直訴をおこなう一揆を多くおこなった。（　　）
❹ 寛政の改革では，幕府の学問所で朱子学しか教授しないとする異学の禁を命じた。（　　）
❺ 秋田藩主の上杉治憲は絹織物の専売を実施し，また藩校として興譲館を再興した。（　　）

● 次の各問いに答えなさい。
❻ 徳川吉宗にオランダ語の学習を命じられた本草学者はだれか。（　　　　　）
❼ 田沼意次に『赤蝦夷風説考』を献じ，蝦夷地開発などを考えさせたのはだれか。（　　　　　）
❽ 江戸に増加した無宿人対策のためにつくられた職業訓練施設は何か。（　　　　　）
❾ 長崎郊外の鳴滝塾で医学を教授し，のちに国外追放となったドイツ人はだれか。（　　　　　）
❿ 1811 年，西洋の書物を翻訳するために設置された幕府の機関を何というか。（　　　　　）

重要 **1** ［幕府の改革］次の文章を読み，あとの問いに答えなさい。　［法政大一改］

　8代将軍徳川吉宗は，幕政を立て直すべくいわゆる a享保の改革を断行した。1772 年，田沼意次が老中に昇進して実権を握り，運上・冥加を増収するために（ ① ）を積極的に公認した。ほかにも新田開発のために印旛沼・手賀沼の大規模な干拓工事を始めるなどの政策を打ち出していった。このなかで，（ ② ）らを蝦夷地に派遣して，その開発や b ロシア人との交渉の可能性を調査させた。意次の政策は，商業資本を積極約に利用しながら幕府財政の再建をはかろうとするものであった。これに刺激を受けて，学問・ c 文化が多様な発展をとげた。しかし，天明の飢饉が発生し，百姓一揆や打ちこわしが頻発するなか老中を罷免された。家斉の将軍就任とともに老中に就任したのが松平定信である。定信は d 寛政の改革と呼ばれる幕政の改革に着手した。この改革で，定信は旗本・御家人たちの生活安定のために（ ③ ）を出して札差に貸金を放棄させた。しかし，厳しい統制や倹約令は民衆の反発を招き，老中を罷免された。

(1) ①～③に入る適語を答えよ。

　　①（　　　　　）　②（　　　　　）　③（　　　　　）

(2) 下線部 a の政策として誤っているものを，次のア～エから選べ。　（　　　）

　ア　御家人の田中丘隅を登用して，朝鮮人参の栽培を命じた。

　イ　側用人による側近政治をやめ，御用取次を新設した。

　ウ　定免法を広く取り入れ，年貢の増徴を目ざした。

　エ　大名に上げ米を実施し，そのかわりに参勤交代の負担をゆるめた。

(3) 下線部 b に関連して，近世の日本とロシアとの関係として誤っているものを，次のア～エから選べ。　（　　　）

　ア　ゴローウニンが箱館・松前に監禁された。

　イ　レザノフが長崎に来航した。

　ウ　プチャーチンが長崎に来航した。

　エ　ヒュースケンが下田に来航した。

(4) 下線部 c の文化として誤っているものを，次のア～エから選べ。　（　　　）

　ア　安藤昌益が『自然真営道』を著した。

　イ　曲亭馬琴が『南総里見八犬伝』を著した。

　ウ　山東京伝が『江戸生艶気樺焼』を著した。

　エ　鈴木春信が錦絵の誕生に大きな役割を果たした。

(5) 下線部 d の政策として誤っているものを，次のア～エから選べ。　（　　　）

　ア　江戸に流入した農民の帰村を奨励する旧里帰農令を出した。

　イ　江戸の町々に七分積金が命じられた。

　ウ　人足寄場を設けて職業訓練をおこなった。

　エ　昌平坂学問所の儒官に賀茂真淵を任じた。

2 ［史料問題］次のＡ〜Ｃの史料を読み，あとの問いに答えなさい。　　　　　［名古屋学院大一改］

Ａ 近年，金銀出入段々多く成り，ａ評定所寄合の節も此儀を専ら取り扱い，公事訴訟は末に罷り成り，評定の本旨を失い候。借金銀，買い懸り等の儀は，人々相対の上の事に候えば，自今は三奉行所にて済口の取り扱い致すまじく候。

Ｂ 此度，御蔵米取御旗本，御家人勝手向御救のため，ｂ蔵宿借金仕法，御改正仰出され候。一，旧来の借金は勿論，（　ｃ　）ヶ年以前辰年までに借請候金子は，古借・新借の差別無く，棄捐の積り相心得べき事。

Ｃ ｄ菱垣廻船積問屋　十組問屋共へ

其方共儀，是迄年々金壱万弐百両（　ｅ　）上納致し来り候処，問屋共不正の趣に相聞候に付，（中略）尤も，向後仲間株札は勿論，此外共都て問屋仲間幷組合などと唱候儀は，相成らず候間其段申し渡さるべく候。

(1) Ａ・Ｂ・Ｃそれぞれの政策を実施した為政者がおこなったその他の政策として最も適当なものを，次のア〜オから選べ。　　　Ａ（　　）Ｂ（　　）Ｃ（　　）

　ア 上知令　　イ 末期養子の禁止の緩和　　ウ 閑院宮家の創設
　エ 七分積金制度の創設　　オ 上げ米

(2) 下線部ａの門前に設置した目安箱への提案で実現したとされるものを，次のア〜エから選べ。　　　（　　　）
　ア 石川島人足寄場　　イ 小石川養生所　　ウ 聖堂学問所　　エ 堂島米市場

(3) 下線部ｂが意味するものとして最も適当なものを，次のア〜エから選べ。　　（　　　）
　ア 蔵元　　イ 株仲間　　ウ 掛屋　　エ 札差

(4) ｃにあてはまる数字を，次のア〜エから選べ。　　（　　　）
　ア 四　　イ 五　　ウ 六　　エ 十

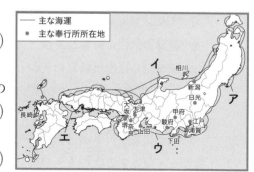

凡例：—— 主な海運　● 主な奉行所所在地

(5) 下線部ｄの航路として最も適当なものを，右の地図中のア〜エから選べ。　（　　　）

(6) ｅにあてはまる語を，次のア〜エから選べ。　（　　　）
　ア 地子　　イ 年貢
　ウ 冥加　　エ 賄賂

(7) Ａ〜Ｃの史料を発令された順に正しく並びかえたものを，次のア〜カから選べ。（　　　）
　ア Ａ—Ｂ—Ｃ　　イ Ａ—Ｃ—Ｂ　　ウ Ｂ—Ａ—Ｃ
　エ Ｂ—Ｃ—Ａ　　オ Ｃ—Ａ—Ｂ　　カ Ｃ—Ｂ—Ａ

Hints

1 (3) ヒュースケンはハリスの通訳として来日した人物。
(5) 賀茂真淵は国学者である。

2 Ａの史料は文中の「相対」で判断できる。Ｂの史料は「棄捐」で判断できる。Ｃの史料は「十組問屋」「仲間株札」から判断する。

重要 **1** ［欧米列強の接近］次の文章を読み，あとの問いに答えなさい。　　　　［龍谷大一改］

　老中 a松平定信が改革にとり組んだ前後の時期における幕府の課題としては，外国からの危機への対応もあった。b1792 年，ロシア使節ラクスマンが来航して通商を要求したが幕府は拒否した。海防の必要を痛感した幕府は，c海防強化を命じる一方，1798 年，d近藤重蔵らに蝦夷地を探査させた。

(1) 下線部 a に関連して，この改革によって弾圧された林子平についての説明として正しいものを，次のア～エから選べ。　　　　　　　　　　　　　　　　　　（　　　）

　　ア 黄表紙作家で，『金々先生栄花夢』を著した。

　　イ 洒落本作家で，『仕懸文庫』を著した。

　　ウ 『海国兵談』を著し，海岸防備の不備を指摘した。

　　エ 『経世秘策』を著し，外国との交易による富国を説いた。

(2) 下線部 b に関連して，次の各問いに答えよ。

　　① このでき事がおこったときの将軍と天皇名の正しい組み合わせを，次のア～カから選べ。　　　　　　　　　　　　　　　　　　　　　　　　　　　　　（　　　）

　　　　ア 徳川家治―光格天皇　　　イ 徳川家治―後桃園天皇　　　ウ 徳川家斉―光格天皇

　　　　エ 徳川家斉―仁孝天皇　　　オ 徳川家慶―仁孝天皇　　　カ 徳川家慶―孝明天皇

　　② この時期の外交関係の説明として正しいものを，次のア～エから選べ。（　　　）

　　　　ア 中国からは民間商船が長崎に来航したが，船数は制限されていた。

　　　　イ オランダ東インド会社は肥前の平戸に商館をおき，海外情報を日本に伝えた。

　　　　ウ 朝鮮通信使が持参した国書の宛名には，「日本国王」と記されていた。

　　　　エ 琉球からは徳川将軍の代がわり時に，それを祝う謝恩使が派遣されていた。

　　③ このでき事と最も関連することがらを，次のア～エから選べ。　（　　　）

　　　　ア 新井白石が『西洋紀聞』を著した。　　　イ 桂川甫周が『北槎聞略』を著した。

　　　　ウ 西川如見が『華夷通商考』を著した。　　　エ 大槻玄沢が『環海異聞』を著した。

(3) 下線部 c に関連する次の A～D のでき事を，年代の古い順に並べよ。

　　　　　　　　　　　　　　　　　　　　　（　　　→　　　→　　　→　　　）

　　A 長崎にイギリス船フェートン号が侵入し，幕府は江戸湾の防備を強化した。

　　B 幕府は松前藩と蝦夷地をすべて直轄にして松前奉行の支配下においた。

　　C ロシア使節の要求を聞いた幕府は，江戸湾と蝦夷地の海防の強化を諸藩に命じた。

　　D 幕府は法令を出し，入港しようとする異国船は打ち払えと命じた。

(4) 下線部 d についての説明として誤っているものを，次のア～エから選べ。

　　　　　　　　　　　　　　　　　　　　　　　　　　　　　　　　（　　　）

　　ア 最上徳内も探査に参加した。　　　イ 国後・択捉の両島を探査した。

　　ウ 「大日本恵登呂府」の標柱を立てた。　　　エ シャクシャイン蜂起の原因となった。

重要 **2** ［化政文化など］次のＡ〜Ｃの文章を読み，空欄に入る適語を答えなさい。［中京大・法政大一改］

Ａ 18世紀半ばから浮世絵の普及が見られた。（ ① ）は図1のような多色刷りの浮世絵版画を創始した。多色刷版画は（ ② ）と呼ばれて明治時代まで続いた。（ ③ ）は寛政期に美人大首絵という新方式を編み出した。また大首絵では，このころ5代目団十郎となる「市川鰕蔵」を描いた（ ④ ）がいる。天保期になると風景画が流行してくるが，図2はその代表作で（ ⑤ ）の作品である。俳諧では（ ⑥ ）が情景を絵画的に連想させる「菜の花や月は東に日は西に」などの句で有名である。

図1

蘭学の普及によって洋風画も盛んになり，エレキテルの実験で有名な（ ⑦ ）は婦人を描いた油絵を残している。（⑦）から学んで銅版画を創始した（ ⑧ ）は「不忍(之)池図」などを残している。

図2
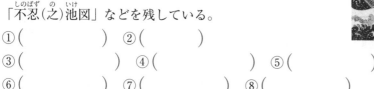

① (　　　　)　② (　　　　)
③ (　　　　)　④ (　　　　)　⑤ (　　　　)
⑥ (　　　　)　⑦ (　　　　)　⑧ (　　　　)

Ｂ 文化文政期には江戸が経済の中心地になったこともあって，江戸の文化人と地方の文化人との交流がすすみ，豊かな内容の庶民文化が発達した。

まず（ ⑨ ）が創始した心学は弟子たちの手によって各地の庶民に広められた。また『北越雪譜』を著した（ ⑩ ）は江戸の山東京伝たちと交流した。『南総里見八犬伝』の作者である（ ⑪ ）も山東京伝の門下の一人である。越後の僧（ ⑫ ）は和歌や漢詩の名手として名が残っている。

このころ，人々の間では名所・旧跡を旅して巡るという欲求が高まっていった。その多くは信仰と結びついたもので，霊場を訪れて拝む西国三十三か所などの（ ⑬ ）がおこなわれた。また集団で熱狂的に伊勢神宮に参詣する（ ⑭ ）という現象もおこった。

⑨ (　　　　)　⑩ (　　　　)　⑪ (　　　　)
⑫ (　　　　)　⑬ (　　　　)　⑭ (　　　　)

Ｃ 欧米列強の接近にともない鎖国政策の変更を求める著作も現れる。その代表例が（ ⑮ ）の『経世秘策』や『西域物語』であり，積極的な交易を論じた。

また尊王論の上にたって幕府政治を批判する者も現れ，宝暦事件で処罰された（ ⑯ ）がその例である。

⑮ (　　　　)　⑯ (　　　　)

Hints

1 (2)① 松平定信（まつだいらさだのぶ）を登用したのは徳川家斉（とくがわいえなり）である。「尊号一件（そんごう）」事件で家斉と対立した。

② オランダ商館は長崎の出島（でじま）におかれた。

2 ⑫ 江戸時代は和歌があまり盛んではなかったが，この僧は現代の人々にも評価されている。

⑯ 京都で垂加神道（すいかしんとう）を学び，尊王思想を説いた人物。宝暦事件で八丈島（はちじょうじま）へ流罪となった。

STEP 3 チャレンジ問題 3

解答◯ 別冊15ページ

1 次の文章を読み，あとの問いに答えなさい。

［東洋大一改］

　近世になると平和な時代が続いたこともあり，産業や流通が発展していった。a農業生産力が上がり，米のほかにb木綿・菜種・茶・藍・紅花などの特産品が生まれた。これにともない三都や城下町が発展した。幕府は，五街道を整えるとともに，（　A　）に東廻り海運・西廻り海運を整備させた。また大坂と江戸の間を繋ぐ廻船が運航するようになり全国市場が形成された。都市では，商品の流通にあたる問屋が成長し，c株仲間を結成した。また物資の集散にあたる卸売市場も生まれ，大坂の天満市場は（　B　）の市場として知られるようになった。

(1) Aに入る人物はだれか。

(2) Bに入る農水産物を，次のア～オから選べ。

　　ア 生魚　　イ 青物　　ウ 米　　エ 塩　　オ 干鰯

(3) 下線部aに関連して，次の各問いに答えよ。

　① 右図の農具について述べた次の文X・Yの正誤の正しい組み
　　合わせを，あとのア～エから選べ。

　　X：この水車の回転を利用して籾の脱穀をおこなった。

　　Y：これが普及する前には，ヨーロッパから伝来した竜骨車が揚水具として使われていた。

　　ア X―正 Y―正　　イ X―正 Y―誤　　ウ X―誤 Y―正　　エ X―誤 Y―誤

　② 『農具便利論』と『広益国産考』の二書を著した人物を，次のア～エから選べ。

　　ア 貝原益軒　　イ 稲生若水　　ウ 大蔵永常　　エ 野呂元丈

　③ 江戸時代の農民の負担の1つに山野河海の利用や農業以外の副業などに課せられる税があった。その税の名称を答えよ。

(4) 下線部bに関連して，特産の商品作物とその産地の組み合わせとして誤っているものを，次のア～オから選べ。

　　ア 木綿―河内　　イ 茶―山城・駿河　　ウ 藍―阿波　　エ 紅花―越後　　オ 蜜柑―紀伊

(5) 下線部cに関連して述べた文として正しいものを，次のア～ウから選べ。

　　ア 大坂では菱垣廻船で荷を送る商人が二十四組問屋を，江戸では樽廻船と結んだ商人が十組問屋を結成した。

　　イ 株仲間は，18世紀には冥加・運上などを出すことで独占権を認められ，幕府により設置が進められた。

　　ウ 株仲間は，市場を独占して物価を押し上げるため，寛政の改革では解散を命じられたが徹底しなかった。

(1)		(2)	(3)①	②	③

(4)	(5)		

2 次の史料と文章を読み，あとの問いに答えなさい。

［早稲田大一改］

一 何事によらず，よろしからざる事に百姓大勢申し合わせ候をととうととなえ，ととうして，しいてねがい事くわだつるを（ A ）といい，あるいは申しあわせ，村方たちのき候を（ B ）と申し，前々より御法度に候条，右類の儀これあらば，居むら他村にかぎらず，早々其筋の役所へ申し出るべし，御ほうびとして，

ととうの訴人　銀百枚　（ A ）の訴人　同断　　（ B ）の訴人　同断

右の通り下され，その品により帯刀苗字も，御免あるべき間，aたとえ一旦同類になるとも，発言いたし候ものの名まえ申し出るにおいては，その科をゆるされ，御ほうび下さるべし。

この史料は，1770年に幕府から発せられた触書である，この触書が発せられた背景には，民衆運動の高まりという社会状況があった。それは民衆運動の2つの変化をともなっていた。1つは発生数の増加，もう1つは広域化である。b18世紀中後期にその傾向が現れ始め，c19世紀に入るとさらに顕著になった。こうした江戸時代後期の民衆運動の高揚は，幕藩体制と呼ばれる支配体系の動揺を示している。

(1) A，Bに入る語句の正しい組み合わせを，次のア～オから選べ。

　ア A—逃散　B—浮浪　　イ A—強訴　B—連判　　ウ A—連判　B—逃散

　エ A—連判　B—浮浪　　オ A—強訴　B—逃散

(2) 下線部aの大意として正しいものを，次のア～オから選べ。

　ア 1度右の仲間に加わると発言した者は，仲間から離脱したとしても許されない。

　イ 1度右の仲間に加わった者は，仲間になれと呼びかけた者の名前を申し出なければ処罰される。

　ウ 1度右の仲間から離脱した者は，それを役所に届け出れば褒美が下される。

　エ 1度右の仲間から離脱した者は，その罪は許されないが，褒美が下される。

　オ 1度右の仲間に加わったとしても，仲間になれと呼びかけた者の名前を申し出た者は罪を許され褒美が下される。

記述 (3) 下線部bに関連して，18世紀半ばごろより寛政の改革と前後して，藩政改革に成功した藩主は名君と評された。そうした名君らによる経済政策の内容について，「特産物」，「専売制」，「収入」という語句を用いて説明せよ。

(4) 下線部cと同じ19世紀のでき事を，次のア～カからすべて選べ。

　ア 閑院宮家創設　　イ 蛮社の獄　　ウ 田沼意知の刺殺

　エ モリソン号事件　　オ 赤穂事件　　カ 蝦夷地調査の開始

(1)		(2)		(3)
(4)				

13 幕府の滅亡と新政府の発足

STEP 1 基本問題

解答⊝ 別冊 16 ページ

1 [天保の改革と雄藩の台頭] 次の文章中の空欄に入る適語を答えなさい。

A **幕府の改革**…老中（① 　　　　　　　）は異国船打払令を緩和して（② 　　　　　）給与令を出した。また（③ 　　　　　）令によって江戸・大坂の海防の強化と幕府財力の強化を目ざした。

B **雄藩の改革**…薩摩藩では（④ 　　　　　　　）が改革に着手し，奄美大島産の（⑤ 　　　　　　）の専売や（⑥ 　　　　　）を通した清との密貿易で利益をあげた。この利益はのちに藩主（⑦ 　　　　　　　）の軍備増強策に生かされる。長州藩では（⑧ 　　　　　）が下関に（⑨ 　　　　　）を設け，下関に寄港する廻船への金融などで利益をあげた。肥前藩では藩主（⑩ 　　　　　　　）の主導で（⑪ 　　　　　）を実施して年貢確保をはかり，我が国初の（⑫ 　　　　　　）による製鉄と大砲製造をおこなった。

2 [開国と貿易] 次の年表を見て，あとの問いに答えなさい。

1846 年　アメリカの（　a　）が浦賀に来航して開国を要求する。
1854 年　アメリカのペリーとの間にb日米和親条約を結ぶ。
ロシアの（　c　）との間にd日露和親条約を結ぶ。
1858 年　大老（　e　）がアメリカ総領事（　f　）と日米修好通商条約を結ぶ。

(1) a，c，e，f にあてはまる人名を答えよ。

a（ 　　　　　 ）　c（ 　　　　　 ）

e（ 　　　　　 ）　f（ 　　　　　 ）

(2) 下線部 b の規定にない内容を，次のア〜エから選べ。（ 　　 ）

ア　下田・箱館の開港

イ　領事裁判権の承認

ウ　アメリカの捕鯨船が寄港すれば，水や食料を与える

エ　片務的（一方的）最恵国待遇の承認

(3) 下線部 d で決定された国境線を，右の地図中のア〜エから選べ。（ 　　 ）

（地図）樺太（サハリン）／カムチャツカ半島／オホーツク海／ア　イ　ウ　エ／国後島／択捉島

Guide

得点UP　天保の改革

老中水野忠邦がおこなった幕政改革。

①**風俗取締令**…出版規制もおこなわれ，**為永春水・柳亭種彦**が処罰された。

②**株仲間解散（令）**…江戸市中の物価高騰を抑制するために株仲間の解散を命じたが，市場の混乱により物価が騰貴し，1851年株仲間再興令を出した。

③**人返しの法（人返し令）**江戸に流入した下層民を帰農させた。

④**上知（地）令**…江戸・大坂十里四方の大名・旗本の知行地を没収して直轄領にしようとした。→大名・旗本の反対により失敗。

参考　印旛沼の干拓

天保の改革では東北・北関東からの兵隊輸送という江戸防衛の目的もあったとされる。

得点UP　幕末の老中

①**阿部正弘**…日米和親条約を結ぶ。安政の改革。

②**堀田正睦**…ハリスとの交渉にあたった。

③**安藤信正**…将軍家茂と皇女和宮の婚姻を実現。坂下門外の変で失脚。

その後，**島津久光**が幕府に対し将軍後見職や政事総裁職の設置などの**文久の改革**の実現をせまった。

3 ［新政府の成立］次の A ～ C の文章の①～⑦について，（　　）の中から適語を選びなさい。

［関西大一改］

A 明治新政府は，中央集権国家を目ざすため，1868 年閏 4 月①（ア 五榜の掲示　イ 五箇条の誓文　ウ 政体書）を制定して太政官制による中央集権体制の確立をはかった。1869 年 1 月，薩摩の大久保利通，長州の②（ア 大隈重信　イ 木戸孝允　ウ 板垣退助）らが薩・長・土・肥の四藩主を説き伏せて版籍奉還を断行し，1871 年には廃藩置県を断行した。

B 土地制度の改革もおこなわれ，1872 年には田畑勝手作りの禁を解き，地価を定めて地券を発行し，地券の所有者を納税義務者とした。1873 年には地租改正条例を公布し納税額を地価の③（ア 2.5　イ 3　ウ 5）％と定めたが，④（ア 茨城県　イ 酒田県　ウ 三重県）でおこった真壁騒動など，各地で地租改正反対一揆が発生した。

C 長州の大村益次郎や⑤（ア 伊藤博文　イ 井上馨　ウ 山県有朋）らが中心になり，国民皆兵の常備軍編成がはかられた。1871 年には 4 鎮台を設置し，1872 年に徴兵告諭を公布した。翌年には徴兵令を公布し，⑥（ア 18　イ 20　ウ 25）歳以上の男子に 3 年間の兵役を課したが，戸主やその後継ぎ，官吏などは兵役が免除された。さらに 1876 年に廃刀令が出され，秩禄処分が断行されると士族たちの不平が高まり，前原一誠を中心とする⑦（ア 秋月の乱　イ 敬神党の乱　ウ 萩の乱）などがおこった。

①（　　　）　②（　　　）　③（　　　）
④（　　　）　⑤（　　　）　⑥（　　　）　⑦（　　　）

得点UP　反対一揆

明治新政府の改革に対する反対一揆が頻発した。
①**学制反対一揆**…学校建設費や重い授業料負担に対しておきた。
②**血税一揆**…徴兵令に対し，農家の労働力を奪われるのに反発しておこった。
③**地租改正反対一揆**…旧来の年貢とかわらない地租 3 ％に対して大規模な一揆がおこった。その結果，地租は 2.5 ％に引き下げられた。

参考　廃仏毀釈

神仏分離令で神仏習合を否定し，大教宣布の詔で神道の国教化をはかった。この政府の動きにともなって仏教を排撃し，寺院や仏像などを破壊する廃仏毀釈の運動が全国でおこった。これに対し浄土真宗の島地黙雷らは仏教の革新運動を始めた。

☑ サクッとCHECK

● 次の文が正しければ○，誤っていれば×を書きなさい。
❶ 19 世紀，幕府は関東の治安維持強化のために，関東取締出役をおいた。　（　　　）
❷ 大坂の大塩の乱のあと，越後柏崎で国学者の平田篤胤が乱をおこした。　（　　　）
❸ 日露和親条約では樺太を北緯 50°を境に，南部を日本領，北部をロシア領と決めた。　（　　　）
❹ 井伊直弼の死後，老中堀田正睦は公武合体策をすすめたが，坂下門外の変で負傷・失脚した。　（　　　）
❺ 王政復古の大号令で，総裁・議定・参与の三職からなる新政府が発足した。　（　　　）

● 次の各問いに答えなさい。
❻ 安政の大獄で死刑となった長州藩士で，松下村塾で教えていたのはだれか。　（　　　　　　　）
❼ 文久の改革で，政事総裁職についた越前藩主はだれか。　（　　　　　　　）
❽ 京都での勢力回復を狙った長州藩が，薩摩・会津藩に敗れた戦いは何か。　（　　　　　　　）
❾ 戊辰戦争最後の戦いで，箱館五稜郭で敗れた旧幕府海軍副総裁はだれか。　（　　　　　　　）
❿ 五榜の掲示で民衆に禁じられたのは徒党・強訴・逃散と，何の信仰か。　（　　　　　　　）

1 ［幕末の動乱］次の文章中の空欄に適語を入れ，あとの問いに答えなさい。　　　　［獨協大一改］

　清国がアロー戦争に敗れるなどの東アジア情勢を知った大老井伊直弼は，1858 年 a 日米修好通商条約の調印を断行した。その後，幕府はアメリカ以外にオランダ・イギリス・フランス・（①　　　　　　）とも同様の条約を結んだ。これらは日本に不利な不平等条約であり，勅許を得ないままの調印だったので反対派から強く非難された。しかし井伊直弼は逆に反対派の大名や家臣を多数処罰した。これを b 安政の大獄という。これに対し水戸浪士らは桜田門外で井伊直弼を暗殺した。その後，老中安藤信正は公武合体政策をとったが，（②　　　　　　　　　）で負傷し失脚した。ここで薩摩の島津久光が京から江戸へ入って幕政改革を要求し，c 参勤交代の緩和，西洋式軍制の採用などが実現した。このころから長州藩は攘夷決行を計画し，1863 年に下関で攘夷を実行した。この尊王攘夷派に対し，薩摩・会津藩は八月十八日の政変で彼らを京都から一掃した。長州藩はその後京都に攻め上がったが敗北，幕府の第 1 次長州征討もあって尊攘派は藩の主導権を失った。一方，薩摩藩は薩英戦争後開明政策に転じてイギリスと接近し，西郷隆盛や大久保利通ら下級武士が実権を握った。同じころ d 高杉晋作・桂小五郎らが長州藩の実権を握って藩論を倒幕に導き，（③　　　　　　）藩出身の坂本龍馬や中岡慎太郎らの仲介による薩長連合（同盟）が成立した。こうした動きに対して 15 代将軍（④　　　　　　　　　）はフランスの援助による幕政改革を進めたものの，1867 年 10 月 14 日，大政を朝廷に奉還した。

(1) 下線部 a により始まった貿易について，次の各問いに答えよ。

　① 1865 年の輸出入品目を示した右のグラフ中の**A～D**にあてはまる品目を，次の**ア～キ**から選べ。

〈1865年の主要輸入品目の割合〉

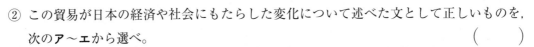

　　　　A（　　　）**B**（　　　）**C**（　　　）**D**（　　　）

　　ア 米　**イ** 茶　**ウ** 生糸　**エ** 絹織物

　　オ 石炭　**カ** 武器　**キ** 毛織物

　② この貿易が日本の経済や社会にもたらした変化について述べた文として正しいものを，次の**ア～エ**から選べ。　　　　　　　（　　　　）

　　ア 貿易は輸入超過で，アメリカ製品が大量に流通して物価は大幅に下落した。

　　イ 幕府は五品江戸廻送令による貿易統制をはかったが，効果は上がらなかった。

　　ウ 綿織物の輸入により，国内の綿作・綿織物業が近代化し，生産力が高まった。

　　エ 輸出入額では長崎が最大の港で，アメリカとの取り引きが 1 位だった。

(2) 下線部 b で処刑・獄死した者ではない人物を，次の**ア～エ**から選べ。（　　　　）

　　ア 吉田松陰　**イ** 橋本左内　**ウ** 梅田雲浜　**エ** 竹内式部

(3) 下線部 c の改革を何というか。　　　　　　　　　　　　　（　　　　）

(4) 下線部 d が率いた組織として正しいものを，次の**ア～エ**から選べ。（　　　　）

　　ア 海援隊　**イ** 陸援隊　**ウ** 奇兵隊　**エ** 彰義隊

重要 **2** ［明治初期の改革］次の各文Ⅰ～Ⅲの正誤の正しい組み合わせを，あとの**ア**～**カ**から選べ。

①（　　　　） ②（　　　　）

①
- Ⅰ：政体書では太政官制に三権分立の形式をとり入れた。
- Ⅱ：版籍奉還後に太政官は三院八省制となった。
- Ⅲ：廃藩置県によって薩長土肥の藩閥政府の基礎が形成された。

②
- Ⅰ：徴兵令の公布により満20歳に達した男子は例外なく兵役を義務づけられた。
- Ⅱ：地租改正では農民の負担は従来の年貢とかわらず，各地で血税一揆がおこった。
- Ⅲ：学制で子供の小学校就学の義務が課せられたが，反対一揆はおこらなかった。

ア Ⅰ─正 Ⅱ─正 Ⅲ─誤　　**イ** Ⅰ─正 Ⅱ─誤 Ⅲ─正

ウ Ⅰ─正 Ⅱ─誤 Ⅲ─誤　　**エ** Ⅰ─誤 Ⅱ─正 Ⅲ─誤

オ Ⅰ─誤 Ⅱ─誤 Ⅲ─正　　**カ** Ⅰ─誤 Ⅱ─誤 Ⅲ─誤

重要 **3** ［殖産興業政策］次の文章中の空欄に適語を入れ，あとの問いに答えなさい。　　［近畿大一改］

明治政府は（①　　　　　）省を中心としてa1872年に新橋・横浜間，その後神戸・大阪・京都間にも鉄道を敷設し，開港場と大都市を結びつけた。また旧藩営のb高島・三池などの炭鉱や兵庫造船所などを接収し，官営事業として経営した。さらに政府は，1872年，（②　　　　　）県に官営模範工場としてc富岡製糸場を建設した。一方，北方の開発のために1869年蝦夷地を北海道と改称し，開拓使の主導の下にアメリカ式大農場制や畜産技術の移植をはかり，1876年には（③　　　　　）をまねいて札幌農学校を開校した。貨幣制度では，1871年に（④　　　　　）を定めて円・銭・厘の単位を新設した。

(1) 下線部**a**の年におきたでき事を，次の**ア**～**エ**から選べ。　　（　　　）

ア 前島密の建議により，飛脚にかわる官営の郵便制度が発足した。

イ フランスなどの学校制度にならった学制が公布された。

ウ 民撰議院設立の建白書が左院に提出された。

エ 旧幕府の医学所などを起源とする諸校を統合して，東京大学が設立された。

(2) 下線部**b**はのちに民間に払下げられたが，炭鉱と払下げ先の正しい組み合わせを，次の**ア**～**エ**から選べ。　　（　　　）

ア 高島炭鉱─古河　　**イ** 高島炭鉱─住友

ウ 三池炭鉱─三菱　　**エ** 三池炭鉱─三井

記述 (3) 下線部**c**を建設した目的を簡潔に説明せよ。

（　　　　　　　　　　　　　　　　　　　　　　　　　　　　　　）

Hints

1 (2)宝暦事件で京都から追放された人物が正解。
(4)海援隊は，貿易活動などのために，坂本龍馬が中心となって結成した組織である。

2 ②三大改革といわれるものに対してはすべて反対一揆がおこっている。

3 (3)当時生糸は主要な輸出品であり，富岡製糸場にはフランスの先進技術が導入された。

重要 **1** ［貨幣制度］次の文章を読み，あとの問いに答えなさい。

［関西学院大一改］

　幕末以来，貨幣制度の混乱が激しかったので，明治政府は，政府発行の貨幣への統一を進めた。1868 年，初の政府紙幣である X が発行された。ただし，X は不換紙幣であった。1871 年には a新貨条例が定められた。貨幣制度の準備と並行して金融制度も準備されていった。1872 年には（ b ）らが中心となり，c国立銀行条例を定めた。これを受けて Y などの民間銀行が設立されたが経済的にはきびしいものであった。また，1880 年には Z が設立され，貿易金融の中心となった。しかし，d西南戦争後はインフレーションの進行が著しく，輸入超過と正貨（金・銀）の流出により財政は困難となった。

(1) X ～ Z に入る語句の正しい組み合わせを，次の**ア～エ**から選べ。

（　　　）

ア X—太政官札　　Y—第一国立銀行　　Z—横浜正金銀行

イ X—民部省札　　Y—三井銀行　　Z—日本勧業銀行

ウ X—太政官札　　Y—第一国立銀行　　Z—日本勧業銀行

エ X—民部省札　　Y—三井銀行　　Z—横浜正金銀行

(2) 下線部 **a** に関する説明として誤っているものを，次の**ア～ウ**から選べ。なお，すべて正しい場合は**エ**を答えよ。

（　　　）

ア 金本位制を建前としたが，貿易決済には主に銀貨が用いられた。

イ 円・銭・厘を単位とする十進法の貨幣単位に改めた。

ウ この条例により，新たな硬貨の鋳造が開始された。

(3) **b** に入る人物として正しいものを，次の**ア～エ**から選べ。

（　　　）

ア 岩崎弥太郎　　**イ** 五代友厚　　**ウ** 渋沢栄一　　**エ** 前島密

(4) 下線部 **c** についての説明として誤っているものを，次の**ア～ウ**から選べ。なお，すべて正しい場合は**エ**を答えよ。

（　　　）

ア 条例制定の意図は，政府にかわり国立銀行に不換紙幣を発行させることであった。

イ アメリカの制度に習ったもので，「国立」とは国法にもとづいて設立されるという意味で国営ではなかった。

ウ 国立銀行の新規設立は，条例制定後 10 年もたたないうちに打ち切られた。

(5) 下線部 **d** についての説明として誤っているものを，次の**ア～ウ**から選べ。なお，すべて正しい場合は**エ**を答えよ。

（　　　）

ア 政府が西南戦争の戦費調達のため不換紙幣を乱発した。

イ 兌換義務を取り除かれた国立銀行が不換銀行券を乱発した。

ウ 定額金納である地租を中心的な財源とする政府にとって，インフレーションは実質的な税収の増加をもたらした。

2 ［文明開化］次の文章を読み，あとの問いに答えなさい。

［龍谷大一改］

明治政府は生活様式の欧米化にも熱心であった。右図に示した東京銀座には（ **a** ）の風景が見てとれる。また，江戸時代の瓦版を継承して b鉛活字による新聞・雑誌の出版も早くからおこなわれ，そのことも c欧米の事情や文化の紹介に寄与したのである。

しかしその一方で，天皇を中心とする国家づくりのために神仏習合を禁止し，（ **d** ）を発して神道の国教化がはかられた。この結果仏教は大きな打撃をうけたが，浄土真宗の僧である（ **e** ）が推進したように仏教の革新運動も開始された。欧米思想の紹介は，（ **f** ）を中心に設立された明六社が功利主義を紹介し，g「東洋のルソー」と呼ばれた中江兆民らはフランスの天賦人権論を紹介し，やがて後者は自由民権運動の基本思想となっていく。

(1) **a** の説明としてふさわしくないものを，次の**ア**～**エ**から選べ。　（　　）

ア ざんぎり頭やチョンマゲ頭の男性が混在している。

イ 煉瓦造の洋館が立ち並ぶ。

ウ 橋のたもとに電灯が設置されている。

エ 人力車や鉄道馬車が走っている。

(2) 下線部 **b** の鉛活字の量産化に成功した人物を，次の**ア**～**エ**から選べ。　（　　）
ア 本木昌造　　**イ** 辰野金吾　　**ウ** 豊田佐吉　　**エ** 臥雲辰致

(3) 下線部 **c** に関連して，『西洋事情』や『文明論之概略』を著した人物を，次の**ア**～**エ**から選べ。
ア 中村正直　　**イ** 西周　　**ウ** 加藤弘之　　**エ** 福沢諭吉　　（　　）

(4) **d** に入る語を，次の**ア**～**エ**から選べ。　（　　）
ア 神仏分離令　　**イ** 大教宣布の詔　　**ウ** 戊申詔書　　**エ** 教育勅語

(5) **e** に入る人物を，次の**ア**～**エ**から選べ。　（　　）
ア 川手文治郎　　**イ** 黒住宗忠　　**ウ** 島地黙雷　　**エ** 出口王仁三郎

重要 (6) **f** に入る人物を，次の**ア**～**エ**から選べ。　（　　）
ア 森有礼　　**イ** 福沢諭吉　　**ウ** 加藤弘之　　**エ** 津田真道

(7) 下線部 **g** について，中江兆民がルソーの『社会契約論』を翻訳・出版した書物を，次の**ア**～**エ**から選べ。　（　　）
ア『民間省要』　　**イ**『民権自由論』　　**ウ**『民約訳解』　　**エ**『自助論』

Hints

1 (1) 日本初の政府紙幣は太政官札で，不換紙幣であった。

(5) インフレーション時には，貨幣の価値が下がる。

2 (1) 電気（電灯）の使用で早い例は，1882 年設立の大阪紡績会社である。

(6) 正解の人物はのちに初代文部大臣になった。

14 近代国家の成立

STEP ① 基本問題

解答⊝ 別冊17ページ

1 ［明治政府の初期外交］次の文章を読み，あとの問いに答えなさい。

　ₐ岩倉使節団が欧米へ出発した同じ年，日本は（ ① ）を結んで清と対等な国交を築いた。しかし，琉球漁民の殺害を原因として日本は（ ② ）へ出兵し，清から賠償を受けた。朝鮮とは（ ③ ）事件を契機に日朝修好条規を結び，開国させた。北方では，ロシアとの間でᵦ樺太・千島交換条約を結び，南方では，沖縄県を設置し，（ ④ ）諸島の領有を宣言した。

(1) ①～④に入る適語を答えよ。　　　①（　　　　　）

　　　②（　　　　　）　③（　　　　　）　④（　　　　　）

(2) 下線部 **a** に留学生として随行し，帰国後，女子英学塾を設立した女性はだれか。　（　　　　　　　）

(3) 下線部 **b** で日本の領土となった場所を，右の地図中の**ア～オ**からすべて選べ。　（　　　　　　　）

2 ［自由民権運動の高揚］次の年表中の空欄に入る適語を，あとの**ア～ク**から選びなさい。

1878年	（ ① ）が制定され，府県会が創設された。
1880年	（ ② ）同盟が結成され，民権運動が高揚した。これに対し政府は（ ③ ）を制定した。
1881年	（ ④ ）官有物払下げが暴露され，国会の早期開設論を唱える（ ⑤ ）が政府から追放された。
1882年	（⑤）が（ ⑥ ）を結成した。
1884年	加波山事件を契機に（ ⑦ ）が解党された。
1887年	三大事件建白運動に対し，政府が（ ⑧ ）を制定した。

ア 大隈重信　　**イ** 集会条例　　**ウ** 地方三新法　　**エ** 自由党
オ 立憲改進党　**カ** 開拓使　　　**キ** 保安条例　　**ク** 国会期成

　　　①（　　　）②（　　　）③（　　　）④（　　　）

　　　⑤（　　　）⑥（　　　）⑦（　　　）⑧（　　　）

Guide

得点UP 琉球処分

　明治政府による琉球王国の日本国への併合までの一連の政策。琉球帰属問題を解決するため，1871年に鹿児島県に編入，翌年**琉球藩**を設置し，1879年に**沖縄県**と改称して琉球処分を完成させた。

参考 明治時代初期の領土

注意 明治六年の政変と明治十四年の政変

①**明治六年の政変**…1873年征韓論争により政府内が分裂した政変。西郷・板垣らが唱えた征韓論は国内政治の優先を説く大久保・木戸らの反対で実現せず征韓派は一斉に下野した。

②**明治十四年の政変**…1881年大隈重信が国会開設，憲法制定について急進的な意見を述べたので，払下げ問題にも関係ありとして下野した事件。

3 ［大日本帝国憲法］次の文章中の空欄に入る適語や数字を答えなさい。また，あとの問いに答えなさい。

a明治十四年の政変で，政府は国会開設の勅諭を出して1890年に国会を開設することを約束した。この結果，それまでにb憲法を制定することが必要になった。一方，民間においても（①　　　　　　　　）の起草とされる「東洋大日本国国憲按」などの憲法私案が数多く発表された。政府はドイツ流の憲法体制の構築を目ざし，伊藤博文を憲法調査のためヨーロッパに派遣した。伊藤は帰国後，（②　　　　　　　）を公布して将来の貴族院のための土台をつくり，翌年末には太政官制を廃止して（③　　　　　　）制度を創設した。そして，伊藤を中心に憲法起草が進められ，1889年2月11日，大日本帝国憲法が発布された。この憲法は（④　　　　　）憲法で，天皇は神聖不可侵とされた。天皇の大権がc陸海軍の指揮・宣戦・講和・条約締結などきわめて広く，民意は帝国議会を通じて国政に反映されるしくみではあったが，選挙権は直接国税（⑤　　　　）円以上を納める25歳以上の男子に限られた。

(1) 下線部 a で罷免された大隈重信が結成した政党は何か。
（　　　　　　　　）

(2) 下線部 b に関連して，大日本帝国憲法の制定に関与したお雇い外国人を，次のア～エから選べ。（　　　）
　ア　ボアソナード　　イ　ロエスレル
　ウ　モッセ　　　　　エ　シュタイン

(3) 下線部 c について，天皇だけがもつ陸海軍指揮権を何というか。（　　　　　　）

得点UP

▶**お雇い外国人**
　日本の憲法草案にはドイツ人ロエスレルが協力し，府県制など地方行政制度の成立にはドイツ人モッセが協力した。フランス人ボアソナードが協力・起草した民法には反対意見がおこり（民法典論争），結局，家長権の強い民法が施行された。
▶**枢密院**
　天皇の最高諮問機関で，憲法草案を審議した。帝国議会開設後は政党勢力に対する藩閥官僚勢力の拠点となった。

参考　緊急勅令と戒厳令
　議会の審議を経ないで天皇が発する**緊急勅令**は，法律より効力が強かった。**戒厳令**は天災や暴動など非常事態の際に，軍隊に治安権限を与えるもので，天皇大権の１つ。

☑ サクッとCHECK

● 次の文が正しければ○，誤っていれば×を書きなさい。
❶ 大阪会議の結果，政府は立憲政体樹立の詔を発し，立法機関である枢密院を新設した。（　　　）
❷ 国会期成同盟の活動が盛んになると，政府は保安条例を定めて演説会を規制した。（　　　）
❸ 大隈重信を党首とする立憲改進党は，一院制議会と普通選挙の実現を目ざして活動した。（　　　）
❹ 伊藤博文はベルリン大学のロエスレルらに憲法を学び，帰国後自ら憲法草案の作成にあたった。（　　　）
❺ 将来の貴族院議員選出の基盤として，５つの爵位を政治家にも与える華族令を制定した。（　　　）
● 次の各問いに答えなさい。
❻ 民権派が作成した憲法案を総称して何というか。（　　　　　　　）
❼ 福島県令で，大規模道路建設に反対する自由党員や農民を大量投獄した人はだれか。（　　　　　　）
❽ 朝鮮の独立党支援のため渡航しようとして大阪で逮捕された元自由党員はだれか。（　　　　　　）
❾ 市制・町村制など地方行政制度を確立した内務大臣はだれか。（　　　　　　）
❿ フランス流民法に反対した東京帝国大学教授はだれか。（　　　　　　）

第1章　第2章　第3章　第4章　第5章　総合

重要 **1** ［自由民権運動］次の文章中の空欄に適語を入れ，あとの問いに答えなさい。　　［中部大一改］

　a明治六年の政変で政府を去った板垣退助らは，1874 年に（①　　　　　　）を結成して左院にb民撰議院設立の建白書を提出し，その後，板垣は郷里の（②　　　　　　）で片岡健吉らの同志と政社をつくり，1875 年に大阪で（③　　　　　　）を結成し，1880 年には，（④　　　　　　）が結成された。民権運動に多くの人々が参加するようになり，演説会は大盛況で国会開設の請願署名も多数集まった。これに対し政府は，（⑤　　　　　）条例を発して抑圧したが，c開拓使官有物払下げ事件を契機にd明治十四年の政変がおこり，1890 年に国会を開設することが約束された。そこで板垣は自由党を結成し，フランス流の一院制議会の設立など急進的な改革を目ざした。しかしほどなく内部で対立が生じ，さらにe激化事件も頻発し，1884 年に自由党は解党した。

(1) 下線部 a で下野した参議ではない人物を，次のア〜エから選べ。　　　　　（　　　）

　　ア　西郷隆盛　　イ　木戸孝允　　ウ　江藤新平　　エ　後藤象二郎

(2) 下線部 b を板垣とともに提出しなかった人物を，次のア〜エから選べ。　　（　　　）

　　ア　後藤象二郎　　イ　江藤新平　　ウ　副島種臣　　エ　前原一誠

(3) 下線部 c の事件の時の開拓使長官を，次のア〜エから選べ。　　　　　　　（　　　）

　　ア　黒田清隆　　イ　五代友厚　　ウ　大久保利通　　エ　井上馨

(4) 下線部 d の政変で政府から追放された参議（大蔵卿）を，次のア〜エから選べ。（　　　）

　　ア　山県有朋　　イ　松方正義　　ウ　大隈重信　　エ　榎本武揚

(5) 下線部 e のうち，福島事件で検挙された自由党員を，次のア〜エから選べ。　（　　　）

　　ア　大井憲太郎　　イ　三島通庸　　ウ　中江兆民　　エ　河野広中

2 ［民権運動の弾圧］次の図に関連して，あとの問いに答えなさい。　　［和歌山大一改］

〔解説〕図は『トバエ（時の話題）』22 号（1888 年 1 月 1 日発行）に掲載された，フランス人ビゴーが描いた風刺画である。腰にサーベルを差した人は「今話して聞かせたとおり，これから注意せぬと直ちに臨機の処分を致す」云々と命じている。

(1) 口に手ぬぐいを巻いて不満顔をしている右の 8 人の職業は何か。　　　　　（　　　　　）

(2) 高知県の民権結社代表である片岡健吉が，地租の引き下げ，言論・集会の自由，外交（失策）の挽回を要求する運動を提起すると，各地でこれに呼応して陳情運動がおこった。この運動を何というか。　　　　　　　　　　　　　　　　　　　　　　　　　　（　　　　　）

(3) 1887 年 12 月，政府は言論抑圧の法律を公布して，民権家 570 余名を皇居外 3 里に追放した。この法律は何か。　　　　　　　　　　　　　　　　　　　　　　　（　　　　　）

重要　**3**　［大日本帝国憲法の制定］次の文章を読み，あとの問いに答えなさい。

　　ヨーロッパで憲法の調査をした伊藤博文は，主に君主権の強い（　a　）の憲法を学んで帰国し，憲法案を作成した。そして1889年に b 大日本帝国憲法が発布された。右の図は憲法発布の式典のようすで，伊藤が憲法を明治天皇にささげ，天皇が発布の勅語を読みあげたのちに憲法を（　c　）首相に授けたところである。また，次の史料は，この憲法発布の数日前のようすを，ドイツ人医師ベルツが日記に記したものである。

　　（1889年2月9日）東京全市は，十一日の憲法発布をひかえてその準備のため，言語に絶した騒ぎを演じている。到るところ，奉祝門・照明・行列の計画。だが，こっけいなことには，誰も憲法の内容をご存じないのだ。
　　　　　　　　　　　　　　　　　　　　　　　　　　　　　（菅沼竜太郎訳『ベルツの日記』）

(1) a，cに入る語句の正しい組み合わせを，次のア〜エから選べ。　　　　（　　　）
　　ア　a—フランス　c—黒田清隆　　　　　　イ　a—フランス　c—大久保利通
　　ウ　a—ドイツ（プロイセン）c—黒田清隆　エ　a—ドイツ（プロイセン）c—大久保利通

(2) 下線部 b に関して述べた文として正しいものを，上の図も参考にしながら次のア〜エから選べ。　　　　　　　　　　　　　　　　　　　　　　　　　　　　　（　　　）
　　ア　天皇の統治権を重視した政府の憲法案を，軍部は拒絶した。
　　イ　全国の政治結社が作成した私擬憲法を，政府がまとめる形で制定した。
　　ウ　帝国議会で憲法案を議論し，多数決で承認する手続きをふんだ。
　　エ　天皇が定めて臣民に下し与える欽定憲法として発布された。

(3) 上の図や史料を参考にしながら，憲法発布に関して述べた次の a〜d の文のうち，内容の正しい組み合わせを，あとのア〜エから選べ。　　　　　　　　　　　　　（　　　）
　　a　鹿鳴館などに見られる欧化主義政策がすでにとられており，憲法発布式典では，参列者は西洋風の儀礼服を着ていた。
　　b　鹿鳴館などに見られる欧化主義への反発もあり，憲法発布式典では，参列者は伝統的な公家の衣装を着ていた。
　　c　国民は憲法の発布を歓迎せず，東京市内は静まりかえっていた。
　　d　憲法の具体的な条文は，憲法発布前には国民に周知されなかった。
　　ア　a・c　　イ　a・d　　ウ　b・c　　エ　b・d

Hints
1　(3) この人物は薩摩藩閥を松方正義とともに率いて，のちに首相となった。
2　(1) 左の人物は制帽・制服から警察官で，右の人々は猿ぐつわ（＝言論を抑圧されている）から判断する。
3　(2) 大日本帝国憲法では，天皇に，天皇大権と総称される絶大な権限が与えられた。
　　(3) 図に見られる人々の服装やベルツの日記に着目する。

重要 1 [民権運動と初期議会] 次のＡ，Ｂの文章中の空欄に入る適語を答えなさい。また，あとの問いに答えなさい。
[立命館大一改]

Ａ 征韓論争で下野した板垣退助，江藤新平，副島種臣らによって東京で結成された日本最初の政党といわれる（①　　　　　）は，民撰議院設立の建白書を提出したが，ₐ同年2月の士族反乱によりまもなく解党した。（①）の解散後，板垣退助は土佐に帰り，士族中心の代表的な地方政社である（②　　　　　）を結成した。（②）にはᵦ植木枝盛や片岡健吉，林有造らが参加した。翌年，大阪で愛国社が結成されたが，愛国社第4回大会で（③　　　　　）と改称され，国会開設を目ざして運動の規模が拡大した。こうした自由民権派による国会開設運動の活発化を警戒した政府は，1880年に（④　　　　　）を定めてこれを規制したが，翌1881年民権派は板垣退助を総理として（⑤　　　　　）を結成した。（⑤）はやがて政府の弾圧や懐柔により解党するが，1880年代の後半に至って。三大事件建白運動と呼応した反政府諸派の統一運動である（⑥　　　　　）運動が盛り上がり全国に拡大した。しかしその運動を指導した中心人物の1人である（⑦　　　　　）が黒田清隆内閣に入閣したために，運動は分裂した。

(1) 下線部ａにあてはまる士族反乱を，次のア～エから選べ。　　　　（　　　）
　ア 佐賀の乱　　イ 敬神党(神風連)の乱　　ウ 秋月の乱　　エ 萩の乱

(2) 下線部ｂが起草した憲法草案として最も適切なものを，次のア～ウから選べ。（　　　）
　ア「五日市憲法草案」　　イ「私擬憲法案」　　ウ「東洋大日本国国憲按」

(3) 下線部ｃに関連して，この運動方針の1つに，当時の政府の外交姿勢に対する反対が含まれていた。当時の外務大臣を，次のア～エから選べ。　　　　（　　　）
　ア 井上馨　　イ 青木周蔵　　ウ 小村寿太郎　　エ 幣原喜重郎

Ｂ 大日本帝国憲法発布時の黒田清隆内閣は，ₐ政党の動向に左右されない政治姿勢を表明したが，第1回衆議院議員総選挙で多数議席を獲得した旧民権派を中心とする民党勢力は，初期議会において「政費節減・（⑧　　　　　）」の方針を掲げ，第1次山県有朋内閣と対立した。これに危機感を強めた後続の第1次松方正義内閣は第二議会を解散し，激しいｅ選挙干渉をおこなって民党勢力の削減をもくろんだが，民党を打ち破ることはできなかった。こうしたことから，政党の力を援用することがもはや避けられないことを知った（⑨　　　　　）は，自ら立憲政友会を組織してその総裁に就任し，政党を主体にした政権運営を試みた。

(4) 下線部ｄの政治姿勢を何というか，漢字4字で答えよ。　　　　（　　　）

(5) 下線部ｅの選挙干渉を主導したことで知られる内務大臣を，次のア～エから選べ。
　　　　　　　　　　　　　　　　　　　　　　　　　　　　　　　（　　　）
　ア 床次竹二郎　　イ 後藤新平　　ウ 三島通庸　　エ 品川弥次郎

2 [大日本帝国憲法] 次の文章を読み，あとの問いに答えなさい。 [(1)〜(4)②神戸学院大・(4)①③西南学院大一改]

　明治政府は，a明治十四年の政変の際に憲法を制定する方針を決めていたが，1882年に伊藤博文を憲法調査のためにヨーロッパに派遣した。伊藤はベルリン大学の（　X　），ウィーン大学の（　Y　）からドイツ流の憲法理論を学び，帰国して憲法の制定およびb国会開設の準備を進めた。憲法草案の作成が極秘に進められ，1889年にc大日本帝国憲法として公布された。

(1) 下線部aの事件の説明として正しいものを，次のア〜エから選べ。（　　）

　ア　長州出身の黒田清隆が，開拓使官有物の払下げに反対して政府を去った。

　イ　民権運動家の福地源一郎が，政府を批判して立憲改進党を結成した。

　ウ　官有物の払下げを受けるはずだったのは五代友厚らが関係する関西貿易社だった。

　エ　開拓使長官大隈重信が，同じ薩摩出身の政商に官有物を安く払い下げようとした。

(2) X，Yに入る人物の正しい組み合わせを，次のア〜エから選べ。（　　）

　ア　X―モッセ　　　　Y―ボアソナード　　　イ　X―モッセ　　　　Y―シュタイン

　ウ　X―グナイスト　Y―シュタイン　　　　エ　X―グナイスト　Y―ボアソナード

(3) 下線部bについての説明として正しいものを，次のア〜エから選べ。（　　）

　ア　華族令を定め，華族の範囲を旧上層公家に限定した。

　イ　内閣制度を制定し，宮内大臣が管掌する宮内省を内閣の外においた。

　ウ　天皇の常侍輔弼の任にあたる太政大臣が宮中におかれた。

　エ　市制・町村制が公布され，市長は市会が推薦する候補者から府県知事が任命した。

(4) 下線部cについて，次の各問いに答えよ。

　① 右図のA〜Cにあてはまる機関名は何か。

　　A（　　　　　　）　B（　　　　　）

　　C（　　　　　）

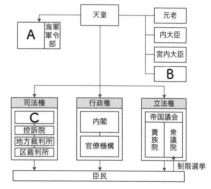

　② この憲法についての説明として誤っているものを，次のア〜エから選べ。（　　）

　　ア　各国務大臣は，議会に対してのみ責任を負うものとされた。

　　イ　天皇が定めて国民に与える欽定憲法で，天皇と行政府に強い権限が与えられた。

　　ウ　陸海軍の統帥権は，内閣から独立して天皇に直属していた。

　　エ　天皇主権のもと，立法・行政・司法の三権は分立していた。

記述 ③ 1889年に選挙権を与えられたのはどのような人々か，簡潔に説明せよ。

　　（　　　　　　　　　　　　　　　　　　　　　　　　　　　　　　　　　　　　　　）

Hints

1 (3)条約改正のために欧化政策をとっていた人物である。

　(5)松方内閣の内相。第2回総選挙で大規模な選挙干渉をおこない，選挙後引責辞任した。

2 (4)① A．陸軍省とは別に，陸軍の作戦を指揮する機関として設置された。

　③ このときの選挙権は，年齢と納める国税の金額により制限されていた。

15 日清・日露戦争と国際関係

STEP ① 基本問題

解答➡別冊18ページ

1 ［条約改正交渉］次の年表中の**A〜F**に最も関係の深い事項を，あとの**ア〜カ**から選びなさい。

1876〜78年	A	外務卿寺島宗則の改正交渉が失敗した。
1882〜87年	B	外務大臣井上馨の改正交渉が失敗した。
1888〜89年	C	外務大臣大隈重信の改正交渉が失敗した。
1891年	D	外務大臣青木周蔵の改正にイギリスが同意。
1894年	E	外務大臣陸奥宗光が条約改正に成功した。
1911年	F	外務大臣小村寿太郎が条約改正に成功した。

ア 玄洋社社員に襲撃された　**イ** ノルマントン号事件がおこった

ウ 領事裁判権の撤廃　　　　**エ** 関税自主権の回復

オ シベリア鉄道の着工　　　**カ** アメリカは同意，英独は反対

A（　　　）　B（　　　）　C（　　　）　D（　　　）

E（　　　）　F（　　　）

2 ［朝鮮問題と日清戦争］次の文章中の空欄に入る適語を答えなさい。また，あとの問いに答えなさい。

　1882年，朝鮮の漢城で日本への接近を進める閔氏一族に反対する大院君を支持する軍隊が反乱をおこし，これに呼応した民衆が日本公使館を包囲する（①　　　　　　　）がおきた。反乱は失敗に終わったが，閔氏一族はこれ以降日本から離れるようになる。これに対し，金玉均らの親日改革派が，1884年に日本公使館の援助を得てクーデタをおこした。この事件は（②　　　　　　　）と呼ばれる。クーデタは，来援した清国軍によって失敗に帰し，日清間で（③　　　　　）条約が結ばれ両軍は撤退した。この2つの事件を通して，清国の朝鮮進出は強化され，同時に清国・朝鮮に対する日本の世論は険悪化した。そして，1894年，朝鮮でおきた（④　　　　　　　）戦争（東学の乱）を契機に，日本は清国に宣戦布告して日清戦争が始まった。この戦争は1895年の下関条約によって講和が成立した。

(1) 日本が下関条約で獲得したが，三国干渉により清に返還した領土はどこか。　　　　　　（　　　　　　）

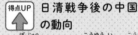

Guide

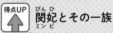

得点UP 条約改正の実現

①領事裁判権の撤廃…陸奥宗光→日英通商航海条約

②関税自主権の回復…小村寿太郎→日米通商航海条約

得点UP 日清戦争後の中国の動向

①戊戌の変法…康有為が光緒帝を動かして立憲運動を始めた。

②戊戌の政変…西太后を中心とする保守派の変法運動への弾圧。

③北清事変（義和団戦争）→列強8か国連合軍を派遣→北京議定書。

得点UP 閔妃とその一族

　壬午軍乱（壬午事変）以前は親日派であったが，事変後は親清派（事大党）となった。三国干渉後は親露方針をとり，親日派を追放して政権をとった。しかし，日本公使三浦梧楼に指揮された軍人らによって閔妃が殺害された。

参考 済物浦条約

　壬午軍乱（壬午事変）で，日本は朝鮮政府と済物浦条約を結び，公使館警備のための軍隊を首都漢城に駐屯することを認めさせた。しかし，甲申事変後に清と結んだ天津条約で日清両国軍の撤退を決めたので，日本の朝鮮進出は一時後退した。

(2) 下関条約で日本が得た澎湖諸島の位置を，右の地図中の**ア**〜**エ**から選べ。
（　　　）

(3) 下関条約で日本に開市・開港されることになった地名と右の地図中の位置①〜④の正しい組み合わせを，次の**ア**〜**エ**から選べ。（　　　）
ア ①沙市　**イ** ②上海　**ウ** ③杭州　**エ** ④重慶

(4) 下関条約で日本が得た台湾を統治するためにおかれた機関を何というか。（　　　　　　　）

3 ［日露戦争］次の文章の①〜⑦について，（　　）の中から適語を選びなさい。

　日清戦争後の中国分割に怒った中国の民衆は義和団を中心に反乱をおこしたが，列強に鎮圧された。この①（**ア** 北清　**イ** 天津）事変後もロシアは満洲を占領した。これに対し，第１次②（**ア** 西園寺公望　**イ** 桂太郎）内閣は日英同盟を結んでロシアと戦争を始めた。しかし両国ともに戦争継続が苦しくなり，③（**ア** イギリス　**イ** アメリカ）の仲介で講和した。ポーツマス条約で日本は④（**ア** 旅順　**イ** 青島）・大連や⑤（**ア** 奉天　**イ** 長春）以南の鉄道の租借権，南樺太などを得た。日露戦争後，韓国は日本が設置した⑥（**ア** 都督　**イ** 統監）府の支配をうけて，⑦（**ア** 山県有朋　**イ** 伊藤博文）暗殺を機に日本に併合された。

①（　　　）　②（　　　）　③（　　　）　④（　　　）
⑤（　　　）　⑥（　　　）　⑦（　　　）

参考 列強による中国分割

列強の勢力範囲
■（日）日本
■（露）ロシア
▨（独）ドイツ
▧（英）イギリス
▥（仏）フランス
---- 1905年以後の日本の勢力範囲

東清鉄道
膠州湾
台湾 1895（日）
澎湖諸島
広州湾

注意 日英同盟

　シベリア鉄道の完成を契機に，1902年日英同盟が締結された。内容は，日対露の戦争となった時には，イギリスは第３国（ロシアと同盟関係にあったフランス）の参戦を防ぐというのが主である。1905年の日露戦争後に改定され，適用範囲（極東）にインドを加え，イギリスは日本の大韓帝国保護国化を承認し，攻守同盟として強化された。

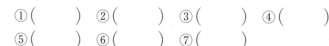

☑ **サクッとCHECK**

● 次の文が正しければ○，誤っていれば×を書きなさい。
❶ 井上馨の条約改正交渉は政府内外に反対され，民権派は三大事件建白運動をおこした。（　　）
❷ 朝鮮政府内の親日派である大院君一派の兵士が日本公使館を襲撃した事件を，壬午軍乱という。（　　）
❸ 日清戦争の結果，日本が得た開港地は，杭州・蘇州・沙市・南京の４か所であった。（　　）
❹ 日清戦争後，藩閥政府と政党が歩みより，板垣退助を首相とする憲政党内閣が誕生した。（　　）
❺ 日露戦争後，西園寺公望内閣は遼東半島南部の支配機関として関東都督府を旅順に設置した。（　　）

● 次の各問いに答えなさい。
❻ 日本人の大豆・米買占めに対し，朝鮮が発した対日禁輸の命令を何というか。（　　　　　　　）
❼ 第２次山県有朋内閣が労働運動弾圧のために制定した法律は何か。（　　　　　　　）
❽ 日清戦争後にドイツが中国から租借した山東半島の港湾都市はどこか。（　　　　　　　）
❾ ポーツマス条約に反対した国民大会が暴徒化した事件を何というか。（　　　　　　　）
❿ 韓国併合後，初代の朝鮮総督に就任した陸軍大将はだれか。（　　　　　　　）

重要 **1** ［条約改正］次の文章中の空欄に入る適語を答えなさい。また，あとの問いに答えなさい。

[同志社大一改]

　幕末以来の不平等条約の改正は，欧米諸国と対等の地位に立つため日本にとっては最重要の課題だった。1878 年外務卿（①　　　　　　）はアメリカとの間で関税自主権回復の交渉に成功したが，イギリス・ドイツの反対で実現しなかった。あとを継いだ井上馨は（②　　　　　　）政策をとって改正を有利に進めようとしたが，a井上の改正案には政府内外から強い反対がおこり，b1887 年交渉は中止され井上は外務大臣を辞任した。次いで大隈重信外相が国別に改正交渉をすすめ，1889 年にアメリカ，ドイツ・ロシアとの交渉に成功した。しかし，（③　　　　　　）に限り外国人判事の任用を認めるという条件に対して国内の反対がおこり，大隈が国権主義者に襲われ負傷したため新条約は発効しなかった。青木周蔵外相はイギリスとの交渉に成功したが，（④　　　　　　）事件の責任をとって辞職した。その後，c1894 年のd日清戦争開始直前に（⑤　　　　　　）外相によってイギリスと（⑥　　　　　　）が調印され，領事裁判権の撤廃と関税自主権の一部回復に成功した。関税自主権の完全回復をめざす交渉はその後も続行され，1911 年に第 2 次桂内閣の外相（⑦　　　　　　）によりようやく実現した。

(1) 欧米諸国によって一応承認された下線部 **a** の改正案の内容として誤っているものを，次のア〜エから選べ。　　　　　　　　　　　　　　　　　　　　（　　　）

　　ア 外国人を被告とする裁判には半数以上の外国人判事を採用する。

　　イ 外国人に日本国内での居住・旅行・営業の自由を与える。

　　ウ 輸入関税を引き下げる。

　　エ 欧米同様の法典を編纂する。

(2) 下線部 **b** と同じ年におこったでき事を，次のア〜エから選べ。　　（　　　）

　　ア 大阪事件がおこった。　　　イ 加波山事件がおこった。

　　ウ 集会条例が改正された。　　エ 保安条例が発布された。

(3) 下線部 **c** と同じ年に，朝鮮でおこった民衆の反乱を何というか。漢字 6 字で答えよ。

　　　　　　　　　　　　　　　　　　　　　　　　　　　　（　　　　　　）

(4) 下線部 **d** について述べた次の文章中の下線部ア〜エには 1 か所誤りがある。誤っているものを選べ。　　　　　　　　　　　　　　　　　　　　　　　（　　　）

　　日清戦争後，政府と政党の関係は大きく変化した。自由党は第 2 次伊藤博文内閣を支持してア板垣退助を内相として入閣させ，そのあとを継いだ第 2 次松方正義内閣も進歩党と提携してイ大隈重信を外相として入閣させた。しかし第 3 次伊藤内閣が自由党と連携をとらなかったことから，自由・進歩両党は合同してウ憲政党を結成した。衆議院に絶対多数をもつ合同政党の出現により伊藤内閣は退陣し，かわって第 1 次エ桂太郎内閣が成立した。

重要 **2** ［朝鮮問題］次のA，Bの文章を読み，あとの問いに答えなさい。

A 日朝修好条規の締結後，朝鮮政府内で親清(しん)・親日両派の対立が深まった。1882年になると，親日の閔妃(びんひ／ミンビ)一派に反対する（ X ）を支持する軍隊がa漢城(かんじょう)で反乱をおこし，民衆が日本公使館を包囲する事件がおこった。その後（ Y ）らの親日改革派は日本の支援をうけてクーデタをおこしたが，清国軍の来援で失敗した。翌年，伊藤博文(いとうひろぶみ)が（ b ）に派遣され，（ Z ）と（b）条約を結んだ。これにより日清両国軍は朝鮮から撤兵することになった。

(1) X～Zに入る人名の正しい組み合わせを，次のア～エから選べ（XYZの順に並んでいる）。（　　）

ア 大院君(たいいんくん／テウォングン)―金玉均(きんぎょくきん／キムオッキュン)―李鴻章(りこうしょう／リーホンチャン)　イ 大院君―李鴻章―金玉均

ウ 金玉均―大院君―李鴻章　エ 金玉均―李鴻章―大院君

図1

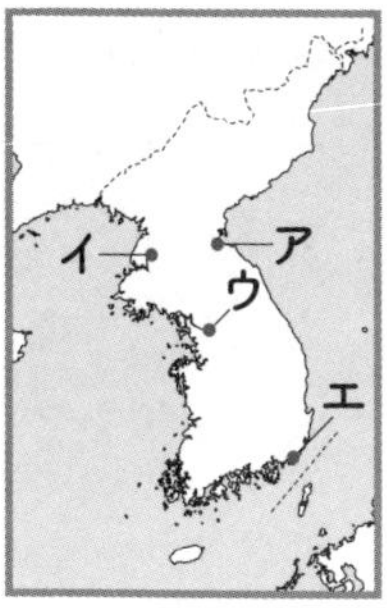

(2) 下線部aの漢城の場所を，右の図1中のア～エから選べ。（　　）

(3) bに入る適語を，次のア～エから選べ。（　　）

ア 済物浦(さいもっぽ)　イ 天津(てんしん／テンチン)　ウ 北京(ペキン)　エ 南京(ナンキン)

B 右の図2は，1880年代後半の東アジアの情勢を風刺したビゴーの絵である。図中の下に描かれている魚は朝鮮（韓国）を表し，a～cの人物は当時朝鮮に関係していた国を表している。

図2

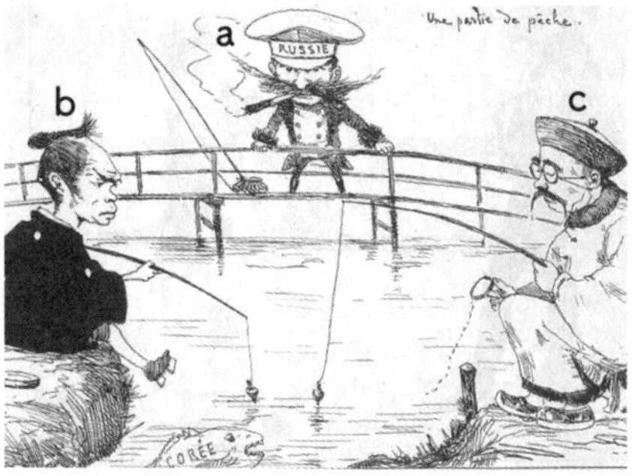

(4) 図を参考にしながら，1890年代の東アジアの状況について述べた文として誤っているものを，次のア～エから選べ。（　　）

ア 朝鮮で大規模な農民蜂起(ほうき)がおこると，朝鮮政府はbに派兵を要請した。

イ 講和条約で割譲された半島をcに返還するように，a・フランス・ドイツの3国はbに勧告した。

ウ 朝鮮に駐在するbの公使らは，aに接近していた王妃の閔妃を殺害した。

エ aは，cに要求して旅順(りょじゅん／ルーシュン)・大連(だいれん／ターリエン)を租借した。

(5) 朝鮮（韓国）について述べた次のⅠ～Ⅲの文を年代の古い順に正しく並びかえたものを，あとのア～エから選べ。（　　）

Ⅰ：日本は韓国の内政の指導権を得て，韓国軍を解散させた。

Ⅱ：日本は韓国から外交権を奪い，韓国を保護国とした。

Ⅲ：日本は朝鮮総督府(そうとくふ)を設置し，漢城を京城(けいじょう)と改めた。

ア Ⅰ―Ⅱ―Ⅲ　イ Ⅱ―Ⅰ―Ⅲ　ウ Ⅲ―Ⅱ―Ⅰ　エ Ⅱ―Ⅲ―Ⅰ

Hints

1 (1) 関税自主権の問題は，安価な輸入品が日本の産業に打撃を与える，という観点で理解する。
(4) 日清戦争後，憲政党の党首が首相となり，わが国初の政党内閣（隈板(わいはん)内閣）が誕生した。

2 (4) aはロシア人で朝鮮という魚を狙っている。cは辮髪(べんぱつ)の清国人。
(5) 保護国化→外交権掌握→内政権掌握→植民地化の順で整理しておく。

1 [日露戦争] 次の文章中の空欄に適語を入れ，あとの問いに答えなさい。 [北海学園大一改]

　イギリスとの同盟を得た政府は，a対露交渉のかたわら戦争準備を進めたが，1904 年初め
に交渉は決裂しb日露戦争が始まった。日本は多大な人的損害を重ねつつc旅順(りょじゅん)(ルーシュン)を陥落させ，
日本海海戦でロシアの（①　　　　　　　　）艦隊を壊滅させた。しかし，日本側も戦費の負担
は限界に達しており，ロシア側も国内の革命運動によって戦争継続が困難となったため，ロ
ーズヴェルト米大統領の幹旋で，日本全権（②　　　　　　　　）とロシア全権ウィッテとの間
で講和条約が調印された。この結果，ロシアは韓国に対する日本の指導・保護権や，旅順・
大連(だいれん)(ターリエン)の租借権，および長春(ちょうしゅん)(チャンチュン)以南の東清鉄道支線(とうしん)と付属する権利の譲渡や，北緯 50 度以南の樺(から)
太(ふと)の割譲などを認めた。しかし，この条約に対し不満をもった民衆はd日比谷(ひびや)焼打ち事件をお
こした。

(1) 下線部 a について，右の絵は日露戦争前の国際情勢を風
　　刺している。X の人物が示す国の東アジア政策について
　　の説明として正しいものを，次のア〜エから選べ。
　　ア　東学党の乱を機に満洲(まんしゅう)を事実上占拠した。（　　　　）
　　イ　広州湾(こうしゅうわん)(コワンチョウ)を中国から租借し，要塞・軍港を建設した。
　　ウ　シベリア鉄道を釜山(ふざん)(プサン)まで延伸した。
　　エ　日清(にっしん)戦争後，朝鮮を支援して親露政権を成立させた。

(2) 下線部 b について，1903 年に結成され，対露強硬論を唱えた国家主義団体は何か。
　　　　　　　　　　　　　　　　　　　　　　　　　　　　　　　（　　　　　　　　）

(3) 下線部 c のさなか，雑誌『明星(みょうじょう)』に反戦詩を発表した歌人はだれか。　（　　　　　　　　）

記述 (4) 下線部 d の暴動がおきた理由を簡潔に説明せよ。

（　　　　　　　　　　　　　　　　　　　　　　　　　　　　　　　　　　）

重要 **2** [日清・日露戦争後の大陸進出] 次の文章中の空欄に入る適語を答えなさい。また，あとの問
　　いに答えなさい。 [西南学院大一改]

　a日清戦争後，日本は朝鮮に対する清の影響力を排除するとともに，台湾(たいわん)の領有権を得て
b台湾総督府(そうとく)を設置し初代総督に（①　　　　　　　　）を任命した。清の敗北は，c列強による中
国分割を促進した。ロシアは，満洲を事実上占領するとともに朝鮮への影響力を強めたこと
から，両国はたがいに宣戦を布告し戦争が始まった。d日露戦争後，日本はロシアから受け継
いだ租借地(とと)を統治するためにe関東都督府(とと)を設置した。また国策会社である（②　　　　　　　　）
株式会社を設立して満洲への経済進出の足がかりとした。これに対して，満洲市場に関心を
もつアメリカが，日本の権益の独占に反対し日米関係が悪化した。1910 年，日本は
（③　　　　　　　）を強行して植民地とした。1911 年清(しん)では革命がおこり，翌年に

（④　　　　　　　　）が建国された。

(1) 下線部 a について，戦後の講和条約の内容とその後の動きについての説明として正しいものを，次のア～エから選べ。　　　　　　　　　（　　　）

　ア　賠償金の一部は，官営八幡製鉄所建設など国内産業の近代化の財源にあてられた。

　イ　遼東半島を割譲されたが，ロシア・ドイツ・イギリスの干渉により清に返還した。

　ウ　朝鮮の独立が認められ，1897年に大韓民国が誕生した。

　エ　重慶・蘇州・広州の3港が開港され，日本の中国市場への進出が期待された。

(2) 下線部 b の民政局長に就任し，土地調査事業をおこなった人物を，次のア～エから選べ。

　ア　江藤新平　　イ　児玉源太郎　　ウ　後藤新平　　エ　水野遵　　（　　　）

(3) 下線部 c の内容として誤っているものを，次のア～エから選べ。　（　　　）

　ア　ドイツによる膠州湾の租借　　イ　イギリスによる九龍半島の租借

　ウ　フランスによる広州湾の租借　　エ　ロシアによる山東半島の租借

(4) 下線部 d のあとの状況についての説明として正しいものを，次のア～エから選べ。

　ア　講和条約において，日本の韓国に対する指導監督権が認められた。　（　　　）

　イ　講和会議のロシア首席全権はローゼンであった。

　ウ　日本の列強入りに，福沢諭吉は『脱亜論』を主張した。

　エ　戦争負担への不満がつのり，「臥薪嘗胆」が合言葉になった。

(5) 下線部 e が設置された場所を，次のア～エから選べ。　　　　　　（　　　）

　ア　長春　　イ　旅順　　ウ　大連　　エ　奉天

3 ［桂園時代］次の文章中の空欄に入る適語を答えなさい。

　日露戦争のころ，桂太郎首相はアメリカとの間に桂・（①　　　　　　　）協定を結んで韓国に対する優越権をアメリカに承認させた。また同年に（②　　　　　　）同盟を改定して互いのインド・韓国支配を承認した。

　次の西園寺公望内閣は1906年に（③　　　　　　　）法を制定して，財界・軍部の要求する輸送の迅速化をすすめた。

　一方，日露戦争で重税を負担した国民の中には，政府に不満をもつ者も多かった。そこで，第2次桂内閣は（④　　　　　　）詔書を発して，国民に勤労と節約を説くとともに（⑤　　　　　　　）運動をすすめて町村の財政基盤の強化と風俗の改良をはかった。しかし，工場労働者や小作農の生活は苦しく，労働争議・小作争議が増加し社会主義者の活動が活発化した。そこで桂内閣は当時社会主義（無政府主義）の中心人物であった（⑥　　　　　　　）らを検挙・処刑した。これを（⑦　　　　　　）事件といい，社会主義は「冬の時代」に入った。

Hints

1 (1) 東学は朝鮮の宗教団体，広州湾は中国南部，釜山は朝鮮南岸の港である。
　　(3) 戦争に反対する気持ちを「君死にたまふこと勿れ」という詩に表した。
2 (2) イは台湾総督，エは初代民政局長となった人物。

16 第一次世界大戦とワシントン体制

解答⊕ 別冊19ページ

STEP 1 基本問題

1 ［大正政変］次の文章中の空欄に入る適語を答えなさい。［東洋大一改］

　　西園寺内閣が倒れたあと成立した（①　　　　　　　）内閣に対し,
立憲政友会の尾崎行雄や（②　　　　　　　）の犬養毅らによる
護憲運動がおこり,（①）内閣は退陣した。その後,海軍出身の山
本権兵衛が首相となったが,（③　　　　　　　）事件と呼ばれ
る汚職事件が発覚し,議会で追及されて総辞職した。

2 ［第一次世界大戦］次の文章中の空欄に入る適語を答えなさい。
また,あとの問いに答えなさい。

　　日本は,（①　　　　　　　）を名目に第一次世界大戦に参戦し,
大隈内閣は中国の（②　　　　　　　）政府に二十一か条の要求を認
めさせ,大陸に大きな権益を得た。戦争中の日本は輸出が急増し,
a大戦景気と呼ばれる好景気となったが,その一方,物価が上昇
し,1918年にはb米の買占めによる米価の急騰に対し,富山県で
（③　　　　　　　）が始まった。

(1) 下線部 a に関連して,
　　右のグラフに関する説
　　明として正しいものを,
　　次のア～ウからすべて
　　選べ。（　　　　　）

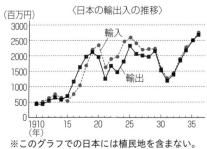

〈日本の輸出入の推移〉
(百万円)
輸入
輸出
※このグラフでの日本には植民地を含まない。
（総務庁統計局監修「日本長期統計総覧3」）

　　ア 1910～13年の貿易
　　　　収支は赤字だった。

　　イ 1920年代の貿易収支は黒字だった。

　　ウ 1930～31年に貿易額が落ち込んでいるのは世界恐慌の影
　　　　響である。

(2) 下線部 b は何を見こしておこなわれたものか。

　　　　　　　　　　　　　　　　　　（　　　　　　　　　）

3 ［ワシントン体制］次の文章中の空欄に入る適語を答えなさい。
また,あとの問いに答えなさい。

　　アメリカ大統領（①　　　　　　　）が提唱した14か条にもと
づき,第一次世界大戦の講和会議でaヴェルサイユ条約が結ばれ

Guide

得点UP 大正政変

「閥族打破・憲政擁護」
のスローガンで民衆運動が
内閣を倒した最初の事件。
立憲政友会の尾崎行雄の議
会演説(下記)が有名である。
「彼等ハ常ニ口ヲ開ケバ直
ニ忠愛ヲ唱ヘ……其為スト
コロヲ見レバ,……彼等ハ
玉座ヲ以テ胸壁トナシ,詔
勅ヲ以テ弾丸ニ代ヘテ政敵
ヲ倒サントスルモノデハナ
イカ。……」

注意 第一次世界大戦と首相

①大隈重信…第一次世界大
　戦への参戦と袁世凱政権
　へ二十一か条の要求。
②寺内正毅…西原借款,石
　井・ランシング協定,シ
　ベリア出兵,米騒動。
③原敬…三・一独立運動,
　五・四運動,ヴェルサイ
　ユ条約,国際連盟加盟。
　首相在任中に暗殺された。
④高橋是清…ワシントン会
　議(四か国条約・九か国
　条約など)
⑤加藤友三郎…シベリアか
　らの撤兵。
特に原敬と高橋是清に注意。

た。1921年にはワシントン会議が開かれ、b一連の軍備制限条約が結ばれた。このことにより，1920年代はワシントン体制と呼ばれる相対的に安定した時代が続いた。日本も戦勝国として世界の安定に一定の貢献をした。とりわけ，4つの内閣で外務大臣をつとめた（②　　　　　　　　　）は国際協調外交につとめた。

(1) 下線部aに反対して中国でおこった反日運動は何か。

（　　　　　　　　　）

(2) 下線部bについて，日英同盟の廃棄が盛り込まれた条約は何か。

（　　　　　　　　　）

4 ［政党政治の確立］次の文章の①〜⑨について，（　）の中から適語を選びなさい。

　米騒動後に成立した①（ア　犬養毅　イ　原敬）内閣は②（ア　帝国大学令　イ　大学令）の制定など支持者向けの政策をおこなったが，普通選挙には冷淡で選挙の納税資格を③（ア　10円　イ　3円）に下げただけだった。1924年超然主義の④（ア　清浦奎吾　イ　山本権兵衛）内閣が成立すると，第二次護憲運動がおこり，立憲政友会・革新倶楽部・⑤（ア　政友本党　イ　憲政会）の護憲三派が選挙で圧勝した。⑥（ア　加藤友三郎　イ　加藤高明）内閣は普通選挙法と治安維持法を制定し，⑦（ア　日ソ中立条約　イ　日ソ基本条約）を結んでソ連との国交を樹立した。これ以降，立憲政友会と⑧（ア　立憲民政党　イ　立憲国民党）の二大政党による政党政治が⑨（ア　二・二六　イ　五・一五）事件まで続いた。

①（　　　）②（　　　）③（　　　）④（　　　）
⑤（　　　）⑥（　　　）⑦（　　　）⑧（　　　）⑨（　　　）

第1章　第2章　第3章　第4章　第5章　総合

得点UP　ワシントン体制

　第一次世界大戦後，厭戦感が強まった国際世界は，平和維持機関である**国際連盟**を設立。さらに，列強は，ワシントンで会議を開き，中国や太平洋における利害関係を調整し，主力艦の保有量についても制限を加えた。この結果，第一次世界大戦後の世界の体制をワシントン体制と呼ぶ。しかし，**パリ不戦条約**は有名無実で，制限された主力艦にかわって駆逐艦・潜水艦などの補助艦の建艦競争も続いた。

注意　ワシントン会議で締結された条約

①**四か国条約**…英・米・日・仏→太平洋諸島の領土，権益の尊重，**日英同盟廃棄**
②**九か国条約**…英・米・日・仏・伊・ベルギー・ポルトガル・オランダ・中国→中国の主権尊重，**門戸開放，機会均等，石井・ランシング協定破棄**
③**海軍軍備制限条約**…主力艦の保有量制限→英5　米5　日3　仏1.67　伊1.67

☑ サクッとCHECK

● 次の文が正しければ○，誤っていれば×を書きなさい。
❶ 大正政変後に成立した山本権兵衛内閣は虎の門事件の責任をとって総辞職した。（　　　）
❷ 第一次護憲運動の中で計画され，加藤高明が総裁となったのは立憲同志会である。（　　　）
❸ パリ講和会議における日本の全権代表は西園寺公望である。（　　　）
❹ ワシントン会議では，米英日仏伊の5か国で主力艦保有を制限する軍備制限条約を結んだ。（　　　）
❺ 朝鮮でおきた三・一独立運動に対し，寺内正毅内閣は軍隊を用いて弾圧した。（　　　）

● 次の各問いに答えなさい。
❻ 天皇機関説や政党内閣論を唱えた憲法学者はだれか。（　　　　　　　）
❼ 第一次護憲運動では，藩閥政府に対抗し「憲政の神様」と呼ばれた政治家はだれか。（　　　　　　　）
❽ 日本の紡績資本が中国各地に建設した紡績工場を何というか。（　　　　　　　）
❾ 寺内正毅内閣が段祺瑞に与えた借款を何というか。（　　　　　　　）
❿ 中国の経済上の門戸開放・機会均等を約束した条約は何か。（　　　　　　　）

重要 **1** [政党政治の発展] 次の文章中の空欄に適語や数字を入れ,あとの問いに答えなさい。[名城大一改]

　a大正政変をきっかけとして民衆運動は高揚し,政治参加の拡大を求める国民の声はますます強まっていった。ところが,第2次(①　　　　　　　)内閣が総辞職すると,元老の山県有朋の推薦によって寺内正毅が内閣を組織することになった。寺内内閣は第一次世界大戦中ということもあって外交政策の統一をはかるためにb臨時外交調査会を設置し,ここに政党の代表をとり込むことで挙国一致内閣を実現しようとした。寺内内閣はc米騒動の責任を追及されるなかで退陣し,立憲政友会総裁の原敬が首相となった。原はd朝鮮総督や台湾総督に文官でも就任できるようにしたり,有権者の納税資格を直接国税(②　　　　)円以上への引き下げなどをおこなったが,1921年に東京駅で刺殺された。次に(③　　　　　　　)が立憲政友会総裁に就任して後継内閣を組織したが短命に終わり,そのあと,海軍大将のe加藤友三郎,海軍出身の山本権兵衛,官僚出身の清浦奎吾と非政党内閣が続き,さらに清浦が陸・海相と外相を除く全閣僚を貴族院から選出したことで,f憲政会・立憲政友会・革新倶楽部の三党は反発を強め,憲政擁護運動をおこした。1924年1月に清浦内閣は議会を解散して総選挙に臨んだが,結果は惨敗に終わった。総選挙での敗北を受けて清浦内閣は退陣し,かわって憲政会総裁の加藤高明が3党による連立内閣を組織した。加藤内閣は,1925年5月に衆議院議員選挙法を改正し,g男子普通選挙制を実現した。こうして加藤高明内閣の成立から1932年の五・一五事件までの約8年間「憲政の常道」が続くことになった。

(1) 下線部aの中で,組閣からわずか50日余りで退陣に追い込まれた内閣総理大臣はだれか。
　　　　　　　　　　　　　　　　　　　　　　　　　　　　　　(　　　　　　　　　)

(2) 下線部bで決定され,1918年8月から1922年10月までの間,ロシア革命に干渉する目的で実施された軍事行動を何と呼ぶか。　　　　　　　　　　　(　　　　　　　　　)

(3) 下線部cのきっかけとなる最初の騒動がおきた道府県はどこか。　(　　　　　　　　　)

(4) 下線部dについて,三・一独立運動後,原の起用によってこれに就任した斎藤実が武断政治からの転換をはかって実施した朝鮮統治政策を何と呼ぶか。　(　　　　　　　　　)

(5) 下線部eについて,1915年8月以来,海軍大臣をつとめてきたこの人物が首席全権委員として出席し海軍軍備制限や極東・太平洋問題を協議した国際会議は何か。
　　　　　　　　　　　　　　　　　　　　　　　　　　　　　　(　　　　　　　　　)

(6) 下線部fの3党を総称して何と呼ぶか。　　　　　　　　　　(　　　　　　　　　)

(7) 下線部gについて,次の各問いに答えよ。

　① これと同時期に成立し,当初は共産主義思想の波及を防ぐ目的で制定された法律は何か。
　　　　　　　　　　　　　　　　　　　　　　　　　　　　　　(　　　　　　　　　)

記述 ② ①で禁じた内容について,「国体」,「否認」の語句を用いて,簡潔に答えよ。

(　　　　　　　　　　　　　　　　　　　　　　　　　　　　　　　　　　　　　)

重要 **2** ［第一次世界大戦以降の日本外交］次の文章を読み，あとの問いに答えなさい。　　［同志社大一改］

　日本は，第一次世界大戦が勃発すると，<u>a</u>ドイツに対して宣戦布告し，各地に存在した<u>b</u>ドイツ権益地を攻撃した。また，大隈重信内閣は，中華民国大総統であった袁世凱（おおくましげのぶ）（ユアンシーカイ）に対し，<u>c</u>二十一か条の要求を突きつけた。こうした日本の中国権益の拡大に不信感をもった<u>d</u>アメリカとの間で 1917 年に協定を結んだ。ヨーロッパでは講和会議がパリで開かれ，その 1 つの焦点となった<u>e</u>民族自決は，日本の植民地支配にも大きなインパクトを与えた。講和会議では<u>f</u>ヴェルサイユ条約が調印され，その後開催されたワシントン会議では，新たな国際秩序が形成されワシントン体制と呼ばれた。会議では太平洋における現状の維持と紛争の話し合いによる解決を決めた<u>g</u>四か国条約，英米仏日伊の間で主力艦の保有制限などをとり決めたワシントン海軍軍備制限条約が締結された。これらの国際的協約にもとづき，<u>h</u>日本も協調外交を進めた。

(1) 下線部 **a** について，第一次世界大戦への参戦を決定した内閣で外務大臣をつとめた人物はだれか。　（　　　　　　）

(2) 中国における下線部 **b** が存在した地域を，右の地図中の**ア～エ**から選べ。　（　　　　　　）

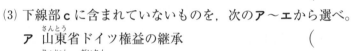

(3) 下線部 **c** に含まれていないものを，次の**ア～エ**から選べ。　（　　　　　　）
　　ア 山東省ドイツ権益の継承（さんとう）
　　イ 旅順・大連租借期限の延長（りょじゅん）（だいれん）
　　ウ 漢冶萍公司の日中共同経営（かんやひょうコンス）　**エ** 北京周辺への駐兵権（ペキン）

(4) 下線部 **d** について，次の各問いに答えよ。
　　① この協定の名称を答えよ。　（　　　　　　）
　　② この協定を結んだ際のアメリカの主張を，次の**ア～エ**から選べ。　（　　　　　　）
　　　　ア 秘密外交の撤廃　　**イ** 満韓交換論　　**ウ** 門戸開放　　**エ** 軍備縮小

(5) 下線部 **e** に関連して，1919 年に朝鮮でおきた運動は何か。　（　　　　　　）

(6) 下線部 **f** のうち日本に関わるものとして正しいものを，次の**ア～エ**から選べ。　（　　　　　　）
　　ア 日本は山東半島のドイツ権益の継承を認められた。
　　イ 日本は長春以南の鉄道利権を得た。（ちょうしゅん）
　　ウ 日本に遼東半島が割譲された。（りょうとう）
　　エ 日本は沿海州・カムチャツカの漁業権を獲得した。（えんかい）

(7) 下線部 **g** の締結後に廃棄された協約は何か。　（　　　　　　）

(8) 下線部 **h** について，この外交を推進した，憲政会・立憲民政党内閣時の外相はだれか。
　　　　　　　　　　　　　　　　　　　　　　　　　　　　　　　（　　　　　　）

Hints

1 (4)武力による「武断政治」にかわり，憲兵警察制度を廃止したりした政治のこと。
　　(7)②「国体」とは天皇制を意味している。
2 (2)ドイツが租借していたのは山東半島の膠州湾である。（こうしゅうわん）（チャオチョウ）
　　(4)②アメリカは中国における日本の特殊権益を認めた。

STEP **3** チャレンジ問題 **4**

解答➡ 別冊 20 ページ

1 次の文章を読み，あとの問いに答えなさい。 ［獨協大一改］

　1914 年に，第一次世界大戦が始まると，第 2 次大隈重信内閣は，日英同盟を理由に参戦した。日本経済は，1915 年になると，a大戦景気と呼ばれる空前の好景気を迎えたが，その一方で，物価の高騰をまねいた。とりわけ，寺内正毅内閣がbシベリア出兵を決定すると，米の投機的買占めが横行して米価は急騰した。1918 年，ドイツが降伏し，第一次世界大戦は連合国側の勝利に終わった。翌年にパリで講和会議が開かれ，5 大連合国の一員である日本も西園寺公望らを全権として派遣した。ヴェルサイユ条約が調印され，ヨーロッパでは新しい国際秩序がつくられた。日本はウィルソンの提議により 1920 年に設立された国際連盟に加盟し，翌年からcワシントン会議に参加した。

(1) 下線部 **a** の時期のでき事として正しいものを，次の**ア～エ**から選べ。

　ア 日本の貿易は，輸入超過が続いた。

　イ ドイツからの輸入が途絶え，化学工業が勃興した。

　ウ 八幡製鉄所と財閥系製鉄会社の合併によって日本製鉄会社が生まれた。

　エ 東京・黒部間の送電が開始され，工業用動力源の蒸気から電力への転換が進んだ。

(2) 下線部 **b** に関連する説明として正しいものを，次の**ア～エ**から選べ。

　ア 日本は，大戦終了後，列国と同時にシベリアから撤兵した。

　イ アメリカは，シベリアのイギリス軍救援を名目とする共同出兵を提唱した。

　ウ 日本は，シベリアと北満洲に出兵した。

　エ シベリアからの撤兵直後，日本はソ連と日ソ中立条約を結んだ。

(3) 下線部 **c** の日本全権として誤っているものを，次の**ア～エ**から選べ。

　ア 徳川家達　　**イ** 加藤友三郎　　**ウ** 山本権兵衛　　**エ** 幣原喜重郎

(1)	(2)	(3)

2 次の史料を読み，あとの問いに答えなさい。 ［法政大一改］

第一号（前文略）

　第一条　支那国政府ハ，（　①　）国ガ山東省ニ関シ条約其他ニ依リ支那国ニ対シテ有スルー切ノ権利利益譲与等ノ処分ニ付，日本国政府ガ（①）国政府ト協定スベキ一切ノ事項ヲ承認スベキコトヲ約ス。

第二号　日本国政府及支那国政府ハ，支那国政府ガ（　②　）及（　③　）ニ於ケル日本国ノ優越ナル地位ヲ承認スルニヨリ，茲ニ左ノ条款ヲ締約セリ。

　第一条　両締約国ハ，（　④　）租借期限竝（②）及安奉両鉄道各期限ヲ何レモ更ニ九十九ケ年ヅツ延長スベキコトヲ約ス。……

第五号

一，中央政府ニ政治財政及（　⑤　）顧問トシテ有力ナル日本人ヲ傭聘セシムルコト。

(1) ①〜⑤に入る適語を，次の**ア〜ソ**から選べ。

    ア 農政   **イ** 軍事   **ウ** 教育   **エ** 独逸（ドイツ）   **オ** 英吉利（イギリス）   **カ** 合衆国

    キ 旅順大連（りょじゅんだいれん）   **ク** 奉天（ほうてん）   **ケ** 長春（チャンチュン）   **コ** 台湾（たいわん）   **サ** 南満洲（まんしゅう）   **シ** 満洲

    ス 東部内蒙古（ないもうこ）（ネイモンクー）   **セ** 西部内蒙古   **ソ** 東部外蒙古

(2) この史料の要求にもとづく条約が成立した年を，次の**ア〜エ**から選べ。なお，すべて誤っている場合は**オ**を答えよ。

    ア 1911年   **イ** 1914年   **ウ** 1915年   **エ** 1921年

(3) この史料の要求に関する承認を撤回したいという中国の主張が，パリ講和会議で拒否されたことでおきたでき事を，次の**ア〜エ**から選べ。なお，すべて誤っている場合は**オ**を答えよ。

    ア 五・四運動   **イ** 国共内戦   **ウ** 三・一独立運動   **エ** 辛亥革命（しんがい）

(4) この史料の要求がなされた際の，支那国政府（しな）を主導した人物を，次の**ア〜エ**から選べ。

    ア 段祺瑞（だんきずい）（トワンチーロイ）   **イ** 張作霖（ちょうさくりん）（チャンツオリン）   **ウ** 蔣介石（しょうかいせき）（チアンチェシー）   **エ** 袁世凱（えんせいがい）（ユアンシーカイ）

(5) この史料の要求にもとづく条約締結交渉を推し進めた時の，日本側の内閣総理大臣を，次の**ア〜エ**から選べ。なお，すべて誤っている場合は**オ**を答えよ。

    ア 寺内正毅（てらうちまさたけ）   **イ** 西園寺公望（さいおんじきんもち）   **ウ** 原敬（はらたかし）   **エ** 加藤高明（かとうたかあき）

(1)	①	②	③	④	⑤

(2)	(3)	(4)	(5)

3 次の文章中の空欄に入る適語を答えなさい。また，あとの問いに答えなさい。　［九州大一改］

  1918年（ ① ）総裁原敬による内閣が成立した。原内閣は，衆議院議員の選挙権について，納税資格をこれまでの<u>a直接国税10円以上</u>から3円以上に引き下げた。また，1919年には<u>b第一次世界大戦</u>の講和条約（きょうわけいご）が調印された。1924年，清浦奎吾内閣を批判する憲政会などの政党は，憲政擁護運動をおこし，同年の総選挙で憲政会が衆議院の第一党となり，（ ② ）を首班とする連立内閣が組織された。この内閣のもとで普通選挙法が成立し，その後，2大政党である（①）と憲政会（のち<u>c立憲民政党</u>）の総裁が交代で内閣を組織する「憲政の常道」が続いた。

[難問] (1) 下線部**a**について，納税資格を直接国税15円から引き下げた首相はだれか。

(2) 下線部**b**がおこなわれているなか，南満洲鉄道株式会社が満洲に設立した製鉄所は何か。

[記述] (3) 下線部**c**に関連して，この政党の総裁である浜口雄幸（はまぐちおさち）内閣のもとで日本が結んだ海軍軍備制限条約の内容を，日本に関することを中心に説明せよ。

①	②	(1)

(2)	(3)	

17 近代産業の発展と市民生活の変容

STEP 1 基本問題

解答⊕別冊20ページ

1 [日本の産業革命] 次の文章中の空欄に入る適語を答えなさい。

A **第1次産業革命**…日清戦争前後，綿糸生産をおこなう（①　　　　）業を中心に進行した。渋沢栄一が設立した（②　　　　　　）会社が機械制生産に成功してから，各地に機械紡績が広がった。

B **第2次産業革命**…日露戦争前後に重工業で進行した。官営（③　　　　　）製鉄所に加えて日本製鋼所など民間の製鋼会社も設立され，払下げられた三菱（④　　　　）造船所などが造船水準を上げた。政府は1896年の航海奨励法や1906年の（⑤　　　　）国有法で原材料・製品などの輸送を保護した。

2 [社会問題の発生] 次の文章中の空欄に入る適語を，あとの**ア～テ**から選びなさい。

農業では桑栽培や養蚕が盛んになり，1909年に日本は世界第1位の（①　　　）輸出国となった。しかしデフレをまねいた（②　　　）財政の影響で中小自作農が没落し，（③　　　）地主が増えてきた。その結果，小作・貧農層の子女が家計補助のため繊維産業で長時間・低賃金労働をするようになった。日本初の（④　　　）はこうした女工がおこした。アメリカ帰りの（⑤　　　）や片山潜は（⑥　　　）を結成し，鉄工組合など日本初の労働組合が生まれた。こうした労働運動の高揚に対して（⑦　　　）内閣は治安（⑧　　　）法を制定して取り締まりを強化した。しかし日露戦争後に労働争議が急増したので（⑨　　　）内閣は1911年に労働者保護法である（⑩　　　）を制定した。⑩は，1日（⑪　　　）時間労働制や労働者（⑫　　　）人未満の工場には適用しないなど不十分な内容のうえに，資本家の反対もあって，施行されたのは1916年であった。

ア 生糸　　イ 綿糸　　ウ ストライキ　　エ 日本鉄道矯正会

オ 労働組合期成会　　カ 松方　　キ 質地

ク 寄生　　ケ 工場法　　コ 警察　　サ 維持

シ 高野房太郎　　ス 山県有朋　　セ 幸徳秋水

ソ 桂太郎　　タ 8　　チ 12　　ツ 15　　テ 20

Guide

▶松方財政

増税と軍事費を除く支出削減をおこない，不換紙幣の整理をおこなった(デフレ政策)。また日本銀行を設立して銀本位制を確立した。官営工場・鉱山の払下げも推進したので，日本の資本主義の基礎が確立した。

▶金本位制

政府保有の金の量にもとづき通貨を発行する制度。1897年の貨幣法で確立。

▶特殊銀行

貿易の発展や金融の安定のために政府が設立した銀行。入試でよく出るのは台湾銀行や横浜正金銀行など。

⚠ 注意 産業に関連する重要人物

渋沢栄一は国立銀行条例の制定(第一国立銀行の設立)。臥雲辰致はガラ紡の発明。豊田佐吉は国産力織機の開発。岩崎弥太郎は台湾出兵など海上輸送で政府に協力し，のちに三菱財閥の基礎を確立した。

📖 参考 工場法の主な内容

①15人以上を使用する工場に適用。

②12時間…少年少女の就業時間の限度。製糸業には14時間労働許可。

③少年少女の深夜業禁止…紡績業は，期限付きで許可。

3 ［社会主義運動と大正デモクラシー］次の文章の①～⑫について，
（　）の中から適語を選びなさい。

　右図の①（ア　田中正造　イ　横山源之助）が足尾銅
山の鉱毒問題に取り組み，1901年に銅山の操業停
止を天皇に直訴したころ，社会主義運動も高揚しつ
つあった。1898年に②（ア　高野房太郎　イ　片山潜）
や安部磯雄らが社会主義の研究会を結成したのが始
まりで，1901年に結成された③（ア　社会民主党　イ　日本社会
党）が社会主義政党の初めであった。日露戦争後には④（ア　社会
民主党　イ　日本社会党）が結成された。

　第一次世界大戦の前後から普通選挙を求める民衆の運動が高ま
った。労働分野では⑤（ア　日本労働総同盟　イ　日本労働組合総
同盟）が政治的要求を含む運動をすすめ，女性分野では⑥（ア　新
婦人協会　イ　青鞜社）が治安警察法の改正を実現させた。さらに，
部落の差別をなくそうと⑦（ア　解放同盟　イ　全国水平社）が結成
された。また，⑧（ア　日本社会党　イ　日本共産党）が非合法に結
成された。これらの背景には，⑨（ア　美濃部達吉　イ　吉野作造）
の民本主義思想と⑩（ア　小学校　イ　中学校）就学率が97％をこ
え，バスの車掌やタイピストなどの職業婦人の増加，『中央公論』
や⑪『（ア　改造　イ　太陽）』などの総合雑誌，1冊1円の⑫
（ア　文庫本　イ　円本）の普及など活字文化による社会の発展があ
った。　①（　　　）　②（　　　）　③（　　　）　④（　　　）
　　　　　⑤（　　　）　⑥（　　　）　⑦（　　　）　⑧（　　　）
　　　　　⑨（　　　）　⑩（　　　）　⑪（　　　）　⑫（　　　）

第1章
第2章
第3章
第4章
第5章
総合

得点UP　社会主義運動

　1898年の社会主義研究
が始まり。1901年に日本
初の社会主義政党として**社
会民主党**が結成されたが，
治安警察法で即日解散させ
られた。1906年，**日本社
会党**が初めて社会主義の合
法政党と認められた。

参考　小学校教育

　1886年の**学校令**で4年
間の義務教育となり，
1903年には国定教科書制
度が始まり，1907年（日
露戦争後）には義務教育が
6年間となった。この間に
就学率は向上し，1911年
には約98％に達した。

注意　雑誌と円本，文庫

　教育の普及にともない，
『中央公論』や『改造』と
いった総合雑誌が流行した。
1冊1円の**円本**は安価な文
学全集として購読された。
また，岩波文庫が昭和初期
に創刊されたほか，マルク
ス主義が知識人に浸透し，
『種蒔く人』などのプロレタ
リア文学雑誌も創刊された。

☑ **サクッとCHECK**

● 次の文が正しければ○，誤っていれば×を書きなさい。
❶ 1882年に設立した日本銀行は金兌換の銀行券を発行し，これにより金本位制が確立した。（　　　）
❷ 貿易金融を目的に設立された銀行が横浜正金銀行である。（　　　）
❸ 1890年代の日本の鉄道は，日本鉄道会社など民営鉄道の営業距離のほうが長かった。（　　　）
❹ 片山潜が結成した友愛会は日本労働総同盟と改称し，日本初のメーデーを開催した。（　　　）
❺ 大正時代には『キング』などの大衆雑誌，『中央公論』などの総合雑誌が流行した。（　　　）

● 次の各問いに答えなさい。
❻ 横山源之助が著した産業社会のひずみを指摘した著書は何か。（　　　　　）
❼ 財閥の頂点に立ち諸企業の株式を保有する会社を何というか。（　　　　　）
❽ 原子構造の解明に寄与した物理学者はだれか。（　　　　　）
❾ 民間伝承など，民衆の生活史を研究する民俗学を始めたとされる人物はだれか。（　　　　　）
❿ 和洋折衷の住宅で都市郊外に普及し始めた一戸建て住宅を何というか。（　　　　　）

重要 **1** ［紡績業の発展］次の文章を読み，あとの問いに答えなさい。　　　　　　　［明治学院大一改］

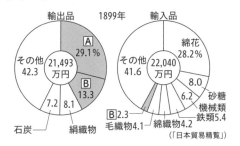

右のグラフは 1899 年における日本の輸出入品の割合を示している。Ａは幕末以来最大の輸出品である（ a ）を表す。一方，輸出・輸入の両方にあるＢは，紡績業で生産する（ b ）を表している。この紡績業は次のように発展してきた。1882 年 c 渋沢栄一（しぶさわえいいち）を中心に創設された大阪紡績会社が（ d ）を動力として用いる機械制大生産を実現した。この成功が契機となり各地に同様の工場が多数設立された。この結果，臥雲辰致（がうんときむね）が発明した（ e ）による工場は圧迫され，1897 年には（b）の輸出高が輸入高を超え，グラフに示すような数値となったのである。一方，（ a ）の生産は（ f ）製糸が一般的であったが，（ g ）製糸によるマニュファクチュアが増加していった。その結果，1894 年には（g）製糸による生産高が（f）製糸の生産高を上回り，グラフのように輸出品首位の座は続いたのである。

(1) a に入る品目を答えよ。　　　　　　　　　　　　　　　　　　（　　　　　）

(2) b に入る品目を答えよ。　　　　　　　　　　　　　　　　　　（　　　　　）

(3) 下線部 c の人物の尽力により 1873 年に創立したものを，次のア～エから選べ。（　　　　　）

　　ア 日本郵船会社　　イ 第一国立銀行　　ウ 関西貿易社　　エ 日本鉄道会社

(4) d，e にあてはまる語の正しい組み合わせを，次のア～エから選べ。　（　　　　　）

　　ア d—蒸気機関　e—ガラ紡　　イ d—電力　e—ガラ紡
　　ウ d—蒸気機関　e—座繰（ざぐり）　　エ d—電力　e—座繰

(5) f，g にあてはまる語の正しい組み合わせを，次のア～エから選べ。　（　　　　　）

　　ア f—座繰　g—高機（たかばた）　　イ f—座繰　g—器械
　　ウ f—高機　g—座繰　　エ f—高機　g—器械

2 ［社会問題］次の文章を読み，あとの問いに答えなさい。　　　　　　　　　　［明治大一改］

産業革命は多くの賃金労働者を生み出した。しかし， a 劣悪な環境下で低賃金労働を長時間強いられた工場労働者は，19 世紀末になると， b 労働組合を結成し，ストライキをおこして待遇改善を要求するようになった。20 世紀になると，こうした労働運動は c 社会主義運動と結びつき，労働争議が増加していくことになる。

(1) 下線部 a の実態を調査し，『職工事情』（しょっこうじじょう）を刊行した官庁を，次のア～エから選べ。

　　ア 内務省　　イ 農商務省　　ウ 工部省　　エ 労働省　　　　（　　　　　）

(2) 下線部 b を呼びかけた労働組合期成会の中心人物を，次のア～エから選べ。　（　　　　　）

　　ア 鈴木文治（すずきぶんじ）　　イ 堺利彦（さかいとしひこ）　　ウ 高野房太郎（たかのふさたろう）　　エ 管野スガ（かんの）

(3) 下線部 c に関連して，日本初の社会主義政党を，次のア～エから選べ。　（　　　　　）

　　ア 社会民主党　　イ 労働農民党　　ウ 日本社会党　　エ 社会大衆党

3 ［重工業の発展］次の文章を読み，あとの問いに答えなさい。

［龍谷大一改］

a重工業は日清戦争後の軍備拡張路線のもとで発展し，b官営の八幡製鉄所が設立され，民営の工場も政府の保護をうけて発達した。また，c軍事工場と鉄道を除く官営事業は1884年ごろから次々と民間に払下げられ，d工場・鉱山等の払下げをうけた政商は財閥に成長していった。こうして産業革命は生活様式の近代化を後押ししたが，一方でe足尾鉱毒事件のような社会問題を発生させることになった。こうした状況に対し，政府はf工場法を制定して労働者保護にのり出していった。

(1) 下線部 a に関連して，日清戦争後から明治末年までの重工業および電力業の発展についての説明として誤っているものを，次から選べ。　　　　　　　　　　（　　　）

　ア　民間造船業の保護育成のために造船奨励法が公布された。

　イ　官営の日本製鋼所が設立され，主に海軍向けの兵器が生産された。

　ウ　水力発電による電力事業が本格化し，電灯の普及が進んだ。

　エ　池貝工場（のちの池貝鉄工所）は先進国並みの高精度旋盤の製作に成功した。

(2) 下線部 b について述べた次の文 I・II の正誤の正しい組み合わせを，あとから選べ。

　　I：イギリスの技術を導入して，1901年に操業を開始した。　　　（　　　）

　　II：清国の大冶鉄山を重要な鉄鉱石輸入先としていた。

　ア　I—正　II—正　　　イ　I—正　II—誤　　　ウ　I—誤　II—正　　　エ　I—誤　II—誤

(3) 下線部 c の払下げを推進した薩摩出身の大蔵卿（大蔵大臣）を，次から選べ。（　　　）

　ア　井上馨　　　イ　大隈重信　　　ウ　黒田清隆　　　エ　松方正義

(4) 下線部 d の政商・財閥のうち，日本郵船会社や長崎造船所などを経営したものを，次から選べ。

　ア　三井　　　イ　住友　　　ウ　三菱　　　エ　安田　　　　　　　　　（　　　）

(5) 下線部 e で被害をうけたのは何という河川の流域か。次から選べ。　　　（　　　）

　ア　阿賀野川　　　イ　渡良瀬川　　　ウ　利根川　　　エ　信濃川

(6) 下線部 f の説明として正しいものを，次から選べ。

　ア　1911年に制定・施行された。　　（　　　）

　イ　労働者の最低年齢は16歳と定められた。

　ウ　職工15人未満の工場には適用されなかった。

　エ　女性・年少者の労働時間の限度は8時間と定められた。

(7) 1896年に帰国して白馬会を設立し，右図の絵画を代表作の1つとする画家を，次から選べ。　（　　　）

　ア　黒田清輝　　　イ　浅井忠　　　ウ　高橋由一　　　エ　高村光雲

Hints

2 (1) 内務省は殖産興業政策の中心だったが，1881年から正解（(1)の解答）の省へその分野を移管した。

3 (1) 日本製鋼所は日露戦争後に設立された民間会社である。

　(7) 滞仏中に描いた，図の「読書」や帰国後に描いた「湖畔」が有名である。

95

1 ［明治時代の文化］次の文章中の空欄に入る適語を答えなさい。また，あとの問いに答えなさい。

［京都産業大・法政大一改］

　明治時代初期には，自由民権運動の盛り上がりとともに a政治思想の宣伝を目的とする政治小説が書かれた。しかし，1880 年代中ごろになると，西洋文学の影響で人情や世相をありのままに描こうとする写実主義が提唱され，近代文学の出発点となった。その代表的作家が坪内逍遙であり，b尾崎紅葉を中心とした文学団体であった。次いで日清戦争ごろになると，個人の感情を尊重し，空想や恋愛を重んじるロマン主義がおこった。雑誌『文学界』を創刊した（①　　　　　　　）がその中心で，樋口一葉・島崎藤村・c森鷗外らが活躍した。明治の末年になると，知識人長井代助の愛に悩むすがたを主題とした『それから』を書いた（②　　　　　　　）が独自の文学を発表した。次いで 1910 年代（明治末〜大正）には，雑誌『（③　　　　）』を創刊した武者小路実篤や志賀直哉らの作品が大衆に好まれた。絵画の分野においては，明治政府は工部美術学校を設立し，（　A　）が浅井忠らに洋画を教え，浅井忠らは明治美術会を結成した。また，フランス印象派の画風を学んだ黒田清輝の教えをうけた（④　　　　　　）は右の作品「海の幸」を描いている。一方，東京美術学校は日本の伝統的な美術の再興に力を入れ，（　B　）が岡倉天心とともに尽力した。

(1) 下線部 a の代表的作家である矢野龍溪の作品を，次のア〜エから選べ。　　　　（　　　）

　　ア『自由之理』　　イ『西洋事情』　　ウ『経国美談』　　エ『佳人之奇遇』

(2) 下線部 b にあてはまる文学団体を，次のア〜エから選べ。　　　　　　　　　（　　　）

　　ア 文芸協会　　イ 硯友社　　ウ 新詩社　　エ 春陽会

(3) 下線部 c の作品を，次のア〜エから選べ。　　　　　　　　　　　　　　　（　　　）

　　ア『舞姫』　　イ『たけくらべ』　　ウ『暗夜行路』　　エ『蒲団』

(4) A，B に入る外国人の正しい組み合わせを，次のア〜エから選べ。　　　　　（　　　）

　　ア A—コンドル　　B—フェノロサ　　イ A—フォンタネージ　　B—フェノロサ

　　ウ A—コンドル　　B—ビゴー　　　　エ A—フォンタネージ　　B—ビゴー

重要 **2** ［大正時代の社会と文化］次の文章を読み，あとの問いに答えなさい。[(1)〜(3)(6)関西学院大・(4)(5)法政大一改]

　大正デモクラシーと呼ばれる新しい民主主義の時代を迎えると，市民生活も様変わりした。aマス゠メディアの発達や工業化にともなう b都市化などにより，労働者やサラリーマンなどの一般勤労者を担い手とする大衆文化が誕生した。c学問の分野でも新しい傾向が生まれ，文壇にも新しい動きが現れた。d耽美派や，人道主義を特色とする白樺派，新思潮派とされる作家たちがすぐれた作品を発表し活躍した。e社会主義運動や労働運動が高揚しはじめると，プロレタリア文学が盛り上がりを見せ，小林多喜二や徳永直などが活躍した。また，教育熱の

高まりや資本主義の発達による人材養成のために f 教育機関の拡充もはかられた。

(1) 下線部 a の説明として正しいものを，次の**ア〜ウ**から選べ。なお，すべて誤っている場合はエを答えよ。　　　　　　　　　　　　　　　　　　　　　　　　（　　）

　　ア 新聞の発行部数が，大正初期に 100 万部を超える有力紙も現れた。

　　イ 大正末にラジオ放送が始まり，満洲事変の年には受信契約者が 100 万人を超えた。

　　ウ 総合雑誌は，明治時代に『文藝春秋』などが創刊され，明治末になって『太陽』や『中央公論』が創刊された。

(2) 下線部 b に関連して，大正・昭和初期の都市文化についての説明として誤っているものを，次の**ア〜エ**から選べ。　　　　　　　　　　　　　　　　　　　　　　　　（　　）

　　ア 大都市では電話交換手やタイピストなどの仕事をもつ職業婦人が増えた。

　　イ 都心や郊外電車のターミナルにはデパートがつくられるようになった。

　　ウ 関東大震災後に都市計画法が制定され，都市改造が始まった。

　　エ 繁華街では，モボやモガと呼ばれる当世風の男女が見られた。

(3) 下線部 c の説明として誤っているものを，次の**ア〜エ**から選べ。　　　　（　　）

　　ア 西田幾多郎は，『善の研究』で独自の哲学を打ち立てた。

　　イ 野呂栄太郎は，マルクス主義経済学の立場から『貧乏物語』を著して逮捕された。

　　ウ 津田左右吉は，『古事記』などに歴史的事実ではない記述があることを論証した。

　　エ 柳田国男は，民間伝承の調査・研究を通じて民俗学の基礎をきずいた。

(4) 下線部 d に関連する作家とその作品名の組み合わせとして誤っているものを，次の**ア〜オ**からすべて選べ。　　　　　　　　　　　　　　　　　　　　　　　　（　　）

　　ア 永井荷風—『腕くらべ』　　**イ** 有島武郎—『鼻』　　**ウ** 谷崎潤一郎—『痴人の愛』

　　エ 菊池寛—『恩讐の彼方に』　　**オ** 武者小路実篤—『こころ』

(5) 下線部 e に関連して，日本農民組合の結成を指導した人物を，次の**ア〜オ**から 2 つ選べ。

　　　　　　　　　　　　　　　　　　　　　　　　　　　　（　　）（　　）

　　ア 西光万吉　　**イ** 賀川豊彦　　**ウ** 吉野作造　　**エ** 杉山元治郎　　**オ** 森戸辰男

(6) 下線部 f についての説明として正しいものを，次の**ア〜ウ**から選べ。なお，すべて誤っている場合はエを答えよ。　　　　　　　　　　　　　　　　　　　　　　　　（　　）

　　ア 大学令が公布され，単科大学や公立・私立大学の設立が認められた。

　　イ 尋常小学校の義務教育が 4 年間から 6 年間に延長された。

　　ウ 学校教育法が制定され，6・3・3・4 制が実施された。

Hints

❶ (3)『たけくらべ』は樋口一葉，『暗夜行路』は志賀直哉の作品である。

　　(4)コンドルは，「ニコライ堂」を設計監督した建築家である。

❷ (2)都市計画法は，日本初の体系的な都市計画の基本法で，1919 年に公布された。

　　(5)アは，全国水平社設立の中心人物で，「水平社宣言」の起草者。

18 世界恐慌と軍部の台頭

第4章 近代の日本と世界

STEP 1　基本問題

解答⊖ 別冊 21 ページ

1 ［恐慌の時代］次の文章中の空欄に入る適語を答えなさい。

A 戦後恐慌…第一次世界大戦後，ヨーロッパ諸国の復興で輸入超過となり日本経済は苦境に立たされた。また，1923 年におきた（①　　　　　　）で，さらに不況がひどくなった。

B 金融恐慌…震災で決済不能となった（②　　　　　　）の処理を議会で審議中に蔵相の失言があったため，中小銀行への（③　　　　　　）騒ぎがおこった。また（④　　　　　　）の多額の不良債権も明らかになった。（⑤　　　　　　）内閣は勅令による緊急融資を計画したが，（⑥　　　　　　）の反対で実現せず，次の（⑦　　　　　　）内閣による支払猶予令〔（⑧　　　　　　）〕で状況は沈静化した。

C 昭和恐慌…慢性化した不況に対し，浜口雄幸内閣の（⑨　　　　　　）大蔵大臣は産業の合理化をすすめ，（⑩　　　　　　）制への復帰を対策とした。そして 1930 年には（⑪　　　　　　）を断行したが，前年にアメリカから始まった（⑫　　　　　　）恐慌にまきこまれて大不況となった。

2 ［協調外交の挫折］次の文章の（　　）の中から適語を選びなさい。

　1920 年代の世界は軍縮と植民地不拡大の気運が高まっていた。立憲政友会の高橋是清内閣は，太平洋域の現状維持を決めた①（ア 四か国　イ 九か国）条約，中国の主権と領土を尊重する②（ア 四か国　イ 九か国）条約，③（ア ロンドン　イ ワシントン）海軍軍備制限条約を締結した。これ以降，④（ア 幣原喜重郎　イ 松岡洋右）が外務大臣をつとめる内閣は欧米との協調外交をすすめた。1930 年に⑤（ア 浜口雄幸　イ 若槻礼次郎）内閣は補助艦の保有を制限する⑥（ア ロンドン　イ ワシントン）海軍軍備制限条約を締結したが，海軍軍令部や右翼が天皇のもつ⑦（ア 大権　イ 統帥権）の干犯であると反対した。この反対を押しきって条約を批准した（⑤）首相は右翼の青年に狙撃された。この後，軍部を中心にファシズム勢力が台頭するようになった。

①（　　）②（　　）③（　　）④（　　）
⑤（　　）⑥（　　）⑦（　　）

Guide

得点UP

▶高橋財政
　井上準之助蔵相による金解禁政策が失敗したあと，高橋是清蔵相は金輸出再禁止をおこなった。また赤字公債を発行して軍需部門に資金を投入した。このためインフレが進み，同時に円安が進行した。この結果，重化学工業の発展と，綿製品の輸出が急増した。日産・日窒など新興財閥が朝鮮・満洲にコンツェルンを築き，1937 年には重化学部門の生産額が工業生産全体の約 55 ％に増加した。

▶国家改造
　政党や財閥に反発する急進派将校や右翼は，軍部独裁政権の樹立を目ざした。そうした動きの中でおこったのが五・一五事件の犬養毅首相射殺であり，血盟団による前蔵相の井上準之助と三井合名理事長の団琢磨の暗殺であった。

注意 ⚠ 軍部大臣現役武官制

　軍部大臣現役武官制は 1900 年山県有朋内閣時に制定され，大正政変後の山本権兵衛内閣が現役規定を削除したが，二・二六事件後の広田弘毅内閣が復活させた。広田内閣は，帝国国防方針を改訂して軍備の拡張を実施し，大陸進出・南方進出を国策とした。

3 [満洲事変] 次の年表中の空欄に入る適語を，あとの**ア〜シ**から選びなさい。また，あとの問いに答えなさい。

1927 年	中国国民革命軍の北伐に対し（ ① ）出兵をおこなう。

1927 年　中国国民革命軍の北伐(ほくばつ)に対し（ ① ）出兵をおこなう。

1928 年　関東軍が北方軍閥の（ ② ）を爆殺する。

1931 年　（ ③ ）事件(じけん)から満洲事変が始まる。

1932 年　（ ④ ）を執政(しっせい)とする満洲国が建国。

　　　　a満洲国承認をしぶる（ ⑤ ）首相が射殺される。

　　　　（ ⑥ ）内閣が日満議定書(にちまん)を結ぶ。

1933 年　b国際連盟が（ ⑦ ）調査団の報告書にもとづく総会決議を採択→日本は国際連盟を脱退。

ア 盧溝橋(ろこうきょう)　**イ** 柳条湖(りゅうじょうこ)　**ウ** 溥儀(ふぎ)
エ 汪兆銘(おうちょうめい)　**オ** 斎藤実(さいとうまこと)　**カ** 若槻礼次郎(わかつきれいじろう)
キ 犬養毅(いぬかいつよし)　**ク** 張作霖(ちょうさくりん)　**ケ** 張学良(ちょうがくりょう)
コ 山東(さんとう)　**サ** リットン　**シ** 遼東(りょうとう)

① (　　　)　② (　　　)　③ (　　　)

④ (　　　)　⑤ (　　　)　⑥ (　　　)

⑦ (　　　)

(1) 関東軍が一時指令部をおいていた旅順(りょじゅん)の位置を，上の地図中の**ア〜カ**から選べ。 (　　　)

(2) 『世界最終戦論』を書いた関東軍参謀はだれか。 (　　　)

(3) ③の位置を上の地図中の**ア〜カ**から選べ。 (　　　)

(4) 下線部**a**のでき事を何というか。 (　　　)

(5) 下線部**b**の総会に出席した日本全権代表はだれか。 (　　　)

右側サイドバー

第1章　第2章　第3章　**第4章**　第5章　総合

得点UP

▶満蒙(まんもう)の危機
　満洲軍閥の張学良が国民政府と手を結ぶと，関東軍は満洲武力占領計画を実行に移した。これが満洲事変で，この計画の中心人物が参謀の**石原莞爾**(いしわらかんじ)であった。

▶ 1930 年代の内閣
①若槻礼次郎→不拡大方針
②犬養毅→血盟団事件，五・一五事件
③斎藤実→「挙国一致」内閣
④岡田啓介→国体明徴声明，二・二六事件

参考 業種別払込資本金の財閥への集中

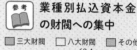

	三大財閥	八大財閥	その他
鉱業	63.3%	69.4	30.6
鉄鋼	54.2	67.7	32.3
金属・機械	37.6	58.0	42.0
紡績	24.9		75.1
電力・電灯	94.5	5.5	
運輸・通信	63.8	66.4 / 2.3	33.6
商事・貿易	74.2	82.3	17.7
銀行	29.6	53.4	46.6

(1930年)　（柴垣和夫「三井・三菱の百年」）

三大財閥は三井・三菱・住友(とも)(すみ)(やす)，八大財閥はこれに安田・浅野・大倉・古河・川崎(だ)(あさの)(おおくら)(ふるかわ)(かわ)(さき)を加えたもの。

☑ サクッとCHECK

● 次の文が正しければ○，誤っていれば×を書きなさい。

❶ 浜口雄幸(はまぐちおさち)内閣がロンドン海軍軍備制限条約を締結したことに対し，統帥権干犯(とうすいけんかんぱん)問題がおこった。 (　　　)

❷ 北京郊外の柳条湖(ペキン)で南満洲鉄道が爆破され，関東軍は満洲事変をおこした。 (　　　)

❸ 満洲事変後，大蔵大臣井上準之助(いのうえじゅんのすけ)は金輸出を再禁止し，この結果，管理通貨制度に移行した。 (　　　)

❹ 岡田啓介(おかだけいすけ)内閣は国体明徴(めいちょう)声明を出して，美濃部達吉(みのべたつきち)の天皇機関説を否定した。 (　　　)

❺ 二・二六事件後に成立した近衛文麿(このえふみまろ)内閣は，軍部大臣現役武官制を復活させた。 (　　　)

● 次の各問いに答えなさい。

❻ 満洲事変に対し，国際連盟は調査団を派遣した。その代表はだれか。 (　　　)

❼ 井上準之助(みつい)や三井合名理事長団琢磨(だんたくま)が暗殺された事件を何というか。 (　　　)

❽ 二・二六事件をおこした陸軍青年将校が属していた，陸軍内の派閥を何というか。 (　　　)

❾ 新興財閥のうち，日産コンツェルンを結成したのはだれか。 (　　　)

❿ 刑法学説を政府から攻撃され，休職処分になった京都帝国大学教授はだれか。 (　　　)

重要 **1** ［恐慌の時代］次の文章中の空欄に入る適語を答えなさい。また，あとの問いに答えなさい。

［獨協大一改］

　　1920 年代の戦後恐慌以降，日本経済は慢性的な不況に陥った。1923 年に発生した関東大震災は経済にも大きな打撃を与え，1927 年にはa金融恐慌が勃発した。その後，立憲政友会の（①　　　　　　　　　　）が内閣を組織して恐慌を鎮めることに成功した。1925 年に上海でおきた（②　　　　　　　　　　）を契機に反帝国主義運動が高揚していくなか，中国国民党は北伐を開始した。（①）内閣は居留民の保護を名目に 3 次におよぶ（③　　　　　　）出兵をおこなうなど，強硬外交へと傾いていった。（①）にかわって政権を担当した立憲民政党の（④　　　　　　　　）は協調外交を再開するとともに，国際的な軍縮の流れに同調する政策をとった。他方，1930 年，懸案であったb金解禁を断行したが，その前年のニューヨーク株式市場の暴落に端を発した恐慌が各国に波及していた。この状況下で金解禁を断行した日本では，企業の倒産があいつぎ，失業者が街にあふれた。c恐慌の打撃は深刻であったが，回復も速やかであった。高橋財政への転換とともに日本経済は，国際的にも異例の早さで恐慌を乗り切り，1933 年には恐慌以前の生産水準に回復した。

(1) 下線部 a についての説明として正しいものを，次のア〜エから選べ。　　（　　　）

　　ア　大蔵大臣の失言から，取付け騒ぎがおこった。

　　イ　鈴木商店に対する巨額の不良債権を抱えた朝鮮銀行が休業した。

　　ウ　財閥系の諸銀行が，あいついで倒産に追い込まれた。

　　エ　3 日間のモラトリアムが発せられ，恐慌は沈静化した。

(2) 下線部 b についての説明として誤っているものを，次のア〜エから選べ。　　（　　　）

　　ア　政府は金解禁の実施とともに産業合理化をおし進め，日本産業の国際競争力を強化しようとした。

　　イ　金解禁を実施することは，円の為替相場を安定させることになるので，財界は金解禁を歓迎していた。

　　ウ　政府は，円の国際的な信用を落としたくないために旧平価での金解禁を実行した。

　　エ　旧平価は，実勢の相場よりも円安の相場であり，旧平価での金解禁は輸出を増進させる効果をもつと考えられた。

(3) 下線部 c の時期におけるでき事として誤っているものを，次のア〜エから選べ。（　　　）

　　ア　1931 年に，管理通貨制度に移行した。

　　イ　イギリスは，本国と植民地とでブロック経済圏を形成し保護貿易政策をとった。

　　ウ　円相場の大幅な下落により日本の綿織物の輸出が拡大したが，これに対し各国はソーシャル゠ダンピングと非難した。

　　エ　浅野・古河・川崎などの新興財閥が台頭し，軍と結びついて朝鮮・満洲へと進出していった。

重要 **2** ［満洲事変］次の文章を読み，あとの問いに答えなさい。　　　　　　［同志社大・立命館大一改］

　　a<u>満洲事変</u>は（　①　）郊外の柳条湖でおこった。南満洲鉄道の爆破を中国軍のしわざだとした関東軍が戦闘を始め，短期間のうちに満洲全土を占領した。この戦争は日本の財政・経済に大きな影響を与えることになった。犬養毅・斎藤実・岡田啓介内閣の蔵相をつとめた（　②　）が軍需部門（特に重化学工業部門）に財政のテコ入れをおこなったからである。いわゆる製鉄大合同によって半官半民の（　③　）会社が創立され，鉄鋼生産をほぼ独占するに至ったのはそれを象徴するでき事である。一方，満洲においては，b<u>日産コンツェルン</u>などに代表される新興財閥が軍部と結びついて重化学工業生産高をあげていった。軽工業においては綿織物輸出が急増し，それまで世界一の輸出国であった（　④　）は日本を「ソーシャル゠ダンピング」と非難した。

(1) ①〜④に入る適語を答えよ。

　　　　①（　　　　　）②（　　　　　　）③（　　　　　　）④（　　　　　　）

(2) 下線部aの経過を示した次のア〜ウのでき事を時期の古い
　　順に並べよ。　　　　　　　（　　　→　　　→　　　）
　　ア　日本と中国との間で塘沽停戦協定が締結される。
　　イ　溥儀が執政に就任し，満洲国の建国が宣言される。
　　ウ　日満議定書が締結される。

(3) ①の都市の位置を，右の地図中のア〜エから選べ。（　　　）

(4) 下線部bを創立した人物を，次のア〜エから選べ。（　　　）
　　ア　大河内正敏　　イ　野口遵　　ウ　鮎川義介　　エ　中野友礼

(5) 右の表に関する次の説明文a〜dの正しい組み合わせを，あとから選べ。　　　　（　　　）

　　a　満洲事変のおこった年を境
　　　として，鉄鋼生産量は増加
　　　し始めたが，民営工場の労
　　　働者の実収賃金はほとんど
　　　増加しなかった。

　　b　満洲事変のおこった年を境
　　　に，鉄鋼生産量は増加し始
　　　め，民営工場の労働者の実収
　　　賃金も大幅な増加に転じた。

表　日本経済の諸指数の推移

年 ＼ 項目	鉄鋼（粗鋼）生産量	民営工場実収賃金	農産物生産額
1929 年	100.0	100.0	100.0
1930 年	99.8	95.0	68.0
1931 年	82.1	87.3	56.7
1932 年	104.6	84.8	68.4
1933 年	139.4	85.9	85.2
1934 年	167.6	87.8	75.1

（三和良一・原朗編『近現代日本経済史要覧』，中村政則『昭和の恐慌』）
（注）農産物は，米・麦・繭・茶など。　（いずれも 1929 年を 100 とする）

　　c　農産物生産額の変化を見ると，農民は昭和恐慌の際に深刻な影響を受けたといえる。

　　d　農産物生産額の変化を見ると，農民は昭和恐慌の際に大きな影響を受けなかったといえる。

　　ア　a・c　　イ　a・d　　ウ　b・c　　エ　b・d

Hints

1　(3) 新興財閥は，満洲事変以降に急成長した鮎川義介・野口遵らの新しい財閥のこと。

2　(2) 塘沽停戦協定は満洲事変の終結を意味するでき事である。
　　(5) 満洲事変は 1931 年におこり，昭和恐慌はその前年の 1930 年に始まった。

重要 **1** ［昭和恐慌とファシズム］次の文章を読み，あとの問いに答えなさい。　　［同志社大一改］

　1930 年，浜口雄幸内閣の（　①　）蔵相は金解禁(金本位制への復帰)を断行し，日本経済の体質改善と円の国際的信用を高めようとした。しかし，（　②　）のウォール街の株価暴落に端を発する世界恐慌にまきこまれ，昭和恐慌と呼ばれる大不況となった。政府は（　③　）を制定して対策としたが，これより政府による経済統制が始まった。

　同年に調印したロンドン海軍軍備制限条約は野党である（　④　）が，天皇の権限である（　⑤　）を犯すものとして激しく批判した。こうして浜口首相が狙撃されて以来，a軍部によるクーデタ計画，b右翼によるテロがつづき，1932 年の五・一五事件でc犬養毅内閣が崩壊し，政党政治が断絶することになった。こののち，陸軍内ではd統制派と皇道派の対立が深まり，やがて二・二六事件をひきおこすのである。

(1) ①～⑤に入る適語を，次のア～コから選べ。

　　　　　　　　　①（　　　　） ②（　　　　） ③（　　　　） ④（　　　　） ⑤（　　　　）

　　ア 高橋是清　　イ 井上準之助　　ウ ロンドン　　エ ニューヨーク

　　オ 外国為替管理法　　カ 重要産業統制法　　キ 統帥権　　ク 統治総攬権

　　ケ 立憲政友会　　コ 政友本党

(2) 下線部aのうち，1931 年に 2 度のクーデタ計画を立てた陸軍青年将校の秘密結社があった。その結社の名称を漢字で答えよ。　　　　　　　　　　　　　　　　　　　　（　　　　　　　）

(3) 下線部bのうち，血盟団に暗殺された財界要人を，次のア～エから選べ。　　（　　　　）

　　ア 鮎川義介　　イ 野口遵　　ウ 団琢磨　　エ 中野友礼

(4) 下線部cの時におきたことを，次のア～エから選べ。　　　　　　　　　　（　　　　）

　　ア 柳条湖事件がおきた　　イ 金輸出を再禁止した

　　ウ 国際連盟から脱退した　　エ 時局匡救事業が開始された

(5) 下線部dの中心人物で，いわゆる相沢事件で斬殺されたものを，次のア～エから選べ。

　　ア 米内光政　　イ 永田鉄山　　ウ 真崎甚三郎　　エ 荒木貞夫　　　（　　　　）

2 ［思想・学問の弾圧］次の文章を読み，あとの問いに答えなさい。　　［愛知学院大一改］

　満洲事変前後からのナショナリズムの高揚は，社会主義・共産主義からの転向という現象を発生させた。その典型が（　①　）の最高幹部の佐野学らの転向声明であったが，事態はさらに学問の弾圧へと進んでいた。

　1933 年自由主義的刑法学説を唱導していた京都帝国大学教授の（　②　）の『刑法読本』などが国体破壊の著作であるとされて，（②）は休職処分をうけた。ついで，1935 年には東京帝国大学名誉教授であった（　③　）の天皇機関説が，軍部・右翼などの攻撃をうけた。天皇機関説とは端的にいえば，統治権は法人である（　A　）にあり，（　B　）は（A）の最高機関として統治権を行使するものであり，その下の議会に独自の機能を認める，という学説である。これは

政党内閣制や普通選挙制度の理論的根拠となっていた。しかし，（ ④ ）内閣は天皇機関説を否定する（ ⑤ ）声明を出して，（③）の著作は発行禁止となり，議員辞職に追い込まれた。

(1) ①〜⑤に入る適語を，次の**ア**〜**シ**から選べ。

①（　　　）②（　　　）③（　　　）④（　　　）⑤（　　　）

ア 社会大衆党　**イ** 日本共産党　**ウ** 労働農民党　**エ** 滝川幸辰（たきがわゆきとき）　**オ** 津田左右吉（つだそうきち）

カ 矢内原忠雄（やないはらただお）　**キ** 美濃部達吉（みのべたつきち）　**ク** 斎藤実（さいとうまこと）　**ケ** 岡田啓介（おかだけいすけ）　**コ** 広田弘毅（ひろたこうき）

サ 東亜新秩序　**シ** 国体明徴（めいちょう）

(2) **A**，**B**に入る適語をそれぞれ漢字2字で答えよ。　　A（　　　）B（　　　）

重要 **3** ［軍部のクーデタ］次の文章中の空欄に適語を入れ，あとの問いに答えなさい。

　1930年代に国内では社会不安の中でクーデタが多発した。31年には（ ① ）事件・十月事件のクーデタ未遂事件がおきた。32年には，a血盟団が日本の混乱を助長していると考えた政党政治家と財閥関係者を襲った。2月に前大蔵大臣（ ② ）が，3月には三井合名理事長（ ③ ）（みつい）が射殺された。さらに，5月には，青年将校らによって軍中心の内閣を目ざした（ ④ ）事件がおきた。首相が暗殺され，次期政権は政党では軍部を押さえられないとして挙国一致内閣が成立し，政党内閣はわずか8年で崩壊した。1936年には陸軍の統制派によるb皇道派弾圧に端を発した事件がおき，一部の青年将校が軍部政権の樹立を目ざしたが，天皇や海軍の反対で失敗した。皇道派の粛正によって陸軍は統制力を強化し，政治への発言力を強めた。

①（　　　）②（　　　）③（　　　）④（　　　）

(1) 下線部**a**を結成した人物を，次の**ア**〜**エ**から選べ。　　　　　　　（　　　）

ア 頭山満（とうやまみつる）　**イ** 井上日召（いのうえにっしょう）　**ウ** 橋本欣五郎（はしもときんごろう）　**エ** 来島恒喜（くるしまつねき）

(2) 『日本改造法案大綱』の著者で，下線部**b**のグループに強い影響力を与えていた人物はだれか。　　　　　　　　　　　　　　　　　　　　　　　（　　　）

記述 (3) 右の絵は『東京パック』1936（昭和11）年7月号に掲載された風刺漫画を再現したもので，当時の世相を表現している。題して「日本犬デー，街でみた風景」とある。右のメガネをかけた人物はハーケンクロイツの紋章をつけている。この絵が描かれた当時の内閣について，その内閣が成立する直前におきた事件と，外交面での事績に着目して，簡潔に説明せよ。

（　　　　　　　　　　　　　　　　　　　　　　　　　　　　　　）

Hints

1 (4)犬養毅内閣の蔵相高橋是清（たかはしこれきよ）は昭和恐慌の対策をとり，早期に経済再建を進めた。

　(5)皇道派の相沢三郎（あいざわさぶろう）中佐が，当時陸軍軍務局長だった統制派の中心人物を斬殺した。

2 (1)①は非合法政党だったため幹部が逮捕・投獄されており，獄中からの転向声明だった。

3 (3)ハーケンクロイツはドイツのナチス（ナチ党）の党章である。

19 第4章 近代の日本と世界

日中戦争・第二次世界大戦・太平洋戦争

STEP 1 基本問題

解答⏵ 別冊 22 ページ

1 [日中戦争など] 次の文章中の空欄に入る適語を答えなさい。

　1937 年，北京(ペキン)郊外でおこった(①　　　　　)事件を契機に日中戦争が始まった。(②　　　　　)内閣は不拡大方針を示したが，日本軍は国民政府の首都(③　　　　)を占領した。翌年(②)内閣は「国民政府を対手(あいて)とせず」との声明を出して「(④　　　　　)建設」を明示し，(⑤　　　　)を重慶(チョンチン)(じゅうけい)から脱出させて(③)に新国民政府を樹立した。戦争が長期化する中，ヨーロッパでは，1939 年にドイツがソ連と(⑥　　　　　)条約を結び，(⑦　　　　　)侵攻を開始すると，イギリスとフランスはドイツに宣戦布告し，第二次世界大戦が始まった。

2 [戦中の国民生活] 次の年表を見て，あとの問いに答えなさい。

1938 年	(①)法の制定で，政府が人や物資を統制できるようになった。また，石油を対象に(②)制が実施された。
1939 年	(③)令を発布し，これ以降国民を軍需工場などで働かせることが可能になった。
1940 年	砂糖・マッチを対象に(②)制が実施された。またa(④)が結成され，最下部の組織である(⑤)に政府の命令が下達されるようになった。
1941 年	大都市に米穀の(⑥)制が実施された。小学校を(⑦)と改称した。

(1) ①～⑦に入る適語を，次のア～サから選べ。

　ア 国民徴用　　イ 国家総動員　　ウ 国民精神総動員

　エ 配給　　オ 切符　　カ 大日本産業報国会　　キ 部落会

　ク 大政翼賛会　　ケ 隣組　　コ 尋常小学校　　サ 国民学校

　　①(　　　　)　②(　　　　)　③(　　　　)　④(　　　　)

　　⑤(　　　　)　⑥(　　　　)　⑦(　　　　)

(2) 下線部 a は近衛(このえ)文麿(ふみまろ)首相が先頭に立って始めた運動の結果，結成されたものである。その運動を何というか。

(　　　　　　　)

Guide

 得点UP

▶**近衛声明**

　南京占領後，「国民政府を対手とせず」との声明を出し，戦争を継続した(第1次声明)。同年「**東亜新秩序**声明」(とうあ)(第 2 次声明)で，日中戦争の目的を日満華 3 国の共同防共・経済提携などであるとした。

▶**国民の動員**

　太平洋戦争の拡大による労働力不足を補うため，中学校以上の学生を軍需工場へ動員し(**学徒動員**)，次いで 25 歳未満の独身女性も動員(女子挺身隊)(ていしん)した。

 国家総動員法にもとづく勅令(ちょくれい)

①**国民徴用令**…1939 年 7 月に公布。国民を強制的に徴発,重要産業に就労させた。

②**価格等統制令**…1939 年 10 月に公布。同年 9 月 18 日に価格を据え置き,値上げを禁止し,公定価格制を実施。

 参考 『**国体の本義**』

　1937 年文部省が作成した，世界に天皇の威光を広めるのが日本臣民の役割であるとする戦争推進のための教科書。1941 年には,戦時体制を支える「皇国臣民」の育成を目ざし，小学校を**国民学校**と改称した。

104

3 ［太平洋戦争］次の文章中の空欄に入る適語を，あとの**ア〜ネ**から選びなさい。

1939年，関東軍はモンゴル・満洲国境の（①　　　）でソ連に大敗した。（②　　　）を拠点とする蔣介石政府を英・米が援助していたので，その「援蔣ルート」遮断のため，1940年9月，日本軍は（③　　　）仏印に進駐し，日独伊（④　　　）を結んだ。これらの動きに対しアメリカは日本への（⑤　　　）輸出を禁止し，いわゆる「ABCD包囲陣」が築かれた。1941年近衛文麿内閣はアメリカの国務長官（⑥　　　）との和平交渉を続けたが，陸軍大臣（⑦　　　）との対立があって10月に近衛内閣は総辞職し，（⑦）が組閣した。そして同年の12月8日ハワイの真珠湾を攻撃し，陸軍が（⑧　　　）半島に上陸して開戦した。緒戦は勝利が続いたが，1942年6月の（⑨　　　）海戦で敗北して以降，劣勢が続いた。そこで日本は，東京で（⑩　　　）会議を開いて占領地域の代表者に戦争協力を呼びかけた。しかし，その後も敗北が続き，1945年8月8日には（⑪　　　）の秘密協定にもとづいてソ連が満洲に侵攻し，翌日（⑫　　　）に原爆が投下され，8月14日鈴木貫太郎内閣はポツダム宣言を受諾した。

ア ノモンハン　**イ** 張鼓峰　**ウ** 延安（イエンアン）　**エ** 重慶（チョンチン）　**オ** 北部
カ 南部　**キ** 三国防共協定　**ク** 三国同盟　**ケ** 石炭　**コ** 石油
サ タフト　**シ** ハル　**ス** 松岡洋右　**セ** 東条英機　**ソ** マレー
タ インドシナ　**チ** ソロモン沖　**ツ** ミッドウェー　**テ** 大東亜
ト 東方　**ナ** カイロ　**ニ** ヤルタ　**ヌ** 長崎　**ネ** 広島

▶ABCD包囲陣
　日ソ中立条約を結び，南進政策をとった日本に対し，米英中蘭の4か国がとった対日包囲網。→アメリカは対日石油輸出を禁止。

▶ハル＝ノート
　太平洋戦争前の戦争回避のため，アメリカ国務長官ハルの示した米国側の最終提案→中国・仏印からの撤兵，汪政権（ワン）の否認，三国同盟の廃棄，中国を満洲事変以前の状態に戻すことを要求。

⚠ 注意　連合国側の会談

① **カイロ会談**…米英中で開催。戦後，満洲・台湾などを中国に返還することや朝鮮の独立を宣言した。

② **ヤルタ会談**…米英ソで開催。ソ連の対日参戦と南樺太（からふと）返還・千島列島譲渡の決定（ヤルタ秘密協定）。

③ **ポツダム会談**…米英ソで開催。（ただしポツダム宣言は米英中〈蔣介石〉で発表）。日本の無条件降伏を要求し，戦後日本の民主化・非軍国主義化を決定した。

☑ サクッとCHECK

● 次の文が正しければ○，誤っていれば×を書きなさい。

❶ 日中戦争は，1937年北京（ペキン）郊外の盧溝橋（ろこうきょう）で日中両軍が衝突して始まった。　（　　　）

❷ 近衛文麿内閣の「東亜新秩序声明」にもとづき，周恩来（シュウオンライ）の新国民政府が南京（ナンキン）に樹立した。　（　　　）

❸ 一般国民を軍需産業に動員できる国民徴用令は，議会の承認をうけて発令された。　（　　　）

❹ 労働組合を解散させ，労働者を戦争に協力させる団体として大日本産業報国会が結成された。　（　　　）

❺ アメリカ軍が上陸した沖縄では，鉄血勤皇隊（てっけつきんのうたい）やひめゆり隊など学生・生徒も犠牲者となった。　（　　　）

● 次の各問いに答えなさい。

❻ 「ぜいたくは敵だ」などの標語で国民の戦争協力をうながした運動を何というか。（　　　　　）

❼ 1938年に朝鮮に近いソ満国境で日本軍がソ連軍と衝突した事件を何というか。（　　　　　）

❽ 1942年の衆議院選挙の結果，政府が推薦する議員で結成された団体は何か。（　　　　　）

❾ 朝鮮や台湾（たいわん）でおこなわれた，日本語使用の強制・創氏改名（そうしかいめい）などの政策を何というか。（　　　　　）

❿ 徴兵を猶予（ゆうよ）されていた学生を徴兵し，戦場に送ることを何というか。（　　　　　）

重要 ■ ［戦時体制］次の文章と史料を読み，あとの問いに答えなさい。　　　　　〔中央大一改〕

　日中戦争が全面化すると，政府は国民を戦争に協力させるための体制を次々に整備し，a「ぜいたくは敵だ」などのスローガンのもと，国民生活の切り詰めを強いた。1940 年 10 月にはb総理大臣を総裁とする（ ① ）が結成され，c戦争を目的とした国策に沿うように国民生活の相互監視・規制が強められた。さらに政府は，総力戦の遂行に向けて労働者を全面的に動員するため，労働組合を解散し（ ② ）を設立した。

〔史料〕

　　第一条　本法ニ於テ A トハ戦時（戦争ニ準ズベキ事変ノ場合ヲ含ム以下之ニ同ジ）ニ際シ国防
　　　　　　目的達成ノ為，国ノ全力ヲ最モ有効ニ発揮セシムル様，ⓑ 資源ヲ統制運用スルヲ謂フ。
　　第四条　政府ハ戦時ニ際シ A 上必要アルトキハ， C ノ定ムル所ニ依リ，帝国臣民ヲ D
　　　　　　シテ総動員業務ニ従事セシムルコトヲ得。但シ兵役法ノ適用ヲ妨ゲズ。

(1) ①，②に入る適語を答えよ。　　　　　①（　　　　　　　）②（　　　　　　　　　　　）

(2) 史料は，下線部 a に関わる中心的な法律である。 A ～ D に入る適語を，次のア～コから選べ。　　　　　　　A（　　　）B（　　　）C（　　　）D（　　　）

　　ア 国家総動員　　イ 国民精神総動員　　ウ 政令　　エ 勅令　　オ 省令
　　カ 人的及物的　　キ 人的及生産　　　　ク 雇用　　ケ 徴用　　コ 作業

(3) 史料についての説明として誤っているものを，次のア～エから選べ。　　　　（　　　）

　　ア 一般国民を強制的に軍需などの重要産業に動員することが可能となった。
　　イ 男性が軍隊に動員され労働力不足になると，国民勤労報国協力令が出され，14 歳から
　　　 25 歳の未婚の女性全員が工場へ配置された。
　　ウ 国内向けの綿製品の生産が禁止されるなど，不要不急の民需品の生産は厳しく制限されたが，輸出入に関する統制はなかった。
　　エ 生活必需品の価格を据え置いて，値上げを禁止する公定価格制が導入された。

(4) 下線部 b の設立時の内閣総理大臣を，次のア～エから選べ。
　　ア 平沼騏一郎　　イ 近衛文麿　　　　（　　　　　　）
　　ウ 鈴木貫太郎　　エ 東条英機

(5) 下線部 c に関連して，右の図は太平洋戦争直前の東京市の各家庭に回覧された「東京市隣組回報」の一部を模式化したものである。これの説明として正しいものを，次から 2 つ選べ。（　　　）（　　　）

　　ア この回報は，政府の方針を伝えるために地域の住民組織を通じて回覧された。
　　イ この回報を配給所などにもっていけば，米の配給を受けることができた。
　　ウ 地域の住民組織は，全国的に組織されていた大日本婦人会の傘下に組み込まれた。
　　エ 米だけではなく衣料などの生活必需物資が，配給制や切符制となっていた。

2 ［太平洋戦争］次の文章を読み，あとの問いに答えなさい。

［中央大一改］

　日本は，ドイツおよびイタリアと a 日独伊三国同盟を結び，南方に進出してゴム・石油・錫（すず）などの軍需物資の入手等を企てたが，同盟の締結はアメリカの強い反発をまねいた。近衛（このえ）内閣は日米衝突を回避するための交渉を開始したが，交渉は進展せず，さらに日本が南部仏印進駐に踏み切ったこともあってアメリカはますます態度を硬化させたことから，1941 年 12 月，日本はアメリカおよびイギリスに b 宣戦を布告した。太平洋戦争が始まると，日本軍は東南アジアから南太平洋にかけての広大な地域を制圧して軍政下におき，日本における東条（とうじょう）内閣の人気も高まった。しかし，国力に勝るアメリカが本格的な反攻に転ずると日本軍は戦線の後退を余儀なくされた。さらに，戦争が長引くにつれ，兵士として動員可能な人員や国内の工場で働ける労働者の不足が顕著となり，国民生活も窮乏の度合いを増していった。ヨーロッパではドイツが降伏し，沖縄がアメリカ軍に占領されたのちも，なお軍部は本土決戦を主張したが，c アメリカ軍による本土空襲で国土が荒廃した日本にもはや戦いを続ける余力はなく，日本は 1945 年 8 月に，日本軍への無条件降伏勧告と日本の戦後処理方針からなるポツダム宣言を受諾した。

(1) 下線部 a についての説明として正しいものを，次のア～ウから選べ。　　（　　）

　　ア　最初に日本・ドイツ間で同盟が結ばれ，1 年後にイタリアも同盟に参加した。

　　イ　日独伊 3 国は，ヨーロッパとアジアの「新秩序」における指導的地位を相互に認め合った。

　　ウ　アメリカおよびソ連の両国を仮想敵国とする軍事同盟であった。

(2) 下線部 b についての説明として誤っているものを，次のア～ウから選べ。　　（　　）

　　ア　開戦時に出された「宣戦の詔書（しょうしょ）」では，戦争の主たる目的は，日本の自存自衛のためとされていた。

　　イ　日本軍の海上における優勢は，ミッドウェー海戦を機に失われた。

　　ウ　開戦後間もなくおこなわれた総選挙（翼賛選挙）では，鳩山一郎（はとやまいちろう）や芦田均（あしだひとし）など，政府の援助を受けた推薦候補が絶対多数を獲得した。

(3) 下線部 c についての説明として正しいものを，次のア～ウから選べ。　　（　　）

　　ア　サイパン島がアメリカ軍に占領されて以降，米軍機による本土空襲が本格化した。

　　イ　既にポツダム宣言以前にヤルタでアメリカ・イギリス・ソ連の 3 か国の首脳会談がおこなわれ，満洲（まんしゅう）・台湾（たいわん）の中国返還，朝鮮の独立という処分方針が決定されていた。

　　ウ　ソ連はポツダムでの会談に参加していたが，日ソ中立条約が有効であったため，日本がポツダム宣言を受諾する時まで宣言には加わらなかった。

Hints

1 (5)回報（お知らせ）の中に，「通帳で配給」とある点と，「東京市隣組」と書いてあることに注意。隣組は政府の命令・通達を伝える全国組織の最下位に位置するもの。

2 (2)鳩山一郎や芦田均らは，警察や地方当局の選挙干渉を受けた。

　　(3)満洲・台湾の中国返還，朝鮮の独立などが決められたのはカイロ会談である。

1 次の文章を読み，あとの問いに答えなさい。

右の絵は赤松麟作の「夜汽車」である。赤松は a 東京美
術学校に入学し，卒業後本作で b 白馬会賞を受賞した。こ
の絵が描かれる前の 1881 年に設立された（ ① ）会社が成
功したことを契機に私設鉄道の建設が急速に進んだ。し
かし，1906 年に c 鉄道国有法の制定により，国有鉄道の
営業キロ数が私設鉄道のそれを上回った。また，工業化

(東京藝術大学蔵)

が進んだこの時期には d 紡績会社などの設立も盛んになり，1897 年には綿糸の輸出が輸入を
上回るようになった。その年には貨幣法が制定され，欧米諸国にならって（ ② ）制を採用し
て貨幣価値の安定と貿易の振興を目ざした。しかし，工業化が進んだ結果，e 社会運動も発生
し，1900 年には，団結権の制限などを含む（ ③ ）法が制定された。その一方で，初めての労
働者保護立法である（ ④ ）法も 1911 年に制定されている。

(1) ①〜④に入る適語を答えよ。

(2) 下線部 a の設立に尽力し，『東洋の理想』などを英文で著した人物はだれか。

(3) 下線部 b の設立の中心となり，「湖畔」などの作品で知られる洋画家はだれか。

記述 (4) 下線部 c が制定された理由を簡潔に説明せよ。

(5) 下線部 d のうち，渋沢栄一らが 1882 年に設立し，輸入機械を用いた会社は何か。

(6) 下線部 e に関連して，堺利彦や片山潜らが 1906 年に結成した社会主義政党は何か。

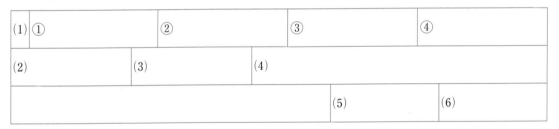

(1) ①		②		③		④	
(2)		(3)		(4)			
					(5)		(6)

2 次の文章を読み，あとの問いに答えなさい。

[龍谷大一改]

第一次世界大戦後，a 戦後恐慌や金融恐慌の影響で不況が慢性化していた。1929 年 7 月に
成立した（ ① ）党の浜口雄幸内閣は，（ ② ）を蔵相に起用して金輸出解禁を断行したが，世
界恐慌により日本経済は（ ③ ）と呼ばれる b 深刻な不況に見舞われた。こうしたなか，若槻礼
次郎内閣が総辞職したあとに成立した（ ④ ）の犬養毅内閣の（ ⑤ ）蔵相が金輸出再禁止を断
行し，ついで円と金の交換を停止した。これをもって，日本は金本位制から管理通貨体制に
移った。その結果，円相場は急速に下落し輸出が増大し，景気は回復に向かった。なかでも，
軍需と政府の保護政策に支えられて重化学工業が著しく発展し，日本の産業構造は軽工業中
心から重化学工業中心へと大きく変化していった。

(1) ①〜⑤に入る適語を答えよ。

(2) 下線部 **a** について述べた次の文 **X・Y** の正誤の正しい組み合わせを，あとの**ア〜エ**から選べ。

　　X：恐慌が発生するなかで，労働組合期成会が結成された。

　　Y：恐慌への対策として，ドッジ゠ラインが立案された。

　　ア X―正　Y―正　　**イ** X―正　Y―誤　　**ウ** X―誤　Y―正　　**エ** X―誤　Y―誤

(3) 下線部 **b** に関連する記述として誤っているものを，次の**ア〜エ**から選べ。

　　ア 農村では，欠食児童や女子の身売りが続出した。

　　イ 労働争議や小作争議が，ますます激しさを増した。

　　ウ 都市の失業者が農村に戻り，農家経済を圧迫した。

　　エ アメリカの恐慌の影響により，生糸の原料である繭（きいと）の価格が高騰した。

(1) ①		②		③	
④	⑤		(2)		(3)

3 　次の年表を見て，あとの問いに答えなさい。　　　　　　　　　[高崎経済大・北海学園大・龍谷大一改]

(1) 下線部 **a** の時の首相はだれか。

(2) 下線部 **b** のきっかけをつくった関東軍の参謀はだれか。

(3) 年表中の 1937 年 10 月に設けられた，総力戦体制の計画・調整のための機関を，次の**ア〜エ**から選べ。

　　ア 企画院　　**イ** 軍需省　　**ウ** 企画庁　　**エ** 興亜院

1927 年	<u>a</u>山東出兵
	↕ **ア**
1931 年	<u>b</u>満洲事変
	↕ **イ**
<u>1937 年</u>	<u>c</u>日中戦争始まる
	↕ **ウ**
1941 年	太平洋戦争始まる
	↕ **エ**
1945 年	ポツダム宣言受諾

(4) 下線部 **c** に関連する次の史料を見て，各問いに答えよ。

> <u>d</u>帝国政府ハ（ **X** ）攻略後，尚ホ支那（シナ）国民政府ノ反省ニ最後ノ機会ヲ与フルタメ今日ニ及ヘリ。然ルニ……和平ヲ顧（かえり）ミル所ナシ。仍テ帝国政府ハ爾後（じご）国民政府ヲ対手（あいて）トセス，…

① 下線部 **d** の時の首相はだれか。

② **X** に入る都市を，右の地図中の**ア〜エ**から選べ。

(5) 次の **a・b** の写真は，年表中の**ア〜エ**のどの時期のものか。それぞれ選べ。

(1)		(2)		(3)	
(4) ①		②	(5) a	b	

20 戦後の民主化と日本の独立

STEP ① 基本問題

解答⊖別冊24ページ

1 [戦後の民主化] 次のA，Bの文章中の空欄に入る適語を答えなさい。

A **占　領**…連合国(軍)最高司令官総司令部〔(①　　　　　　)〕が日本政府に指令を出して国民を統治した。これを(②　　　　　　)統治という。

●連合国による日本管理機構

B **民主化**…(③　　　　　　)法や特高警察を廃止して政治・思想的自由を保障し，戦争指導者を(④　　　　　　)から追放して軍国主義を否定した。天皇もみずから神格を否定して(⑤　　　　　　)を発した。

2 [五大改革指令] 次のA～Eの文章中の空欄に入る適語を答えなさい。

A **婦人の解放**…20歳以上の男女による(①　　　　　　)選挙の実施，(②　　　　　　)を改正し妻・娘にも相続権を認める，など。

B **労働組合の助長**…労働者らの(③　　　　　　)権，団体交渉権，(④　　　　　　)権を保障。総同盟や産別会議が結成された。

C **教育の民主化**…政府による教育への不当な介入を否定し，教育の機会均等を保障する(⑤　　　　　　)法が制定された。また(⑥　　　　　　)法で6・3・3・4制の学校制度が確立した。

D **経済の民主化**…(⑦　　　　　　)改革により，不在地主の土地所有をなくし，多くの小作農が自作農になった。(⑧　　　　　　)所有の株式を民間に売却して財閥が解体された。(⑨　　　　　　)法で(⑧)やカルテル・トラストを禁止し，(⑩　　　　　　)集中排除法で独占大企業の分割がはかられた。

E **圧政的諸制度の撤廃**…治安維持法や特高警察の廃止など。

3 [日本国憲法] 次の問いに答えなさい。

(1) GHQに憲法改正を指示された首相はだれか。(　　　　　　)

(2) 天皇の地位は元首から何になったか。(　　　　　　)

(3) 日本国憲法の三大原理は，国民主権・基本的人権の尊重と，あと1つは何か。(　　　　　　)

(4) 日本国憲法における国民の三大義務は，子女に教育を受けさせることと勤労と，あと1つは何か。(　　　　　　)

(5) 帝国憲法での義務は(4)の3つのこと以外に何か。(　　　　　　)

Guide

▶**東久邇宮稔彦内閣**

敗戦直後に成立した。GHQが天皇制批判の自由や治安維持法の廃止などを指令(人権指令)すると，反発して総辞職した。

▶**政党の復活**

日本共産党は，GHQの政治犯釈放指令で幹部が出獄し再建。旧無産政党は統合して日本社会党に。翼賛選挙での非推薦議員(旧政友会系)で日本自由党，翼賛選挙での推薦議員(旧民政党系)で日本進歩党が結成。

参考 **教育の民主化**

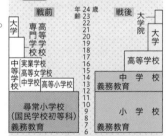

▲戦前・戦後の学制の比較

注意 **労働組合**

労働組合法の制定により，右派の日本労働組合総同盟(総同盟)と左派の全日本産業別労働組合会議(産別会議)が結成され，1949年の推定組織率は55％に達した。1950年には，GHQの占領政策の転換で，反共を方針とする日本労働組合総評議会(総評)が結成された。

4 ［占領政策の転換など］次の文章を読み，あとの問いに答えなさい。

　1946 年衆議院議員総選挙が実施され，多数を占めた日本自由党の（　①　）が組閣し，翌年には，新憲法下での選挙で多数を占めた日本社会党の（　②　）が組閣した。この間，物資不足・インフレで国民生活は苦しかった。そこで（①）内閣は（　③　）方式を実行したがインフレはいっそう進んだ。それに対して GHQ が経済安定九原則を発し，（　④　）を来日させて 1 ドル 360 円の固定相場制などを決めた。次いで（　⑤　）も来日し，所得税など直接税の徴税を強化した。GHQ による占領政策は中国の国共内戦を機に転換されていった。1950 年朝鮮戦争が始まると，GHQ の要請により（　⑥　）が設置された。その一方で，共産党員を公職から追放し，旧軍人などの公職追放の解除がおこなわれた。さらに，アメリカは，日本を自立させるため対日講和を急ぎ，1951 年に講和条約を結んだ。

(1) ①〜⑥に入る適語を，次の**ア**〜**コ**から選べ。

①（　　　　）　②（　　　　）　③（　　　　）
④（　　　　）　⑤（　　　　）　⑥（　　　　）

ア シャウプ　**イ** 片山哲（かたやまてつ）　**ウ** ドッジ　**エ** 吉田茂（よしだしげる）
オ 団結権　**カ** 争議権　**キ** 保安隊　**ク** 傾斜生産
ケ 警察予備隊　**コ** 預金封鎖

(2) 右図で吉田茂首相が調印している，1951 年の条約は何か。（　　　　　　　）

(3) (2)と同日に結んだアメリカとの条約は何か。（　　　　　　　）

得点UP↑

▶単独講和
　中国・ソ連を含む全連合国との全面講和運動がおこったが，吉田茂内閣は西側 48 か国とのみ講和した。サンフランシスコ平和条約にソ連は調印せず，インドはまねかれたが参加せず，中華人民共和国・中華民国（台湾）（たいわん）はまねかれなかった。

▶経済安定九原則
　九原則とは物価統制・均衡予算・徴税強化・賃金安定などの 9 項目で，ドッジの指示のもとに実施に移された（ドッジ=ライン）。
　その一環として 1 ドル＝360 円の単一為替レートが設定されて国際経済への結びつきがはかられた。

▶逆コース
　民主化・非軍事化の方針と逆行する吉田茂内閣の保守政治を指す。1952 年の破壊活動防止法制定，警察予備隊の改組（保安隊編成），54 年の自治体警察の廃止，教職員の政治活動を規制する教育二法の制定，MSA 協定にもとづく自衛隊発足，防衛庁設置と再軍備政策など。

☑ サクッとCHECK

● 次の文が正しければ〇，誤っていれば×を書きなさい。

❶ 敗戦直後に成立した東久邇宮（ひがしくにのみや）内閣は，GHQ の五大改革指令を実行した。（　　　）

❷ 第 2 次農地改革では，不在地主の全小作地が国に買収され，小作人に安価で売り渡された。（　　　）

❸ 吉田茂内閣はインフレーション抑制のため，金融緊急措置令を出し，新円切り換えをおこなった。（　　　）

❹ 芦田均（あしだひとし）内閣は政令 201 号を出して，公務員のストライキを禁止した。（　　　）

❺ 日米安全保障条約締結の翌年，日本はアメリカと MSA 協定を結んで自衛隊を結成した。（　　　）

● 次の各問いに答えなさい。

❻ 1949 年，日本人で初めてノーベル物理学賞を受賞したのはだれか。（　　　　　　　）

❼ 映画「羅生門」（らしょうもん）でヴェネチア国際映画祭グランプリを受賞した映画監督はだれか。（　　　）

❽ 石炭・鉄鋼など重要産業に資金や資材を集中させる経済政策を何というか。（　　　　　　　）

❾ 配給がとどこおる中，公定価格を無視して生活物資を売る市場を何というか。（　　　　　　　）

❿ 1953 年に放送が始まり，その後娯楽（ごらく）の中心となったものは何か。（　　　　　　　）

1 [戦後改革と独立] 次の文章を読み，あとの問いに答えなさい。　　　　［東京女子大一改］

　戦後の日本は，連合国軍によって占領され，GHQ が日本政府に指令・勧告を出す間接統治がしかれた。当初，アメリカの占領政策の軸は民主化と非軍事化にあった。治安維持法・特別高等警察の廃止や政治犯の釈放などの内容の覚書が出されたほか，婦人解放，労働組合の結成の奨励，a 学校教育民主化，秘密警察の廃止，経済機構の民主化からなる五大改革指令が出された。このうち，経済機構の民主化については，財閥と b 寄生地主制が戦前の軍国主義の経済的基盤であったとされ改革が命じられた。

　アメリカの対日占領政策は，冷戦が本格化するにともない，民主化・非軍事化に向けた改革から，経済復興へと方針を転換した。さらに c 朝鮮戦争が始まり，在日米軍が国連軍の主力として出動すると，アメリカは日本に対して，d 占領当初の民主化・非軍事化とは異なる方向性をもつ指令を発した。そして，日本を西側陣営に早期に編入すべく，1951 年にサンフランシスコ平和条約が結ばれた。それと同時に，独立後も e アメリカ軍の日本駐留と基地の使用が継続する体制がつくられた。

(1) 下線部 a について，1947 年に制定された新しい教育理念を示した法律は何か。　　（　　　　　　　　　）

[重要] (2) 下線部 b について，右のグラフは 1941 年と 1949 年の自作地と小作地の割合の変化を示したものである。グラフ中の A，B にあてはまる語句 a，b と，グラフから読みとれることがら c，d の正しい組み合わせを，あとのア〜エから選べ。　　（　　　　　）

| 1941 | A 54.1% | B 45.9 |
| 1949 | 86.9 | 13.1 |

（「農林省統計表」など）

　　a　A：自作地　B：小作地　　　　b　A：小作地　B：自作地

　　c　地主の所有する土地面積が減り，農地改革は効果があった。

　　d　地主の所有する土地面積に変化はなく，農地改革の効果は薄かった。

　　ア　a・c　　イ　a・d　　ウ　b・c　　エ　b・d

(3) 下線部 c と同時期の日本の国内状況についての説明として正しいものを，次のア〜エから選べ。　　（　　　）

　　ア　公害問題が深刻化し，公害対策基本法が制定された。

　　イ　都市部を中心に，革新首長があいついで誕生した。

　　ウ　3C と呼ばれる耐久消費財が普及した。

　　エ　下山事件・三鷹事件などの怪事件がおきた。

[記述] (4) 下線部 d に関連して，占領政策の転換後，労働者の争議権はどのようになったか，関係する法令の名前をあげて簡潔に説明せよ。

　　（　　　　　　　　　　　　　　　　　　　　　　　　　　　　　　　　　　　　　　　）

(5) 下線部 e に関連して，このとき，米軍が日本に駐留するにあたっての諸条件を定めた協定を何というか。　　（　　　　　　　　　）

2 ［占領下の経済政策］次の文章を読み，あとの問いに答えなさい。

　冷戦による東西対立は，アメリカの日本の占領政策を大きく転換させることとなった。アメリカは，日本を自由主義陣営の強力な防壁とすべく，日本の経済復興と再軍備をはかったのである。1948 年に（　①　）は，日本の経済的自立を促し共産主義に対する防壁とするべきであると演説した。1948 年に（　②　）内閣が成立すると，GHQ は a 経済安定九原則を実行するように命じた。これにより，b インフレの抑制，円の価値の安定をはかり，日本の経済的な国際競争力を高めて経済を復興させようとしたのである。これを実現させるべく，c 1949 年にはアメリカの（　③　）が来日し，一連の施策を日本政府に指示した。ちなみに，税制に関して見ると，アメリカの（　④　）を団長とする税制使節団が 1949 年に来日し税制改革の勧告をおこなった。これを受けて，所得税などの直接税を中心とする税制改革が断行された。

⑴ ①〜④に入る適語を，次のア〜コから選べ。

　　　　　　　　　　　　　　　①（　　　）②（　　　）③（　　　）④（　　　）

　ア 竹下（たけした）　イ ドッジ　　ウ ロイヤル　　エ 第 2 次吉田（よしだ）　オ 第 3 次吉田
　カ ドレーパー　　キ シャウプ　ク 海部（かいふ）　ケ ニミッツ　コ ハイエク

⑵ 下線部 a の内容として誤っているものを，次のア〜エから選べ。　　　　　　　　（　　　）

　ア 税の軽減　　イ 総予算の均衡　　ウ 賃金の安定　　エ 物価の統制

⑶ 下線部 b に関連して，右のグラフを参考にし，占領期の物価動向についての説明として正しいものを，次のア〜エから選べ。　　　（　　　）

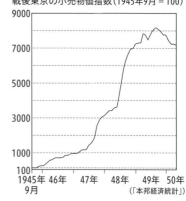
戦後東京の小売物価指数（1945年9月＝100）

（「本邦経済統計」）

　ア 1948 年後半までの激しい物価上昇をまねいた要因の 1 つは，朝鮮戦争の勃発にともなう特需の発生であった。

　イ 政府は，金融緊急措置令を出したが，猛烈なインフレを食い止めることはできなかった。

　ウ 1949 年に入って物価騰貴（とうき）がおさまったのは，この年から傾斜生産方式が採用され，生産が回復に向かったためであった。

　エ 敗戦直後に米穀配給制度が廃止されたために，都市住民の農村への買出しが急増し，農産物価格の騰貴をまねいた。

⑷ 下線部 c の年に単一為替レートを設けたが，当時 1 ドル何円とされたか，次のア〜エから選べ。　　　　　　　　　　　　　　　（　　　）

　ア 83 円　　イ 104 円　　ウ 308 円　　エ 360 円

Hints

1 ⑵農地改革は，政府が地主から土地を買い上げ，小作人に安く売り渡した政策。
　⑷転換前は，労働組合法で労働者の争議権が保障された。転換後にかわったのは公務員。

2 ⑵経済安定九原則の特徴は，徹底した引き締め政策という点である。
　⑶朝鮮戦争が始まったのは 1950 年。傾斜生産方式が採用されたのは 1947 年。

21 戦後政治と高度経済成長

STEP 1 基本問題

解答➡別冊 25 ページ

1 [国際社会復帰] 次の A ～ C の文章中の空欄に入る適語を答えなさい。

A 国内再編…独立後，吉田茂内閣は（①　　　　　）防止法を制定した。また吉田内閣はアメリカとの（②　　　　　）協定にもとづき（③　　　　　）を発足させた。

B 55 年体制の成立…1955 年日本民主党と自由党が合同し（④　　　　　）党が成立し，国会で長く過半数を維持することになる。一方，日本社会党は分裂状態を解消し野党第1党を続けていくこととなった。

C 国連加盟…東西の緊張緩和がすすんだ 1956 年，鳩山一郎内閣は（⑤　　　　　）宣言でソ連との国交を回復し，日本はソ連の支持で（⑥　　　　　）に加盟し，国際社会への復帰を果たした。

2 [高度経済成長] 次の年表中の空欄に入る適語を答えなさい。

1950 年	朝鮮戦争による（①　　　　　）景気が続く。
1955 年 ～61 年	（②　　　　　）景気，岩戸景気と好景気が続く。右図の（③　　　　　）が普及し始める。
1963 年 ～70 年	オリンピック景気に続く（④　　　　　）景気で，カラーテレビ・クーラー・自動車の（⑤　　　　　）が急速に普及する。1964 年，IMF8 条国に移行。また同年，経済協力開発機構〔（⑥　　　　　）〕に加盟し，資本の自由化・貿易の自由化がすすむ。1968 年には日本の国民総生産〔（⑦　　　　　）〕が資本主義国で第 2 位となる。
1970 年	農産物輸入自由化を背景に（⑧　　　　　）政策（米の生産調整）が始まる。
1971 年	公害問題に対処するため（⑨　　　　　）が設置される。アメリカの（⑩　　　　　）大統領が金とドルとの交換停止を発表（ドル危機）。
1973 年	石油危機（オイル=ショック）がおこり，高度経済成長が終わる。変動為替相場制へ移行。

Guide

得点UP

▶**高度経済成長**
　国際通貨基金（IMF）8条国への移行や経済協力開発機構（OECD）への加盟で，貿易と資本の自由化が進んだ。貿易は鉄鋼・自動車・電機など重化学工業製品が輸出の中心になり，貿易収支は恒常的に黒字であった。その一方で，水俣病・新潟水俣病・イタイイタイ病・四日市ぜんそくの四大公害のほか，騒音や水質汚濁など都市公害問題が発生した。

▶**消費革命**
　三種の神器・3C などの普及や CM（広告）で消費が促進される大量消費社会の到来を消費革命と呼ぶ。またマスメディア（特にテレビ放送）の発達で，人並み＝中流意識や文化の画一化が進んだ。

▶**領土の返還**
　奄美諸島は 1953 年，小笠原諸島は 1968 年，沖縄（琉球諸島）は 1972 年にアメリカから返還された。

参考 **為替相場の推移**

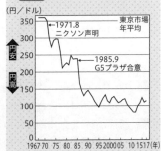

3 ［1960年代からの政治］次の文章の（　　）の中から適語を選びなさい。

　1960年安保闘争が続く中，①（ア　岸信介　イ　石橋湛山）内閣は日米新安保条約批准を強行した。次の②（ア　佐藤栄作　イ　池田勇人）内閣は「所得倍増計画」をすすめ，高度経済成長が一段と加速した。これをひきついだ③（ア　佐藤栄作　イ　田中角栄）内閣は④（ア　日韓基本条約　イ　日韓共同声明）により大韓民国との国交を正常化し，さらにアメリカの⑤（ア　軍政下　イ　施政権下）にあった沖縄の返還も実現させた。次の⑥（ア　三木武夫　イ　田中角栄）内閣は「日本列島改造計画」の推進で地価や物価の高騰をまねいた。外交の面では⑦（ア　日中共同声明　イ　日中平和友好条約）の調印で中華人民共和国との国交を正常化した。しかし石油危機がおこり，⑧（ア　グラマン　イ　ロッキード）事件につながる金脈問題で辞任した。1979年大平正芳内閣の時に東京で⑨（ア　サミット　イ　G8）が開催されたが，第2次石油危機がおこり経済の低成長が続く。1980年代前半に⑩（ア　中曽根康弘　イ　竹下登）内閣は電電公社・専売公社・国鉄を民営化した。次の⑪（ア　中曽根康弘　イ　竹下登）内閣は消費税を導入した。東西冷戦が終結した1990年代初め，イラクのクウェート侵攻に端を発した湾岸戦争後に自衛隊の掃海艇がペルシア湾に派遣された。⑫（ア　海部俊樹　イ　宮沢喜一）内閣の時，国連平和維持活動（⑬（ア　PKO　イ　PKF））協力法が成立した。1993年には細川護熙の連立内閣が誕生し，55年体制が崩壊した。

①（　　　　　）②（　　　　　）③（　　　　　）④（　　　　　）⑤（　　　　　）⑥（　　　　　）⑦（　　　　　）
⑧（　　　　　）⑨（　　　　　）⑩（　　　　　）⑪（　　　　　）⑫（　　　　　）⑬（　　　　　）

得点UP　戦後の主要な外交と首相

入試では，次の外交上のでき事とその順序の並べかえ等が出題されるので意識して覚えよう。

① 1956年…日ソ共同宣言・国連加盟（鳩山一郎）
② 1960年…日米相互協力及び安全保障条約（岸信介）
③ 1965年…日韓基本条約
④ 1971年…沖縄返還協定（③，④とも佐藤栄作）
⑤ 1972年…日中共同声明（田中角栄）
⑥ 1978年…日中平和友好条約（福田赳夫）

参考　石橋湛山

　大正デモクラシー期に『東洋経済新報』を主な活動の場として，藩・軍閥政治や制限選挙，二十一か条の要求，シベリア出兵など帝国主義政策を批判し，植民地放棄，軍備縮小を主張した。満洲事変以降の言論弾圧の時代にも同様の活動を続け，戦後に首相となった。

☑ サクッとCHECK

● 次の文が正しければ○，誤っていれば×を書きなさい。

❶ 朝鮮戦争にともなう特需景気のあと，神武景気や岩戸景気で高度経済成長の時代となった。（　　　　）

❷ 1960年代には「3C」と呼ぶ，洗濯機・冷蔵庫・白黒テレビの家電製品が普及した。（　　　　）

❸ 1968年に日本の国民総生産（GNP）は，アメリカに次ぐ資本主義国第2位となった。（　　　　）

❹ 岸信介内閣は日ソ共同宣言に調印し，ソ連との国交を回復して国際連合に加盟した。（　　　　）

❺ 1964年の東京オリンピック開催にあたり，東海道新幹線が開通した。（　　　　）

● 次の各問いに答えなさい。

❻ アメリカのビキニ環礁での水爆実験で被爆した日本の漁船を何というか。（　　　　　　　　）

❼ ❻の結果，翌1955年から毎年開催されている世界大会は何か。（　　　　　　　　）

❽ 「所得倍増計画」や「寛容と忍耐」を唱え，高度成長を推進した首相はだれか。（　　　　　　　　）

❾ 1965年日韓基本条約を結んで，大韓民国との国交を正常化した首相はだれか。（　　　　　　　　）

❿ 「日本列島改造」を唱えたが，のちにロッキード事件で有罪となった首相はだれか。（　　　　　　　　）

重要 **1** ［高度経済成長］次の文章を読み，あとの問いに答えなさい。 ［獨協大一改］

1955 年ごろから始まった a高度経済成長は，日本の政治・経済・文化に多大な影響を及ぼし，生活様式や生活条件を大きく変容させた。さらに，その過程で，b公害問題や，農業人口の減少，食料自給率の低下など複合的で構造的な問題や矛盾も生み出された。

1971 年にアメリカが発表した新経済政策は高度経済成長の基盤をゆるがした。翌年に成立した田中角栄（たなかかくえい）内閣は「（ ① ）」を旗印に財政の積極拡大策を展開したが，（ ② ）の影響による第 1 次石油危機の原油価格の高騰（こうとう）を契機に高度経済成長は終わりを迎えた。石油危機は世界経済にも大きな打撃を与え，世界経済の再建をメインテーマとして，1975 年にアメリカ，イギリス，フランス，西ドイツ，日本，（ ③ ）の 6 か国首脳による第 1 回先進国首脳会議（サミット）が開かれた。

(1) ①～③に入る適語を答えよ。

　　　　　　① (　　　　　　　) ② (　　　　　　　) ③ (　　　　　　　)

(2) 下線部 a に関連して，次の各問いに答えよ。

① 日本経済に関する次の説明文 X～Z は，それぞれ右のグラフ中の A～E のうち，いずれの時期のものか。

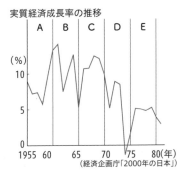

実質経済成長率の推移

（経済企画庁「2000年の日本」）

　　　　　　X (　　　) Y (　　　) Z (　　　)

X 世界的な石油危機により，実質経済成長率の低下と激しいインフレの進行が見られ，国民生活は混乱した。

Y MSA 協定の影響や世界的好況のなかでおきた神武（じんむ）景気に続いて，それをしのぐ岩戸（いわと）景気が始まった。

Z 数年にわたって実質経済成長率が 10 ％をこえ，GNP も資本主義世界で第 2 位に達したが，都市問題などが深刻化し，住民運動も盛んになった。

② 右のグラフ中の A～D の時期の説明として誤っているものを，次のア～エから選べ。　(　　　)

ア A の時期に，戦前の経済水準を回復した。

イ B の時期に，OECD に加盟するなど，貿易と資本の自由化がすすんだ。

ウ C の時期に，公害防止と自然保護のために，環境庁が設置された。

エ D の時期に，列島改造を唱えた首相が金脈問題により退陣した。

(3) 下線部 b に関連して，高度経済成長期の公害問題や農業・食料問題に関する動きとして誤っているものを，次のア～エから選べ。　(　　　)

ア 農村から大都市への人口流入が増加し兼業農家が増加した。

イ 米の供給を増やす目的で，減反（げんたん）政策が廃止された。

ウ 農業の近代化などを目ざして，農業基本法が制定された。

エ 環境庁が発足し，公害行政と環境保全施策の一本化がはかられた。

2 ［戦後の外交］次のА～Сは，日本が関わった条約の抜粋である。これを読み，あとの問い
に答えなさい。
［青山学院大一改］

Ａ「千九百十年八月二十二日以前に大日本帝国と大韓帝国との間で締結されたすべての条約
及び協定は，もはや無効であることが確認される。」

Ｂ「ソヴィエト社会主義共和国連邦は，……歯舞群島及び色丹島を日本国に引き渡すことに
同意する。ただし，これらの諸島は，日本国とソヴィエト社会主義共和国連邦との間の平
和条約が締結された後に現実に引き渡されるものとする。」

Ｃ「両締約国(注：日本と中国)は，そのいずれも，アジア・太平洋地域においても又は他の
いずれの地域においても覇権を求めるべきではなく，また，このような覇権を確立しよう
とする他のいかなる国又は国の集団による試みにも反対することを表明する。」

(1) Ａの条約に関して誤っているものを，次のア～ウから選べ。　　　　　（　　）

　ア　この条約で日本は韓国政府を「朝鮮にある唯一の合法的な政府」と認めた。

　イ　この条約とともに請求権・経済協力に関する協定も締結された。

　ウ　この条約に反対する大規模な義兵運動が韓国でおこった。

(2) Ｂに関する説明として正しいものを，次のア～ウから選べ。　　　　　（　　）

　ア　この宣言が発表された翌年に保守合同が実現し，自由民主党が誕生した。

　イ　ソヴィエト社会主義共和国連邦はこの宣言の翌年人工衛星の打ち上げに成功した。

　ウ　この宣言に先立ち，日本とソヴィエト社会主義共和国連邦との間の戦争状態に終止符
　　　が打たれ，両国の外交関係が正常化した。

(3) Ｂの宣言が出された時の日本の政権に関して誤っているものを，次のア～ウから選べ。

　　　　　　　　　　　　　　　　　　　　　　　　　　　　　　　　　　（　　）

　ア　この政権の下で，日本の国連加盟が実現した。

　イ　この政権の崩壊後に保守合同が実現し，自由民主党が発足した。

　ウ　この政権の首相は，占領期に公職追放を経験した。

(4) Ｃは，福田赳夫内閣の時に締結された条約である。この条約は何か。

　　　　　　　　　　　　　　　　　　　　　　　　（　　　　　　　　　　）

(5) Ｃに関する説明として正しいものを，次のア～ウから選べ。　　　　　（　　）

　ア　この条約の締結時，中ソ間では対立が続いていた。

　イ　この条約の締結時，ソ連によるアフガニスタン侵攻が継続中であった。

　ウ　この条約の締結時，米中間では正式な外交関係が樹立されていた。

(6) Ａ～Ｃを年代の古い順に並べよ。　　　　　　（　　→　　→　　）

Hints

1 (2)高度経済成長の始まりは1950年代後半からとされるが，本格化したのは1960年代に入ってから。
1973年の第1次石油危機で終了した。

2 (1) Ａは日韓基本条約の内容の一部である。
(2)(3) Ｂの宣言が調印されたのは1956年である。

22 激動する世界と日本

STEP ① 基本問題　　　　解答⊜ 別冊 26 ページ

1 ［先進資本主義国の苦悩］次の文章中の空欄に入る適語を，あとの**ア〜キ**から選びなさい。

第1次石油危機後の世界的不況打開のため，1975年に初めて先進国首脳会議〔（ ① ）〕が開かれた。ベトナム戦争を契機に「双子の赤字」が累積したアメリカはついに1985年純債務国に転落した。このため（ ② ）合意でドル高是正がなされたが，その後も円高が続き，日本は「経済大国」として開発途上国に巨額の政府開発援助〔（ ③ ）〕をおこなった。1990年東西ドイツが統合され，翌年ソ連が崩壊して東西冷戦は終わった。その後21世紀に入っても地域紛争やテロは続いている。また，ヨーロッパ連合〔（ ④ ）〕の成立，中国の急速な経済成長などがあって，国際関係は複雑な動きをしている。

ア NGO　　**イ** ODA　　**ウ** EC　　**エ** EU　　**オ** プラザ
カ サミット　　**キ** G8

①（　　）　②（　　）　③（　　）　④（　　）

2 ［1980年代以降の日本］次の文章中の空欄に入る適語を，あとの**ア〜コ**から選びなさい。

バブル経済のもとでの汚職事件が世論の批判をあび，自民党の派閥争いも加わって，1980年代後半からは短命な内閣が続く。1987年に成立した竹下登内閣は，翌年発覚した（ ① ）事件と1989年の消費税導入の2つで国民の支持を失い，1年半で退陣した。1991年に成立した宮沢喜一内閣は（ ② ）事件やゼネコン汚職事件などで退陣し，自民党は分裂した。こうして1993年に非自民8党派の連立による（ ③ ）内閣が成立して「55年体制」は終わった。この年に政府は（ ④ ）のウルグアイ＝ラウンドで農産物完全自由化に合意し，それ以降食料自給率は一段と低下した。2001年に登場した（ ⑤ ）内閣は「規制緩和」「構造改革」政策を推進したが，貧困と格差は今なお広がっている。

ア リクルート　　**イ** ロッキード　　**ウ** GATT　　**エ** ペレストロイカ　　**オ** 佐川急便
カ 昭和電工　　**キ** 村山富市　　**ク** 細川護熙　　**ケ** サミット　　**コ** 小泉純一郎

①（　　）　②（　　）　④（　　）　⑤（　　）

Guide

得点UP

▶**日米貿易摩擦**
石油危機後，日本からアメリカへの自動車・家電・ハイテク商品などの輸出が急増した。その結果，対日貿易赤字が深刻となったアメリカの要求で，日本は牛肉・オレンジ（1988年），コメ（1993年）の農産物輸入自由化を決定した。

▶**バブル経済**
プラザ合意（1985年）後の円高不況を，日本は低金利政策や先端技術中心の産業構造への転換で乗り切った。この結果，日本国内の余剰資金が株や土地の購入に向けられ，80年代後半から株価・地価の高騰で見せかけの「好景気」が続いた。この実体のない経済膨張をバブル経済と呼ぶ。

▶**平成大不況**
1990年代初頭に株価・地価が大暴落して長期の不況となった。企業は「リストラ」の名のもとに人員削減をすすめ，政府は金融機関救済に公的資金を投入したが，景気は回復しなかった。

3 ［1990年代の日本］次の文章を読み，あとの問いに答えなさい。

[広島修道大一改]

　a湾岸戦争の対応に追われた海部俊樹内閣のあと，（ ① ）内閣の時に発覚した佐川急便事件などで政治不信が高まった。その結果，（①）内閣は退陣し，日本共産党をのぞく非自民8党派の連立政権が誕生した。首相には（ ② ）の細川護熙が就任した。この内閣は衆議院に小選挙区比例代表並立制を導入する選挙制度改革を実現した。その2年後の1996年，社会党の（ ③ ）内閣が退陣したあと，自民党の橋本龍太郎内閣は「日米防衛協力のための指針」の見直しと，（ ④ ）税の引き上げ（3％から5％へ）を実施した。あとをついだ（ ⑤ ）内閣は多額の赤字国債発行を含む大型予算をくみ景気の回復をはかりながら，新ガイドライン関連法や国旗・国歌法を制定した。

(1) 下線部aの原因となった，クウェートに侵攻した国はどこか。国名を答え，その位置を右の地図中のア〜エから選べ。

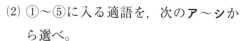

　　国名（　　　　　　）　位置（　　　）

(2) ①〜⑤に入る適語を，次のア〜シから選べ。

　ア 村山富市　　イ 小渕恵三　　ウ 宮沢喜一　　エ 竹下登
　オ 宇野宗佑　　カ 消費　　キ 所得　　ク 民主改革連合
　ケ 新党さきがけ　　コ 日本新党　　サ 新生党　　シ 相続

①（　　　）②（　　　）③（　　　）④（　　　）⑤（　　　）

得点UP

▶ **PKO協力法**
　イラクのクウェート侵攻を契機とする1991年の湾岸戦争で，日本に「人的な国際貢献」を要求する国際世論が高まり，その結果1992年に制定された。主な活動は，海外に自衛隊を派遣し，国連の平和維持活動に協力する，など。最初の派遣はカンボジア。宮沢喜一内閣の時に行われた。

▶ **新ガイドライン**
　1990年代後半，日米安保体制はアジア太平洋域における地域紛争に日米共同で対処するという性格を強めた。この「周辺有事」における日米防衛協力のための指針を新ガイドラインという。1999年小渕恵三内閣は新ガイドライン実行のための周辺事態安全確保法を成立させた。

☑ サクッとCHECK

● 次の文が正しければ○，誤っていれば×を書きなさい。
❶ 中曽根康弘内閣は行財政改革として，電電公社・専売公社・国鉄の民営化を実行した。　（　　）
❷ 1985年G5のプラザ合意により，ドル高是正がはかられ，円は急激に安値となった。　（　　）
❸ 1980年代後半から地価や株価の異常な高騰がおこり，これを「バブル経済」と呼んでいる。　（　　）
❹ イラン・イラク戦争のあと，PKO協力法が成立し，自衛隊がカンボジアに派遣された。　（　　）
❺ 1999年，「日米防衛協力のための指針」実行のため，周辺事態安全確保法が制定された。　（　　）

● 次の各問いに答えなさい。
❻ 1975年に初めて開かれ，1979年に東京で開かれた先進国の会議を何というか。（　　　　　　　）
❼ 1978年に日中平和友好条約を締結した日本の首相はだれか。（　　　　　　　）
❽ 元号が平成にかわり，消費税導入を決定した時の首相はだれか。（　　　　　　　）
❾ ソ連共産党書記長ゴルバチョフが進めた，国内の体制立て直し策を何というか。（　　　　　　　）
❿ 自由民主党による「55年体制」のあと，新たに発足した連立内閣の首相はだれか。（　　　　　　　）

第1章 第2章 第3章 第4章 第5章 総合

解答⊕ 別冊 26 ページ

重要 **1** ［1970～80年代の日本］次の文章を読み，あとの問いに答えなさい。　　　　　　［明治大一改］

　　1971 年アメリカは金とドルとの交換停止を発表した。これはドルを基軸通貨としてきた各国経済に影響を与え，日本にとっても a それまでの固定相場制の下で安定した経済活動をしてきた有利な条件が失われることを意味した。同年 12 月 b アメリカで開かれた蔵相会議の結果，円を切り上げる通貨調整が合意された。その後各国が変動為替相場制に移行したのをうけて，日本もそれにならった。ここに c 国際通貨基金(IMF)を中心とする固定為替相場制は崩壊した。1972 年 7 月に発足した（　X　）内閣は同年 9 月に日中共同声明に調印し，d 日中の国交正常化が実現した。e 1979 年に第 2 次石油危機がおき，世界経済が停滞を続けるなかで，日本経済はいち早く立ち直った。これは人件費などの削減や省エネルギーにつとめる経営努力に加え，半導体やコンピュータなどのいわゆる（　Y　）製品を製造する企業の急成長もあったからである。f 1982 年に成立した内閣は日米摩擦の改善をはかるとともに，第 2 次臨時行政調査会(臨調)の方針をうけて行財政改革をおこなった。しかし，アメリカの赤字解消はすすまず，1985 年にアメリカは純債務国に転落した。この結果，g 先進国 5 か国でドル高是正がはかられた。

(1) 下線部 a に関して，それまでの為替レートを，次のア～エから選べ。　　　（　　　）

　　ア　1ドル＝180 円　　イ　1ドル＝240 円　　ウ　1ドル＝308 円　　エ　1ドル＝360 円

(2) 下線部 b を何というか。次のア～エから選べ。　　　　　　　　　　　　　（　　　）

　　ア　スミソニアン協定　　イ　プラザ合意

　　ウ　マルタ合意　　　　　エ　ウルグアイ＝ラウンド

(3) 日本が下線部 c の 8 条国に移行した 1964 年のでき事を，次のア～エから選べ。（　　　）

　　ア　湯川秀樹がノーベル賞を受賞した　　イ　東京オリンピックが開催された

　　ウ　NHK がテレビの本放送を開始した　　エ　サンフランシスコ平和条約が発効した

(4) X に入る首相を，次のア～エから選べ。　　　　　　　　　　　　　　　　（　　　）

　　ア　田中角栄　　イ　佐藤栄作　　ウ　三木武夫　　エ　福田赳夫

(5) 下線部 d のあと，1978 年に日中平和友好条約を締結した時の首相を，次のア～エから選べ。

　　　　　　　　　　　　　　　　　　　　　　　　　　　　　　　　　　　　（　　　）

　　ア　田中角栄　　イ　三木武夫　　ウ　福田赳夫　　エ　大平正芳

(6) 下線部 e の原因となったでき事を，次のア～エから選べ。　　　　　　　　（　　　）

　　ア　中東戦争　　イ　イラン革命　　ウ　アフガニスタン紛争　　エ　コソボ紛争

(7) Y に入る適語を，カタカナ 4 字で答えよ。　　　　　　　　　　　　　　　（　　　）

(8) 下線部 f にあたる内閣の首相を，次のア～エから選べ。　　　　　　　　　（　　　）

　　ア　大平正芳　　イ　鈴木善幸　　ウ　中曽根康弘　　エ　竹下登

(9) 下線部 g を何というか。次のア～エから選べ。　　　　　　　　　　　　　（　　　）

　　ア　プラザ合意　　イ　ブレトン＝ウッズ体制　　ウ　東京ラウンド　　エ　東京サミット

2 [現代日本の立場] 次のＡ～Ｃの文章を読み，あとの問いに答えなさい。 ［早稲田大一改］

Ａ 佐藤栄作内閣は 1967 年に_a非核三原則を表明し，1969 年の佐藤・ニクソン会談では「核抜き」の沖縄返還が合意されたが，有事の「核」の再もち込みについての密約があったことが，近年明らかになってきている。

Ｂ 中曽根康弘首相は，当初「戦後政治の総決算」を唱えて政治的・軍事的大国化を目ざし，その後，行財政改革を推し進めるため，（ Ｗ ）・（ Ｘ ）・（ Ｙ ）の民営化を断行し，省庁の統廃合をすすめた。

Ｃ 日米両国政府は，1997 年「日米防衛協力のための指針」（いわゆる新ガイドライン）に合意し，1999 年には，これを具体化するために（ Ｚ ）などの 3 法を成立させた。

(1) 下線部ａの 3 つの原則を答えよ（順序は問わない）。

　　　　　　　　　　（　　　　　　　）（　　　　　　　）（　　　　　　　）

(2) Ｗ～Ｙに該当する語を 3 つ答えよ（順序は問わない。また，いずれも通称（略称）で答えてよい）。　　　　　　　　　　（　　　　　　　）（　　　　　　　）（　　　　　　　）

(3) Ｚに該当する法律を，次のア～オから選べ。　　　　　　　　　　　（　　　）

　　ア 国際平和協力法（PKO 法）　　イ テロ対策特別措置法　　ウ 周辺事態安全確保法

　　エ イラク復興支援特別措置法　　オ 通信傍受法

3 [1990年代の政治・経済] 次の文章中の空欄に入る適語をカタカナで答えなさい。［広島修道大一改］

　1989 年，右図に見られる（ ① ）の壁の崩壊があり，翌年東西ドイツは統合した。

　日本では 1990 年代に入ると，まず株価が，ついで地価が急落し始め（ ② ）経済は崩壊した。このため各企業は事業整理や人員削減〔いわゆる（ ③ ）〕などをおこなったが，失業・雇用不安が増大し，やがてこの時代は「失われた 10 年」と総称されるようになる。

　また 90 年代には差別を解消する気運が高まり，1997 年には（ ④ ）文化振興法が成立して明治以来の北海道旧土人保護法が廃止された。加えて，この年に容器包装（ ⑤ ）法が，2001 年には家電（⑤）法が施行され，日本は環境問題にも積極的な取り組みを始めた。

①（　　　　　　　）②（　　　　　　　）③（　　　　　　　）

④（　　　　　　　）⑤（　　　　　　　）

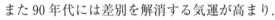

Hints

1 (1)ドッジ＝ラインで単一為替レートが決められ，日本の貿易に有利な条件だった。ニクソン＝ショックのあと，1 ドル＝308 円に固定したものの，1973 年に変動相場制に移行した。

2 戦後の首相は次のように 10 年ごとにまとめて理解しよう。50 年代…吉田茂・鳩山一郎，60 年代…岸信介・池田勇人・佐藤栄作（70 年代初めも），70 年代…田中角栄・福田赳夫。

解答⊜ 別冊 27 ページ

1 第二次世界大戦後の日本について述べた次のA，Bの史料を読み，あとの問いに答えなさい。

[慶應義塾大一改]

A 戦後日本経済の回復の速かさには誠に万人の意表外にでるものがあった。……
経済の浮揚力には事欠かなかった。a経済政策としては，ただ浮き揚る過程で国際収支の悪化やインフレの壁に突き当るのを避けることに努れば良かった。……いまや経済の回復による浮揚力はほぼ使い尽された。……もはや「戦後」ではない。……

B 私は，工業再配置と交通・情報通信の全国的ネットワークの形成をテコにして，人とカネとものの流れを大都市から地方に逆流させる"地方分散"を推進することにした。
この「（ X ）」は，人口と産業の地方分散によって過密と過疎の同時解消をはかろうとするものであり，その処方箋を実行に移すための行動計画である。私は衰退しつつある地方や農村に再生のためのダイナモをまわしたい。b公害のない工場を大都市から地方に移し，地方都市を新しい発展の中核とし高い所得の機会をつくる。……

(1) 史料BのXに入る適語を答えよ。

(2) 下線部aに関連して，占領期の経済政策とそれに関係する次のa〜dの事項を年代の古い順に並べよ。

a 1ドル＝360円の単一為替レートの実施　　b 金融緊急措置令の公布

c 経済安定九原則の実行の指令　　　　　　d 傾斜生産方式の閣議決定

(3) 下線部bに関連して，右の図1と図2は，戦後のある35年間の日経平均株価と日本の貿易収支の推移を示したものである。2つの図の横軸の1〜7は5年ごとの区分であり，その区分は2つの図で同一である。これらの図について，次の各問いに答えよ。

① 史料A，Bが発表された時期を図の1〜7からそれぞれ選べ。

記述 ② 図の4の時期に貿易黒字が減少した主な理由を，その背景となった具体的なでき事に言及しながら説明せよ。

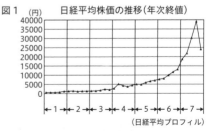

図1　日経平均株価の推移（年次終値）

（日経平均プロフィル）

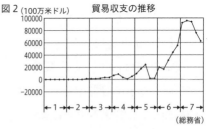

図2　貿易収支の推移

（総務省）

(1)			(2)		→		→		→	
(3)	①	A		B		②				

難問 **2** 次のＡ，Ｂの文章を読み，あとの問いに答えなさい。 ［神戸学院大一改］

Ａ 日本は_a戦後の復興期をへて，_b1955年から約20年近くの間，（実質）成長率が年平均
10％をこえる経済成長を続けた。またこの間，_c4度にわたる大型景気も経験した。

(1) 下線部 **a** について，GHQ の対日政策の転換に関する説明として誤っているものを，次の
ア～エから選べ。

    ア 対日政策の転換は，1948年1月のロイヤル陸軍長官の演説で表明された。

    イ 労働運動弾圧のため労働組合法が改正され，全労働者の争議権が剥奪された。

    ウ 1949年以降，公職追放の解除がすすみ，各界の指導者が復帰した。

    エ 経済復興政策として，過度経済力集中排除法による企業分割が緩和された。

(2) 下線部 **b** の年におこったでき事として最も適切なものを，次のア～エから選べ。

    ア 衆議院での新安保条約批准の強行採決により，安保闘争が激化した。

    イ 財界の強い要望を背景に，日本民主党と自由党の保守合同が実現した。

    ウ 保安隊・海上警備隊が統合され，陸海空の3隊からなる自衛隊が発足した。

    エ ソ連との国交正常化にともない，日本の国際連合加盟が実現した。

(3) 下線部 **c** の4つの大型景気を年代の古い順に正しく並びかえたものを，次のア～エから選
べ。

    ア いざなぎ→神武→岩戸→オリンピック   イ 岩戸→神武→オリンピック→いざなぎ

    ウ いざなぎ→岩戸→神武→オリンピック   エ 神武→岩戸→オリンピック→いざなぎ

Ｂ 高度経済成長は_d産業構造の高度化をうながした。所得の上昇とともに_e各家庭には耐久消
費財が普及した。 また交通網の整備がすすみ，1964年には（ **X** ）が開通した。しかし，
都市公害など環境が悪化したため，_f1967年に東京都で革新系の首長が誕生した。

(4) 下線部 **d** に関連して，この時期の産業の説明として誤っているものを，次のア～エから選べ。

    ア 安価な石油におされて，従来の日本経済を支えた石炭産業の斜陽化がすすんだ。

    イ 重化学工業の地位が高まり，工業生産額の3分の2を占めるようになった。

    ウ 国際競争力の激化に備え，三菱重工業の再合併など大型企業の合併がすすんだ。

    エ 新産業都市建設促進法（1962年）により，太平洋ベルト地帯への工業集中が緩和した。

(5) 下線部 **e** に関連して，「三種の神器」「新三種の神器」にあてはまらないものを，次のア～
オから選べ。

    ア 電気冷蔵庫   イ 自動車   ウ クーラー   エ ラジオ   オ 電気洗濯機

(6) **X** にあてはまるものを，次のア～オから選べ。

    ア 東海道新幹線   イ 山陽新幹線   ウ 青函トンネル

    エ 瀬戸大橋   オ 関門海底トンネル

(7) 下線部 **f** にあてはまる人物を，次のア～エから選べ。

    ア 蜷川虎三   イ 黒田了一   ウ 美濃部亮吉   エ 青島幸男

(1)	(2)	(3)	(4)	(5)	(6)	(7)

1 次の文章を読み，あとの問いに答えなさい。

[大阪経済大一改]

　邪馬台国の女王（　①　）が魏に使いを送って以来，5世紀には倭の五王が宋へ朝貢し，さらには遣隋使，遣唐使の派遣と，中国との関係が続いてきたが，平安時代に唐の衰退を背景にa遣唐使が廃止された。鎌倉時代にはモンゴル襲来があり中国との公的な国交が途絶えたが，b室町時代になって元が滅び，明が成立すると国交が再開し，日明〔（　②　）〕貿易として交易も再開した。戦国時代から織田・c豊臣政権の時代にキリスト教が伝来し，ヨーロッパとの関係が生まれた。徳川幕府は，初期には海外貿易や日本人の海外渡航に積極的であったが，その後，徳川家康はキリスト教を禁じ，さらに3代将軍徳川家光の時代に対外交易を規制し始め，鎖国の状態となった。江戸時代末期になると，dロシアやイギリスの船舶が来訪する事件があいついでおきたため，幕府は（　③　）を発した。しかし，アヘン戦争における清の敗北を知り，さらにペリー来航などの圧力によって，1854年に日米和親条約を結び開国に至った。

(1) ①〜③に入る適語を答えよ。

(2) 下線部 **a** のあとの10世紀から11世紀ごろの中国との関係として正しいものを，次の**ア**〜**エ**から選べ。

　ア 国交は継続し，公的な貿易も続いた。

　イ 正式な国交を開かないが，私的な貿易は続いた。

　ウ 正式な国交を開かず，貿易も途絶した。

　エ 国交は断絶し，公的・私的とも貿易は途絶えた。

(3) 下線部 **b** に関連して，平安時代から室町時代の歴史書・著作を年代の古い順に正しく並べたものを，次の**ア**〜**エ**から選べ。

　ア 『方丈記』―『大鏡』―『神皇正統記』　　**イ** 『神皇正統記』―『方丈記』―『大鏡』

　ウ 『大鏡』―『方丈記』―『神皇正統記』　　**エ** 『神皇正統記』―『大鏡』―『方丈記』

(4) 下線部 **c** に関連して，桃山時代の庶民文化の絵図として正しいものを，次の**ア**〜**エ**から選べ。

ア 　**イ** 　**ウ** 　**エ**

記述 (5) 下線部 **d** の背景となった当時のヨーロッパ情勢について簡潔に説明せよ。

(1)	①	②	③	(2)	(3)	(4)

(5)

2 次のＡ，Ｂの文章を読み，あとの問いに答えなさい。 ［共通テスト一改］

Ａ 源頼朝は，平氏政権を倒したあと，（ ① ）を戦った源頼義・義家父子と同じように奥州に攻め入り，武家の棟梁としての地位を示そうとした。頼朝は，平泉の奥州藤原氏を討つため，1189年8月に平泉を攻略し，同9月に（ ② ）を討ち取った。その後頼朝は，a平泉において戦後処理をおこない，鎌倉に帰還した。この合戦に際して全国的な軍事動員がおこなわれたことで，b頼朝による武士の編成が進み，その枠組みは平時にも連続していった。

Ｂ 鎌倉幕府の滅亡後の混乱のなか，足利尊氏は後醍醐天皇と対立して光明天皇を擁立した結果，2つの朝廷が併存する内乱状態となった。足利尊氏は，この内乱で出た多くの戦死者のためにc諸国に安国寺・利生塔を造立し，元弘の変以来の戦死者の霊を弔った。

(1) ①，②に入る適語を答えよ。

(2) 下線部ａに関連し，次の史料に関して述べた文として正しいものを，あとのア～エから2つ選べ。

> 中尊寺の寺僧は，頼朝に対して，奥州藤原氏が造立した平泉内の寺社を書き上げたリストを提出した。頼朝は信仰心をもよおし，それらの諸寺社の所領を保証するとともに祈禱を命じた。頼朝の指示が近隣の寺の壁に貼り出され，寺僧たちはひきつづき寺にとどまることを決心できた。
>
> （『吾妻鏡』文治5年9月17日条 大意）

ア 『吾妻鏡』は，江戸時代になって，鎌倉幕府の歴史を記した歴史書である。

イ 『吾妻鏡』は，鎌倉時代に鎌倉幕府の歴史を記した歴史書である。

ウ 頼朝は，藤原氏が造立した中尊寺など平泉の堂舎を破壊した。

エ 頼朝は，藤原氏が造立した中尊寺など平泉の堂舎を保護した。

(3) 下線部ｂに関連して，鎌倉幕府の組織編成や政治方針について述べた文として誤っているものを，次のア～エから選べ。

ア 遷都を試みるとともに，大輪田泊を整備した。

イ 田地の面積や領主を把握するために，大田文の作成を命じた。

ウ 中国から渡来した僧侶たちを鎌倉にまねいた。

エ 各国の守護に対して，大犯三か条を担わせ，国内の御家人を統括させた。

(4) 下線部ｃに関連して，信仰に関わるでき事に関して述べた次の文ア～ウを，年代の古い順に並べよ。

ア 抵抗を続けていた伊勢長島の一向一揆は，徹底的に弾圧された。

イ 叡尊・忍性の活動により，殺生禁断など戒律を重視する律宗が復興した。

ウ 応仁の乱直前の寛正の大飢饉では，時宗の信者による炊き出しや死者供養がおこなわれた。

(1) ①		②		(2)		
(3)		(4)	→	→		

125

3 次のA～Eの史料・説明文中の①～⑤について，それぞれの〔語群〕から最も適当な語句を
選びなさい。また，あとの問いに答えなさい。

［関西大一改］

A 嚮ニ_a明治八年ニ元老院ヲ設ケ，十一年ニ（ ① ）ヲ開カシム。……将ニ明治二十三年ヲ期シ，
_b議員ヲ召シ国会ヲ開キ，以テ朕ガ初志ヲ成サントス。……

〔語群〕 ア 府県会 イ 大審院 ウ 正院 エ 衆議院

(1) 下線部**a**の元老院が作成した憲法草案は1880年に岩倉具視らの反対で廃案になった。その草案を，次のア～エから選べ。

ア 日本憲法見込案 イ 日本国憲按 ウ 東洋大日本国国憲按 エ 憲法改正要綱

(2) 下線部**b**に関して，帝国議会開設時の議員について述べた次の文Ⅰ・Ⅱの正誤の正しい組み合わせを，あとのア～エから選べ。

Ⅰ：貴族院議員は皇族と華族のほか，勅選議員，多額納税者議員によって構成された。

Ⅱ：衆議院の被選挙人は，直接国税15円以上を納入する満20歳以上の男性に限られた。

ア Ⅰ―正 Ⅱ―正 イ Ⅰ―正 Ⅱ―誤 ウ Ⅰ―誤 Ⅱ―正 エ Ⅰ―誤 Ⅱ―誤

B 某等が政府に要むべき者は，_c外交失策を挽回するに在るなり。……抑も条約改正を為す
は_d治外法権を破り，海関税権を収めんがためなり。既に然せんと欲せば，内地雑居を許
さざるを得ず。……単に害ありて利なきを見るなり。…… （1887年の「（ ② ）」の一節）

〔語群〕 ア 民撰議院設立の建白書 イ 立志社建白
ウ 三大事件建白書 エ 七博士意見書

(3) 下線部**c**について，外交失策と批判された外務大臣を，次のア～エから選べ。

ア 青木周蔵 イ 井上馨 ウ 寺島宗則 エ 榎本武揚

(4) 下線部**d**が成功した年におこったでき事を，次のア～エから選べ。

ア 甲午農民戦争 イ 教育勅語の発布 ウ 日英同盟の締結 エ 日本銀行の創設

C _e学制，兵制，自治制等の創始以来五十年内外，_f憲法施行以来三十有六年でありまして，
国民の知見能力に対する試錬は既に相当に尽されたりと認むるのであります。今や正に普
通選挙の制を定め，周く国民をして国運進展の責任にあたらしむべきの秋であると信ずる
のであります。

（_g1925年1月22日衆議院本会議における（ ③ ）首相の普通選挙法提案理由の一節）

〔語群〕 ア 原敬 イ 高橋是清 ウ 加藤友三郎 エ 加藤高明

(5) 下線部**e**はどこの国をモデルにして制定されたか。次のア～エから選べ。

ア フランス イ イギリス ウ ドイツ エ アメリカ

(6) 下線部**f**の期間におこった次のでき事Ⅰ～Ⅲを年代の古い順に正しく並びかえたものを，
あとのア～カから選べ。

Ⅰ ワシントン海軍軍備制限条約を結んだ。 Ⅱ 石井・ランシング協定を結んだ。
Ⅲ ポーツマス条約を結んだ。

ア Ⅰ―Ⅱ―Ⅲ イ Ⅰ―Ⅲ―Ⅱ ウ Ⅱ―Ⅰ―Ⅲ
エ Ⅱ―Ⅲ―Ⅰ オ Ⅲ―Ⅰ―Ⅱ カ Ⅲ―Ⅱ―Ⅰ

重要▷(7) 下線部**g**の年におこったでき事を，次の**ア〜エ**から選べ。

　　ア 日米通商航海条約を結んだ　　**イ** 日ソ基本条約を結んだ

　　ウ 日英同盟を初めて改定した　　**エ** 初めて日露協約を結んだ

D ……所謂ʰ元老，重臣，軍閥，ⁱ財閥，官僚，政党等はこの国体破壊の元兇なり。倫敦軍縮条約，並びに教育総監更迭における統帥権干犯……中岡，佐郷屋，ʲ血盟団の先駆捨身，五・一五事件の憤騰，相沢中佐の閃発となる。寔に故なきに非ず。……（これは，二・二六事件蹶起趣意書の一節である。クーデタは鎮圧されたが，こののち軍部では（ ④ ）が指導権を握り，軍部の発言力が飛躍的に増大した。）

〔語群〕　**ア** 大本営　　**イ** 桜会　　**ウ** 皇道派　　**エ** 統制派

難問▷(8) 下線部**h**にあたる人物を，次の**ア〜エ**から選べ。

　　ア 西園寺公望　　**イ** 桂太郎　　**ウ** 鈴木貫太郎　　**エ** 牧野伸顕

難問▷(9) 下線部**i**のうち，1930年にドル買いで国民の批判をうけた財閥を，次の**ア〜エ**から選べ。

　　ア 三菱　　**イ** 三井　　**ウ** 住友　　**エ** 安田

重要▷(10) (9)で答えた財閥の持株会社理事長で，下線部**j**の血盟団に暗殺された人物を，次の**ア〜エ**から選べ。

　　ア 岩崎弥太郎　　**イ** 三井高利　　**ウ** 団琢磨　　**エ** 後藤新平

E ᵏ千九百十年八月二十二日以前に大日本帝国と大韓帝国との間で締結されたすべての条約及び協定は，もはや無効であることが確認される。（これは，日韓基本条約の第二条に記されたものである。第三条には「大韓民国政府は，（ ⑤ ）決議第百九十五号（Ⅲ）に明らかに示されているとおりの朝鮮にある唯一の合法的な政府であることが確認される」と記された。）

〔語群〕　**ア** 安全保障理事会　　**イ** 国際連盟理事会　　**ウ** 国際連合総会　　**エ** 国連人権委員会

(11) 下線部**k**の年に調印された条約を，次の**ア〜エ**から選べ。

　　ア 第1次日韓協約　　**イ** 日韓議定書　　**ウ** 第2次日韓協約　　**エ** 韓国併合条約

(12) 20世紀初頭におこった次のでき事Ⅰ〜Ⅲを年代の古い順に正しく並びかえたものを，あとの**ア〜カ**から選べ。

　　Ⅰ ハーグ密使事件がおこった。　　**Ⅱ** 伊藤博文が初代韓国統監に就任した。

　　Ⅲ 韓国軍が解散させられ，義兵運動が高まった。

　　ア Ⅰ—Ⅱ—Ⅲ　　**イ** Ⅰ—Ⅲ—Ⅱ　　**ウ** Ⅱ—Ⅰ—Ⅲ

　　エ Ⅱ—Ⅲ—Ⅰ　　**オ** Ⅲ—Ⅰ—Ⅱ　　**カ** Ⅲ—Ⅱ—Ⅰ

①	②	③	④	⑤
(1)	(2)	(3)	(4)	(5)	(6)
(7)	(8)	(9)	(10)	(11)	(12)

4 次の年表を見て，あとの問いに答えなさい。

(1) ①～⑤に入る適語を答えよ。

(2) **A**の時期の「国際紛争解決の為戦争に訴ふることを非とし，且其の相互関係に於て国家の政策の手段としての戦争を抛棄すること」とした条約に調印した際の内閣総理大臣はだれか。

(3) **B**の時期の「独逸国及伊太利国は日本国の大東亜に於ける新秩序建設に関し指導的地位を認め且之を尊重す」とした条約に調印した際の外務大臣はだれか。

重要 (4) **C**から**D**にかけての時期に継続し，東アジアや日本の政治・経済に大きな影響を与えた戦争は何か。

重要 (5) **D・E**の時期の日本の状況について述べた文として誤っているものを，次のア～エから選べ。

1921(大正 10)年	ワシントン会議が開催され，太平洋地域に関する ① が調印される。
↕ A	
1931(昭和 6)年	満洲事変がおこる。
↕ B	
1941(昭和 16)年	日本軍が，真珠湾攻撃に先立って ② 領マレー半島に上陸する。
1951(昭和 26)年	③ 講和会議が開催される。
↕ D	
1961(昭和 36)年	第 6 次日韓会談が始まり，池田勇人・朴正熙会談がおこなわれる。
↕ E	
1971(昭和 46)年	日米間で ④ 返還協定が調印される。
↕ F	
1981(昭和 56)年	第 2 次臨時行政調査会(「土光臨調」)が発足する。
1991(平成 3)年	湾岸戦争後のペルシア湾に掃海艇が派遣される。
2001(平成 13)年	米軍後方支援を可能にする「 ⑤ 特別措置法」が成立する。
2011(平成 23)年	東日本大震災，「原子力緊急事態宣言」が発令される。

ア 池田勇人内閣は，国民総生産および 1 人当たり国民所得を 2 倍に拡大させることを目的とした国民所得倍増計画を立てた。

イ 1960 年代後半以降，鉄鋼・船舶・自動車などを輸出の中心として，日本の貿易収支は大幅な黒字となり，外貨保有高が増加した。

ウ 経済成長を優先したことで深刻な産業公害が発生し，公害を批判する世論が高まったことを背景として，公害対策基本法が制定された。

エ 高度経済成長期には，経済発展に重きをおく革新自治体が東京・横浜・京都などで成立した。

記述 (6) 1971 年に，アメリカ大統領が実施した政策転換によって，日本は経済的な影響を強くこうむった。アメリカにおけるどのような政策転換が日本の経済状況にどのような変化・影響をもたらしたのか，簡潔に説明せよ。

(7) **E・F**の時期に日本が国交を結んだ国で，日本に隣接する 2 か国の名をそれぞれ正式名称で答えよ。

(1)	①	②	③
	④	⑤	
(2)	(3)	(4)	(5)
(6)		(7)	

高校 標準問題集
－ From Basic to Advanced －

日本史

解答・解説

解答・解説

第 1 章　原始・古代の日本とアジア

1 日本文化の始まり

STEP ① 基本問題　　　　　p.2〜3

1 ① 更新　② 岩宿（いわじゅく）　③ 細石器（マイクロリス）
　④ 浜北（はまきた）　⑤ 港川（みなとがわ）

2 (1)① 竪穴（たてあな）　② 貝塚　③ アニミズム
　④ 土偶（どぐう）　⑤ 屈葬（くっそう）

　(2) X—ア　Y—エ

　(3) A—ア　B—エ　(4) ウ　(5) イ

3 ① 漢書（かんじょ）　② 後漢書（ごかんじょ）　③ 奴（な）　④ 光武帝（こうぶてい）
　⑤ 魏志（ぎし）　⑥ 邪馬台国（やまたいこく）　⑦ 下戸（げこ）
　⑧ 卑弥呼（ひみこ）　⑨ 親魏倭王（しんぎわおう）

☑ サクッとCHECK

❶ ○　❷ ○　❸ ○　❹ ×　❺ ○
❻ 細石器（マイクロリス）　❼ 骨角器　❽ 銅鐸（どうたく）
❾ 方形周溝墓（ほうけいしゅうこうぼ）　❿ 高床倉庫

解説▶

1 ② 群馬県の岩宿遺跡の調査で，関東ローム層から打製石器が確認され，日本には旧石器時代は存在しないという従来の学説をくつがえした。

2 (1)④ 土偶は，食料の豊穣をもたらすことを願ったものと考えられている。
(3) 縄文時代には交易がおこなわれていたことが黒曜石やサヌカイト，ヒスイの産出地と出土地の違いによって明らかになった。

◀図解チェック▶ 縄文時代の主な遺跡と黒曜石の交易

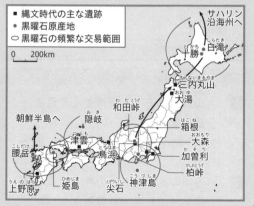

■ 縄文時代の主な遺跡
● 黒曜石原産地
〇 黒曜石の頻繁な交易範囲

0　200km

サハリン・沿海州へ
白滝（しらたき）
十勝（とかち）
三内丸山（さんないまるやま）
大湯（おおゆ）
和田峠（わだとうげ）
隠岐（おき）
箱根（はこね）
大森（おおもり）
加曽利（かそり）
朝鮮半島へ
津雲（つくも）
鳥浜（とりはま）
柏峠（かしわとうげ）
腰岳（こしだけ）
姫島（ひめしま）
神津島（こうづしま）
尖石（とがりいし）
上野原（うえのはら）

---

3 ③ 奴国が光武帝から授けられたと考えられる金印が，福岡県の志賀島（しかのしま）で発見された。
⑥ 邪馬台国（やまたいこく）の存在地として，近畿説と九州説がありいまだに明確にはわかっていない。

📖史料を読む）「魏志」倭人伝

倭人は帯方の東南大海の中に在り，…使訳通ずる所三十国。…景初二年六月，倭の女王，大夫難升米等を遣し郡に詣り，天子に詣りて朝献せんことを求む。

☑ サクッとCHECK

❹ 屈葬がおこなわれたのは縄文時代である。

STEP ② 標準問題　　　　　p.4〜5

1 (1)① 石皿　② 土偶（どぐう）　(2) ウ　(3) エ

2 (1) 石包丁
　(2) (例) 祭りの道具として用いられた。
　(3) エ　吉野ヶ里遺跡（よしのがり）

3 (1) B→C→A　(2) ア　(3) a—ウ　b—ア
　(4) 百　(5) 奴（な）　(6) イ

4 A—エ　B—オ　C—カ　D—イ
　E—ク

解説▶

1 (1)① 石皿は磨石とともに木の実をすりつぶす道具である。

2 (3) 墳丘墓は，古墳が出現する直前に，特定の集団墓から特定個人の墓が分離していく過程でつくられたものである。

3 (1) A は「魏志」倭人伝で3世紀ごろの邪馬台国（やまたいこく），B は『漢書』地理志で，1世紀ごろの日本のようす，C は『後漢書』（ごかんじょ）東夷伝（とうい）で奴国の朝貢（ちょうこう）について記されている。

4 E の荒神谷遺跡（こうじんだに）では多種多様な青銅器が1か所にまとめて埋められていたが，青銅器の分布には種類によって地域に偏りが見られる。

ここに注意）遺跡の代表例

縄文（じょうもん）時代…青森県の三内丸山遺跡（さんないまるやま）（大規模住居跡）
弥生（やよい）時代…佐賀県の吉野ヶ里遺跡（かんごう）（環濠集落）

STEP ① 基本問題　p.6〜7

1 ① 堅穴（たてあな）　② 横穴（よこあな）　③ 形象（人物）（けいしょう）
④ 大王（おおきみ／だいおう）　⑤ 群集墳（ぐんしゅうふん）

2 ① 氏（うじ）　② 姓（カバネ）　③ 部曲（かきべ）　④ 田荘（たどころ）
⑤ 連（むらじ）　⑥ 君（きみ）　⑦ 大連（おおむらじ）　⑧ 伴造（とものみやつこ）
⑨ 国造（くにのみやつこ）　⑩ 屯倉（みやけ）　⑪ 名代（なしろ）　⑫ 鉄（てつ）
⑬ 加耶（伽耶，加羅）（かや・から）　⑭ 高句麗（こうくり）

3 ① 蘇我馬子（そがのうまこ）　② 推古（すいこ）　③ 冠位十二階（かんいじゅうにかい）
④ 憲法十七条（けんぽうじゅうしちじょう）
(1) ウ　(2)⑤ 小野妹子（おののいもこ）　⑥ 旻（みん）

☑ サクッとCHECK
❶ ○　❷ ×　❸ ○　❹ ○　❺ ×
❻ 加耶（伽耶，加羅）　❼ 広開土王（好太王）碑（こうかいどおう・こうたいおう・ひ）
❽ 須恵器（すえき）　❾ 飛鳥（あすか）　❿ 北魏様式（ほくぎようしき）

解説

2 ⑧ 伴造が率いる技術者集団を品部（しなべ）といい，多くは朝鮮半島からの渡来人（とらいじん）と考えられている。鉄器生産の韓鍛冶部（からかぬちべ）や須恵器生産の陶作部（すえつくりべ）などがある。

⟳ 流れを確認　朝鮮との関わり
鉄資源や技術を求めて加耶（か）に進出→高句麗と衝突→倭（わ）の五王（ごおう）の上表文（じょうひょうぶん）→渡来人（とらいじん）→仏教・儒教（じゅきょう）など伝来

3 (1) 四天王寺（してんのうじ）は現在の大阪市にある。斑鳩（いかるが）に建立したのは法隆寺（ほうりゅうじ）である。

☑ サクッとCHECK
❷ 忌寸（いみき）や真人（まひと）ではなく，君（きみ）や直（あたい）である。
❺ 用明天皇（ようめい）ではなく，崇峻天皇（すしゅん）である。

📕 ここに注意　仏像の様式
北魏様式（ほくぎようしき）…法隆寺金堂釈迦三尊像（こんどうしゃかさんぞんぞう）・飛鳥寺釈迦如来像（あすかでら・にょらいぞう）
南朝様式（なんちょうようしき）…広隆寺半跏思惟像（こうりゅうじはんかしゆいぞう）・中宮寺半跏思惟像（ちゅうぐうじ）

STEP ② 標準問題　p.8〜9

1 (1) エ　(2) ウ　(3) 屯倉（みやけ）　(4) エ
(5)（例）豪族の連合政権（ごうぞく）であったものが，豪族がヤマト政権に従う形へと変化したから。
(6) 群集墳　(7) エ

---

2 (1)① 物部守屋（もののべのもりや）　② 崇峻天皇（すしゅん）
③ 推古天皇（すいこ）
(2) ア　(3) ア
(4)① イ　②（例）朝貢形式（ちょうこう）ではなく，対等な立場での形式をとったため。
(5) イ　(6) エ

解説

1 (1)「獲加多支鹵大王（ワカタケルおおきみ）」は雄略天皇（ゆうりゃく）と考えられている。

📗 史料を読む　倭の五王（『宋書』倭国伝）（そうじょ・わこくでん）
興死（こう）して弟武（ぶ）立つ。自ら……七国諸軍事安東大将軍倭国王と称す。順帝（しゅんてい）の昇明二年（しょうめい）(478年)，使を遣（つか）し上表して曰く，「……東は毛人（もうじん）(東国の人々か)を征（せい）すること五十五国，西は衆夷（しゅうい）(西国の人々か)を服すること六十六国，渡りて海北（朝鮮半島か）を平ぐること九十五国……」と。

(4) 竹原古墳（たけはら）は，福岡県宮若市竹原（みやわか）にある円墳（えんぷん）の装飾古墳である。
(7) 出納（すいとう）や外交文書の作成にあたったのは，史部（ふひとべ）などと呼ばれた渡来人である。

2 (2) アは半跏思惟像（はんかしゆいぞう）ではなく釈迦三尊像（しゃかさんぞんぞう）である。
(5) 阿倍仲麻呂（あべのなかまろ）は遣唐使（けんとうし）として唐に渡り，唐の高官となった人物である。

📗 史料を読む　憲法十七条
一に曰く，和（わ）を以（もっ）て貴（たっと）しとなし，忤（さか）ふること無きを宗（むね）とせよ。
二に曰く，篤（あつ）く三宝（さんぽう）を敬（うやま）へ。
三に曰く，詔（みことのり）を承（うけたまわ）りては必ず謹（つつし）め。……
十七に曰く，それ事は独り断（さだ）むべからず。必ず衆（もろもろ）と論（あげつら）ふべし。

3 律令国家の成立

STEP ① 基本問題　p.10〜11

1 ① 山背大兄王（やましろのおおえのおう）　② 国博士（くにのはかせ）　③ 百済（くだら・ひゃくさい）
④ 庚午年籍（こうごねんじゃく）
(1) ア　(2) 乙巳の変（いっし）　(3) 公地公民制（こうちこうみんせい）
(4) ウ

2 ① 壬申の乱（じんしん）　② 八色の姓（やくさのかばね）　③ 富本銭（ふほんせん）
④ 飛鳥浄御原令（あすかきよみはらりょう）　⑤ 藤原京（ふじわらきょう）

3 ① 大宝 ② 養老 ③ 国司
④ 官位相当制 ⑤ 口分田
⑥ 班田収授法 ⑦ 租 ⑧ 庸 ⑨ 調
(1) 太政官 (2) 3 %

☑ サクッとCHECK
❶ ○ ❷ ○ ❸ ○ ❹ × ❺ ×
❻ 白鳳文化 ❼ 弾正台 ❽ 計帳
❾ 三世一身法 ❿ 称徳天皇

解説▶

1 (1) **X** は近江大津宮である。
(2) 乙巳の変のあとの中大兄皇子らによる一連の政治改革を**大化改新**という。
(4) 健児ではなく**防人**。健児は 792 年の桓武天皇のとき，軍団を廃止したかわりに諸国に配置され，国府・関所などを警固した兵士。

2 ④ 飛鳥浄御原令をもとに大宝律令がつくられた。
⑤ 儀式をおこなう宮と条坊制をもつ京の部分から構成されていた。

3 ① 大宝律令の制定により，律令国家の制度が整えられた。それによって，戸籍にもとづいて土地が配られ，税が徴収されるようになっていった。
③ 中央から地方へ下る役人で，任期は 6 年(のちに 4 年)。

☑ サクッとCHECK
❹ 条坊制ではなく条里制。条坊制は京の区画である。
❺ 雑徭ではなく出挙(公出挙)である。

ここに注意 富本銭と和同開珎
富本銭…天武天皇のころに鋳造された初の貨幣
和同開珎…708 年に鋳造された貨幣

---

2 (2) ① 墾田永年私財法により開墾した土地の所有を認めた結果，有力貴族や大寺社が競って土地を開墾し，初期荘園が生まれるようになった。

3 ⑤ アは摂津国，イは摂津国(平清盛)。

流れを確認 奈良時代の政争(権力者)
藤原不比等→長屋王→不比等の四子→橘諸兄→
藤原仲麻呂(恵美押勝)→道鏡→藤原百川

4 (1) **D** は鎌倉時代の彫刻。
(3) **H** は聖徳太子の夫人が作成した『天寿国繡帳』。

STEP **2** 標準問題 ② p.14～15

1 (1) エ (2) ア (3) ウ (4) ① イ ② エ
2 ① 中大兄 ② 近江大津 ③ 飛鳥浄御原
④ 天武 ⑤ 八色の姓 ⑥ 富本 ⑦ 元明
⑧ 広嗣 ⑨ 大仏造立
3 ① 犬上御田鍬 ② 菅原道真
③ 阿倍仲麻呂 ④ 阿倍比羅夫
(1) ウ (2) エ (3) ウ
4 (1) 四等官制 (2) 官位相当制
(3) 蔭位の制 (4) 八虐(八逆)
(5) 五色の賤 (6) 弾正台 (7) 駅家

解説▶

1 (1) エは 6 世紀前半のこと。
(3) ウは橘諸兄ではなく，その子である橘奈良麻呂。
(4) ① Ⅱ. 郡司は国司の誤りで，地方の国で働く。
② Ⅰ. 利息を 50 ％とられた。Ⅱ. 西国は東国，5 年は 3 年の誤り。

2 ⑨ 国分寺建立の詔は恭仁京，大仏造立の詔は紫香楽宮で出された。

図解チェック 平城京

北部中央には平城宮が位置し，都の中央を南北に走る朱雀大路で東の左京と西の右京に分かれている。

3 (1) アは中宮寺，イとエは法隆寺に現存している。
(2) 現在の新潟県北部にあたる。

4 (6) 平安前期の令外官である検非違使との関連で問われるので注意。

STEP **2** 標準問題 ① p.12～13

1 (1) ① エ ② ウ (2) b—ウ c—オ
(3) イ
2 (1) ウ (2) ① 荘園 ② (例)調で納められる各地の特産物が都へ運ばれてきたため。
3 ① イ ② ア ③ ウ ④ エ ⑤ ウ
4 (1) B (2) ① ウ ② ア (3) H

解説▶

1 (2) b．ア・イは聖武天皇が遷都。

天平十三年……宜しく天下の諸国をして各々敬みて七重の塔を一区造り，幷せて金光明最勝王経・妙法蓮華経各々一部を写さしむべし。……塔ごとに各一部を置かしめよ。……其の寺の名を金光明四天王護国之寺<国分寺のこと>と為し，尼寺には……其の寺の名を法華滅罪之寺<国分尼寺のこと>と為し，……。

4 貴族政治と文化

STEP ① 基本問題　p.16〜17

1 ① 長岡京　② 健児　③ 征夷大将軍
④ 胆沢　⑤ 勘解由使　⑥ 藤原薬子
⑦ 蔵人頭　⑧ 検非違使　⑨ 弘仁
⑩ 令義解

2 ① 空海　② 最澄　③ 円仁　④ 円珍
⑤ 室生寺

3 ① 北　② 承和　③ 応天門　④ 関白
⑤ 菅原道真　⑥ 安和　⑦ 藤原道長
⑧ 受領　⑨ 遙任

4 (1) 紀貫之　(2) イ　(3) 空也

✅ サクッとCHECK

❶ ○　❷ ×　❸ ×　❹ ○　❺ ×
❻ 曼荼羅　❼ 伊勢物語　❽ 束帯
❾ 平将門　❿ 源頼信

解説▶

1 ⑨ 律令の補足・修正を格といい，施行細則を式という。弘仁・貞観・延喜格式をまとめて「三代格式」という。⑩ 法律家の諸解説を集めたものを『令集解』という。

2 ①② 最澄が開いた天台宗の密教を台密，空海が開いた真言宗(東寺)の密教を東密と呼ぶ。

3 ⑧ 受領であった尾張国の藤原元命はその暴政に対して訴えられた。

📌 流れを確認 **藤原氏の他氏排斥(藤原氏―他氏)**
承和の変(良房―伴健岑)→応天門の変(良房―伴善男)→阿衡の紛議(基経―橘広相)→昌泰の変(時平―菅原道真)→安和の変(藤原氏―源高明)

4 (2) 清少納言は皇后定子に仕えた。
(3) 市聖(寺を離れて人々に布教した仏教僧)の愛称も有名である。

❷ 胆沢城と多賀城が逆。❸ 『経国集』ではなく『凌雲集』。❺ 法勝寺ではなく法成寺。❽ 男子は衣冠や束帯，女子は女房装束(十二単)。庶民の服は水干。

STEP ② 標準問題　p.18〜19

1 (1) オ　(2) b―エ　f―ウ　g―ア
(3) オ　(4) ア　(5) オ

2 (1) ウ　(2) エ　(3) イ

3 (1) ① 押領使　② 追捕使(順不同)
(2) イ　(3) 滝口

4 (1) ① エ　② ウ　③ イ
(2) (例)唐の影響がうすれ，日本の生活や風土に合うように工夫された文化。

解説▶

1 (1) オは780年で光仁天皇の時代(平城京)。(3) オのみ桓武天皇の時代。空海・最澄は唐から帰国後，嵯峨天皇の時代に活動を強めた。(4) イ．令に規定のない令外官である。

2 (1) アの遙任国司とイの受領を入れかえれば正しい。エの在庁官人は現地の武士を役人としたもの。目代が正しい。

3 (2) イ．平将門の乱は平貞盛と藤原秀郷によって鎮圧された。

📌 流れを確認 **武士の反乱**
承平・天慶の乱(平将門・藤原純友。10世紀)→平忠常の乱(源頼信が鎮圧。11世紀前半)→前九年合戦(安倍氏の反乱。源頼義が鎮圧。11世紀中ごろ)→後三年合戦(清原氏の内紛。源義家が鎮圧。11世紀末)→源義親の乱(平正盛が鎮圧。12世紀初め)

4 (1) ① Ⅰ．最澄ではなく空海。Ⅱ．小野道風ではなく橘逸勢。② Ⅰ．神仏習合ではなく，密教の世界観を描いたのが曼荼羅。③ Ⅱ．9世紀中ごろではなく，10世紀後半の国風文化の内容。

📖 史料を読む **平安京造営と蝦夷征討の中止**

……参議藤原朝臣緒嗣と参議菅野朝臣真道とをして天下の徳政を相論ぜしむ。時に緒嗣議して云く，「方今天下の苦しむ所，軍事<蝦夷征討>と造作<平安京造営>なり。此の両事を停めば百姓これ安んぜん。」……帝<桓武天皇>，緒嗣の議を善とす。即ち停廃に従う。……

国司の徴税請負人化

朝廷

一国内の統治を委ねる ↓↑ 一定額の税を納入

国司
[任国に赴任した国司の
最上席者を受領という]
‖
国衙

政所など	細工所	健児所	税所	出納所

在庁官人が実務にあたる

名の耕作を
請け負わせる ↓↑ 官物・臨時雑役を納入

田堵(負名)	経営 →	名 [徴税単位にわけられた田地]
下人・作人	耕作 →	

遙任国司の出現

朝廷

一国内の統治
を委ねる ↓↑ 一定額の税を
納入

遙任(国司)
[任国へ赴任しない国司]

一族や子弟・家人
を目代として国衙
に派遣 ↓↑ 任国からの税
(大部分が国司
の収入となる)

目代(留守所の長)
[国司の政務を代行する]
‖
国衙＝留守所

在庁官人
[目代の指揮に従い
行政実務にあたる]

STEP ③ チャレンジ問題 1　p.20～21

1 ①イ ②ウ ③エ ④ウ ⑤イ
⑥イ

2 (1)三内丸山遺跡 (2)大森貝塚 (3)ウ
(4)エ (5)ⅰ—イ ⅱ—ウ (6)ア (7)ウ

3 (1)ウ (2)ア・ウ(順不同)

解説▶

2 (2)アメリカ人のモースによって発見された。

3 (1)阿弖流為は蝦夷の首長で，802年に坂上田村麻呂に降伏した。伊治呰麻呂も蝦夷の首長で，780年に多賀城を焼き討ちにした。志波城は803年，胆沢城の北方に築かれた。
(2)イ．遣唐使が質問をするのではなく，唐の皇帝に答えている。エ．穀物や建物の記述は史料中には見られない。

第2章　中世の日本とアジア

5　院政と武士の躍進

STEP ① 基本問題　p.22～23

1 ①後三条 ②記録荘園券契所(記録所)
③院庁 (1)エ (2)北面の武士 (3)院宣

2 ①田堵 ②開発領主 ③荘官 ④不輸
⑤不入 ⑥在庁官人 ⑦荘園公領
⑧鳥羽

3 ①ア ②イ ③イ ④ア ⑤ア
⑥イ ⑦イ

4 (1)中尊寺金色堂 (2)陸奥話記
(3)大鏡 (4)扇面古写経
(5)梁塵秘抄 (6)伴大納言絵巻

☑ サクッとCHECK

❶○ ❷× ❸○ ❹× ❺○
❻六勝寺 ❼知行国 ❽摂津
❾高倉天皇 ❿鹿ヶ谷の陰謀(鹿ヶ谷事件)

解説▶

1 ②記録荘園券契所で厳格に書類審査し，摂関家の荘園なども没収された。

2 ⑦鳥羽上皇が皇女八条院に伝領させた八条院領や後白河上皇が持仏堂である長講堂に寄進した長講堂領は天皇家領荘園の中心で，全国に広大な面積があった。

3 ⑥アの音戸瀬戸は，日宋貿易のために切り開かれた，広島県呉市付近の海路(航路)である。

4 (2)陸奥国の安倍氏の反乱を記録したもの。
(3)摂関家の繁栄を好意的に描いたのが『栄花(華)物語』。

☑ サクッとCHECK

❷藤原秀衡ではなく，藤原清衡である。
❹南都は興福寺，北嶺は延暦寺のことである。

📖史料を読む 延久の荘園整理令

延久ノ記録所トテハジメテヲカレタリケルハ，諸国七道ノ所領ノ宣旨，官符＜太政官の命令＞モナクテ公田＜公領＞ヲカスムル事，一天四海ノ巨害＜あってはならない弊害＞ナリトキコシメシツメテアリケルハ，スナハチ宇治殿＜藤原頼通＞ノ時,一ノ所ノ御領＜摂関家の荘園＞御領トノミ云テ，庄園諸国ニミチテ受領ノツトメタヘガタシナド云ヲ，キコシメシモチタリケルニコソ。（『愚管抄』）

1 (1)イ　(2)ウ

(3)エ　(4)エ

2 (1)① 後三年　② 藤原清衡　③ 北面の武士

(2)ウ　(3)棟梁

(4)① 強訴　② 興福寺

(5)ア

3 (1)① 平清盛　② 太政大臣　③ 安徳

④ 知行国　⑤ 金

(2)イ

(3)(例)整理令の実施は国司に任されていたから。

(4)イ　(5)ウ

解説▶

1 (1)イ. 大江広元ではなく，**大江匡房**である。

(3)エ. 寄進を受けた荘園領主は**領家**と呼ばれ，この荘園がさらに上級の貴族や有力な皇族に重ねて寄進されたときの上級の領主は**本家**と呼ばれた。

2 (3)各地の武士団は一族の長と一族(**家子**)・代々の従者(**郎党**)から成り立っており，国衙の在庁官人や荘園の下司など荘官として地域を支配した。

ここに注意　朝廷警護の武士

滝口の武士(武者)…10世紀以降，宮中警護のために伺候した武士。

北面の武士…白河上皇が院御所の北面においた院警護の武士。

3 平清盛がおこなった日宋貿易による利益は，平氏の経済基盤の1つとなった。日宋貿易では，硫黄・刀剣・漆器などが輸出され，宋銭(銅銭)・絹織物・陶磁器・書籍などの「**唐物**」が輸入された。また，輸入された宋銭は鎌倉時代に広く流通し，経済に大きな影響を与えた。

図解チェック　院政と平氏の台頭

白河上皇 — 鳥羽上皇 — 後白河上皇

・院庁(院司，院宣・院庁下文)
・知行国の設置
・六勝寺，熊野詣，高野詣→各上皇は信仰に厚く，法皇に

強訴　　武士を重用
　　　　　　　1156　1159
南都北嶺←平氏　源氏　保元←平治←平氏
僧兵　鎮圧 中央進出　の乱　の乱　政権へ
　　　　　　　天皇家　武士の
　　　　　　　摂関家　争い
　　　　　　　の争い

1 ① 侍所　② 問注所

③ 総奉行(惣奉行)　④ 奉公

⑤ 本領安堵

(1)エ

(2)政所

(3)藤原泰衡

2 ① 源実朝　② 後鳥羽　③ 西面

④ 北条政子　⑤ 連署　⑥ 評定衆

⑦ 北条泰時　⑧ 御成敗式目(貞永式目)

⑨ 北条時頼　⑩ 三浦泰村　⑪ 引付

3 ① 高麗　② 北条時宗

③ 文永　④ 弘安

⑤ 異国警固番役　⑥ 北条貞時

⑦ 霜月騒動　⑧ 安達泰盛

(1)(永仁の)徳政令

(2)(例)北条氏の嫡流の当主のこと。

4 イ

☑サクッとCHECK

❶×　❷○　❸○　❹○　❺×

❻六波羅探題　❼新補地頭　❽下地中分

❾見世棚(店棚)　❿借上

解説▶

1 源頼朝は将軍となる前に右近衛大将に任命されており，鎌倉時代には頼朝のことを右大将と呼んでいることが多い。幕府は，京都に京都守護をおき，朝廷との連絡にあたった(六波羅探題の設置で廃止)。

2 ⑤北条泰時がおき，北条氏一族の有力者をあてた。

⑧51箇条から成り，守護・地頭の職務と所領関係の規定が記されている。

ここに注意　和田合戦と宝治合戦

和田合戦…北条義時が和田義盛を滅ぼした合戦。

宝治合戦…北条時頼が三浦泰村を滅ぼした合戦。

流れを確認　執権政治の展開

北条義時(和田義盛滅ぼす，承久の乱)→北条泰時(連署・評定衆，御成敗式目)→北条時頼(引付，宝治合戦，皇族将軍)→北条時宗(モンゴル襲来，異国警固番役)→北条貞時(得宗専制，**霜月騒動**，永仁の徳政令)→北条高時(幕府滅亡時の得宗)

3 大陸ではモンゴルのチンギス=ハンが一大帝国を建国し，その孫フビライ=ハンの代には，中国を制圧して元を開いた。周辺の国々へも勢力を伸ばし，高麗も支配下におさめたが，日本の征服には失敗した。
(1) 訴訟の減少をねらって，御家人の所領の無償取り戻しを認めた法令。

❶ 大江広元ではなく和田義盛。
❺ 『立正安国論』は日蓮の著書。栄西の著書は『興禅護国論』が正しい。

STEP ② 標準問題 ① p.28〜29
1 (1) ウ→ア→イ (2) エ
(3) ウ (4) イ
(5) (例)分割相続で領地が減少し，モンゴル襲来(元寇)後も新たな土地が得られなかったから。
2 ① ウ ② ア ③ イ
3 (1) A—エ B—オ C—キ
(2)① ア ② ウ
(3) イ (4) 方丈記 (5) 歎異抄
(6) 立正安国論 (7) 法然(源空)

解説▶
1 (1) アは1232年，イは1247年，ウは1225年。

📖史料を読む 御成敗式目(貞永式目)

一23
右、女人の事、法意の如くんば、これを許さずと雖も、大将家の御時以来当世に至るまで、其の子無き女人等、所領を養子に譲り与ふる事、不易の法、勝計すべからず。
(原漢文)

一8
右、当知行の後、廿ケ年を過ぎば、大将家の例に任せて理非を論ぜず改替する能はず。
御下文を帯ると雖も知行せしめず、年序を経る所領の事

一5
右、年貢を抑留するの由、本所の訴訟有らば、即ち結解を遂げ勘定を請くべし。
諸国地頭、年貢所当を抑留するの事

一3
右、右大将家の御時定め置かるる所は、大番催促・謀叛・殺害人〈付たり、夜討・強盗・山賊・海賊等の事〉を催し行ふの事なり、本所の訴訟有らば、
諸国守護人奉行の事

2 ① I．年貢はあくまで荘園領主や国司に納入する。
③ II．巻狩ではなく笠懸。
3 (2)① 藤原隆信は似絵の名手。
② 康弁は運慶の子である。

STEP ② 標準問題 ② p.30〜31
1 (1)① 二毛作 ② 三斎市 ③ 借上
(2) ア・ウ(順不同) (3) 見世棚(店棚)
(4) ウ (5) 割符
2 (1) イ (2) エ (3) イ (4) ウ
(5) 北条政子 (6) イ (7) ア (8) 蒙古
(9) 異国警固番役 (10) 防塁(石塁)

解説▶
1 (1)① 1つの土地に2種類の作物を時期をずらして栽培すること。この結果，土地がやせるので肥料の使用が必要になった。
2 (3) 令旨とは皇族の命令。
(7) イ・ウ・エは公家の歴史書。

7 武家社会の成長

STEP ① 基本問題 p.32〜33
1 ① 後醍醐 ② 悪党 ③ 元弘
④ 新田義貞 ⑤ 綸旨 ⑥ 足利尊氏
2 ① 中先代の乱 ② 足利義満
③ 鎌倉公方(鎌倉府)
(1)① 建武式目 ② 観応の擾乱
(2) 三管領 (3) 四職
3 ① 生糸 ② 足利義持 ③ 足利義教
④ 寧波の乱 ⑤ 応永の外寇
(1) (例)中国の皇帝に朝貢し，その返礼として品物を受け取るという形式の貿易。
(2) 勘合 (3) 細川氏 (4) ア

❶ × ❷ ○ ❸ × ❹ × ❺ ○
❻ 北畠親房 ❼ 足利義教 ❽ 寄合
❾ 馬借 ❿ 北山文化

解説▶
1 ① 後醍醐天皇は大覚寺統の天皇である。
③ その前の正中の変では，日野資朝らが処罰されただけだった。
2 (1)① 建武式目は政治方針を述べたもので，実際の法令は建武以来追加と総称される。
② 武力による領土拡大を願う足利尊氏の執事高師直と法秩序を重んじる直義との対立からおきた。
3 (4) 対馬である。日朝貿易は対馬の宗氏を通しておこなわれた。

❶ 持明院統ではなく，大覚寺統。❸ 足利尊氏ではなく楠木正成。❹ 棟別銭ではなく，段銭。

📖史料を読む

▶ 建武の新政『梅松論』

……元弘三年＜1333年＞の今は天下一統に成しこそめづらしけれ。君＜後醍醐＞の御聖断は延喜・天暦のむかし＜醍醐・村上天皇の親政＞に立帰りて……実に目出かりし善政なり。

▶ 二条河原落書

此比，都ニハヤル物，夜討・強盗・謀綸旨，……安堵・恩賞・虚軍，本領ハナルル訴訟人，文書入タル細葛＜証拠書類をもって京へ来る人々＞

---

1 ① 時行　② 光明　③ 守護請

(1) ウ　(2) エ　(3) エ

2 ① 晩稲　② 六斎市　③ 座　④ 撰銭
⑤ 惣(惣村)　⑥ 寄合
⑦ 地下検断(自検断)
⑧ 土一揆(徳政一揆)

(1) 杉原紙
(2) ① 馬借　② 正長の徳政一揆　(3) ア

3 ① 尚巴志　② 館　③ コシャマイン
④ 倭寇

(1) エ　(2) ア　(3) ウ

解説▶

1 (1) **半済令**は，軍費調達のために守護に一国内の荘園や公領の年貢の半分を徴発する権限を認めたもので，1352年の半済令は1年限りで，近江・美濃・尾張の3国に限定されていた。

2 (2)② 室町時代には，民衆の団結力が強まり，**正長の徳政一揆**や**山城の国一揆**，**加賀の一向一揆**などがおきた。

ここに注意　惣と座

惣(惣村)…名主層を中心に構成された自治組織。
座…手工業者や商人が結成した同業者組合。

3 (2) 十三湊は**安藤(安東)**氏の拠点となった港で，14世紀には蝦夷地と京を結ぶ日本海交易路の中心地となっていた。

8

---

1 (1) ア　(2) エ　(3) ア　(4) ア
(5) イ　(6) 書院造　(7) 村田珠光

2 (1) ウ→ア→イ　(2) ア　(3) エ　(4) ウ　(5) イ

3 (1) 一休宗純　(2) 日親　(3) 天文法華の乱

解説▶

1 (2)『新撰菟玖波集』を編集したのは，正風連歌を確立した宗祇である。
(3) 京都五山は天龍・相国・建仁・東福・万寿寺，鎌倉五山は建長・円覚・寿福・浄智・浄妙寺。このうち，**天龍寺**は後醍醐天皇の冥福を祈るために建てられ，**相国寺**は五山の管理者である**僧録**の拠点がおかれた寺である。

2 (2) 村方騒動は，江戸時代の村役人に対する百姓たちの不正糾弾闘争である。

3 (1) 林下は，五山派に対し，より自由な活動を求めて民間布教につとめた禅宗諸派で，一休宗純は大徳寺派の禅僧。

8　中世の終わりと近世への胎動

1 ① 足利義政　② 山名持豊(宗全)　③ 守護代
④ 下剋上　⑤ 国一揆　⑥ 一向一揆

2 (1)① 古河　② 堀越　③ 上杉謙信
④ 武田信玄(晴信)　⑤ 今川義元
⑥ 一乗谷　⑦ 越前
(2)① 分国法(家法)　② (例)喧嘩をしたものは言い分に関係なく両者とも罰するということ。
③ ウ　④ 指出検地　⑤ 貫高(制)
⑥ 楽市(令)

3 (1)① 寺内　② 門前　(2) 石山本願寺

❶ ○　❷ ×　❸ ×　❹ ○　❺ ×
❻ 寄親・寄子制　❼ 吉田兼倶　❽ 上杉憲実
❾ 一条兼良　❿ 節用集

解説▶

1 ⑥ 加賀の一向宗徒が富樫政親と結んで守護を倒し，約100年間加賀一国を自治支配した。

2 (1) 戦国大名のうち，守護大名出身は**武田・今川・大内・島津**など，守護代出身は**上杉・朝倉**など。

国人出身は伊達・浅井・毛利など。

3 (1)伊勢湾の大湊，日本海側の敦賀・小浜，琵琶湖水運の大津などの港町も発達した。中でも，堺では，会合衆による自治がおこなわれた。

☑ **サクッとCHECK**

2 石高ではなく貫高。**3** 座をなくして流通の自由を与え，分国の経済を発展させた。**5** 博多ではなく堺。

📖 **史料を読む** **分国法**

一．朝倉が館の外，国内に城郭を構へさせまじく候。惣別分限あらん者，**一乗谷へ引越**，郷村には代官ばかり置かるべき事。(『朝倉孝景条々』)

一．喧嘩に及ぶ輩は理非を論ぜず<どちらが正しいかを問題にせず>両方共に死罪に行ふべきなり。(『今川仮名目録』)

※長宗我部氏掟書にも同様の規定がある。

📐 **図解チェック** **戦国大名の城下町**

小田原(北条氏)
春日山(上杉氏)
一乗谷(朝倉氏)
山口(大内氏)
府中(駿河)(今川氏)
府中(甲斐)(武田氏)

STEP **②** **標準問題** p.40～41

1 ①足利茶々丸 ②伊豆
③喧嘩両成敗法(分国法) ④下剋上

(1)ア (2)ウ (3)ア (4)① エ ② ウ
(5)① 伝馬制度 ② 撰銭令

2 (1)ア (2)ア (3)ウ (4)イ (5)ウ

解説▶

1 (1)ア．日野富子の子は義量ではなく義尚である。
(2)ウ．三好氏ではなく大内氏である。
(3)享徳の乱は，足利持氏のあとを継いで鎌倉公方となった足利成氏が関東管領上杉憲忠を暗殺したでき事。
(4)②『塵芥集』は伊達氏の分国法である。
(5)① 江戸時代に発達した宿駅につながるものである。

---

② 撰銭＝悪銭(私鋳銭)と良銭(明銭)を選りわける行為。撰銭令はこれを禁止し，貨幣経済の円滑化をはかった。

2 (1)喧嘩両成敗法は，すべての紛争を大名による判断にまかせることで，領国の平和を実現することを目的とした。
(3)今川氏の領国は駿河・遠江である。
(4)戦国大名は実力で支配を勝ちとった者なので，守護の権力を介入させない。他の分国法では，北条氏の『早雲寺殿廿一箇条』，長宗我部氏の『長宗我部氏掟書』などがよく出題される。

🔄 **流れを確認** **室町幕府の盛衰から戦国**

足利義満の守護大名討伐(土岐・山名・大内)→足利義教の強圧政治と殺害(永享の乱，嘉吉の変＝幕府の衰退)→土一揆の頻発(嘉吉の徳政一揆)→鎌倉公方の分裂(下総古河と伊豆堀越)→応仁の乱→山城の国一揆・加賀の一向一揆→北条早雲が堀越公方を滅ぼす

STEP **③** **チャレンジ問題 2** p.42～43

1 ①大輪田泊 ②北条時宗
③異国警固番役 ④足利義満
⑤大内氏

(1)ア (2)(例)北条氏による得宗専制政治が強化されたことに対し，多くの御家人たちが不満をもち，幕府側につかなかったため。
(3)イ (4)エ

2 (1)ウ (2)イ (3)エ

解説▶

1 (1)ア．宋とは国交を結んでいない。
(3)イ．土佐派ではなく青蓮院流。
(4)エは「鳥獣戯画」。アは周文の「寒山拾得図」，イは雪舟の「秋冬山水図」，ウは如拙の「瓢鮎図」。

2 (1)牓示は荘園の領域とその境界を示す標識のこと。絵図から山の中や川沿いに設置されたとわかる。
(2)イ．六勝寺は鎌倉ではなく，院政期に京都に建立された「勝」の字がつく6寺院のことである。
(3) a の西行は『山家集』を残した歌人。b の宗祇は正風連歌を確立した連歌師で，『新撰菟玖波集』を編集した。c の赤絵は江戸時代に酒井田柿右衛門が完成した，上絵付の技法。d の瀬戸焼は尾張地方で生産された陶磁器の総称。

9　近世の幕開け

STEP ① 基本問題　p.44〜45

1　① 種子島　② 堺　③ 国友　④ 足軽
　⑤ 南蛮　⑥ イエズス　⑦ キリシタン
　⑧ 大村純忠　⑨ ヴァリニャーノ

2　① 今川義元　② 足利義昭
　③ 長篠の戦い　④ 顕如(光佐)　⑤ 安土
　⑥ 楽市令　⑦ 明智光秀　⑧ 関白
　⑨ 惣無事令　⑩ 北条　⑪ 文禄

3　(1) 天守閣　(2) 狩野永徳　(3) 濃絵
　(4)① 千利休　② イ　(5) コレジオ

☑ サクッとCHECK

❶ ○　❷ ×　❸ ○　❹ ×　❺ ○
❻ キリシタン(版)　❼ 天正遣欧使節
❽ 本能寺の変　❾ 慶長の役　❿ 小袖

解説▶

1　②③ 他に紀伊の根来がある。
　⑧ 大村純忠ら3大名がローマ教皇に送った少年使節を天正遣欧使節という。

2　⑧ 関白に任ぜられた翌年、太政大臣に任ぜられて豊臣の姓を与えられた。

3　(2) 狩野永徳の門人狩野山楽も有名。
　(4)② お国(阿国)のかぶき踊り(女歌舞伎)は禁止され、その後野郎歌舞伎(男だけで演じる)になって、現在まで続いている。

☑ サクッとCHECK

❷ 法華一揆ではなく一向一揆。
❹ 律令制以来、1段は360歩であったが、300歩に変更した。

STEP ② 標準問題　p.46〜47

1　(1)① イエズス　② 天下布武　③ 安土
　④ バテレン追放　(2) セミナリオ
　(3) 大友義鎮(宗麟)　(4) 大村純忠
　(5)(例)キリスト教の布教と一体化していた貿易は禁止しなかったから。

2　① 石高　② 一地一作人　③ 検地帳
　④ 人掃令(身分統制令)　⑤ 兵農分離
　(1) 方広寺　(2) 李舜臣　(3) 海賊取締令

3　(1) イ
　(2) ア
　(3) ア
　(4) 刀狩令
　(5)(例)農民から武器を没収し、一揆を防ぐとともに、武士と百姓との身分が明確化した。
　(6) 聚楽第
　(7) 蔵入地

解説▶

1　④ 九州平定後に、大村純忠が長崎をイエズス会に寄進していたことを知り、キリシタンを邪法として、宣教師の20日以内の国外退去を命じた。
　(2) 教会を南蛮寺、セミナリオを神学校、コレジオを宣教師養成学校と区別する。
　(3) スペイン・ポルトガルは布教を許可した大名領としか寄港・貿易しなかった。そのため大友氏の府内(現在の大分市)や大村氏の長崎が貿易港となった。

📖 史料を読む　バテレン追放令

一．日本は神国たるところ、きりしたん国より邪法を授け候儀、太以て然るべからず候事＜もっての外である＞。

一．其国郡の者を近付け門徒になし、神社仏閣を打破るの由、前代未聞に候。

一．黒船の儀は商売の事に候間、各別に候の条、年月を経、諸事売買いたすべき事＜南蛮貿易はつづけよ＞。

2　② 一地一作人の原則により、農民は自分の田畑の所有権を認められることになったが、同時に、自分のもち分の石高に応じた年貢などの負担を義務づけられることにもなった。年貢の納入額は、領主に石高の3分の2を納入する二公一民が一般的であった。
　(3) 倭寇だけでなく、瀬戸内海の海賊(村上水軍など)を支配下におさめる目的もあった。

🖋 流れを確認　豊臣秀吉の政策

山崎の合戦後、太閤検地を開始→大坂城築く→小牧・長久手で徳川家康と戦う→四国(長宗我部氏)平定、関白となる→太政大臣となり豊臣姓をうける→大名間の私闘を禁じる(惣無事令)→九州(島津義久)平定、バテレン追放令→聚楽第に後陽成天皇をまねく、刀狩令、海賊取締令→身分統制令・人掃令→朝鮮侵略

<table>
<tr><td colspan="2">

ここに注意 五大老と五奉行

五大老…徳川家康・前田利家・毛利輝元・小早川隆景・宇喜多秀家・上杉景勝（隆景の死後）

五奉行…浅野長政・増田長盛・石田三成・前田玄以・長束正家
</td></tr>
</table>

3 (1)信長・家康の連合軍が，朝倉・浅井の連合を破った戦い。

(6)秀吉が聚楽第にまねいた後陽成天皇と，徳川秀忠の時の後水尾天皇（紫衣事件）は正誤問題で出題されることがあるので注意。

10 幕藩体制の確立

STEP ① 基本問題	p.48〜49

1 ①秀忠 ②大御所 ③方広寺 ④秀頼 ⑤一国一城令 ⑥武家諸法度 ⑦禁中並公家 ⑧京都所司代

2 (1)①エ ②キ ③カ ④イ ⑤ウ ⑥ク
(2)ア

3 ①禁教 ②平戸 ③スペイン ④奉書 ⑤島原 ⑥ポルトガル ⑦オランダ ⑧出島

4 (1)ウ (2)己酉約条 (3)朝鮮通信使 (4)松前氏 (5)場所請負制度

☑ **サクッとCHECK**

❶× ❷× ❸× ❹× ❺×
❻糸割符制度 ❼唐人屋敷 ❽数寄屋造
❾酒井田柿右衛門 ❿本阿弥光悦

解説▶

2 (1)④老中の配下に大目付があり，大名の監察をした。
(2)奥州総奉行がおかれたのは，鎌倉時代の奥州藤原氏が滅びたあとである。

4 (1)琉球王国の位置を選択する。
(5)初めは家臣にアイヌ民族との交易権を与える**商場知行制**をとり，シャクシャインの蜂起後，商人に交易を請け負わせる場所請負制度となった。この結果アイヌ民族は日本商人の労働者的存在となり，厳しい生活を送った。

☑ **サクッとCHECK**

❶家康ではなく秀忠。また，参勤交代を制度化したのは家光。
❷寺社奉行は譜代大名から選ばれた。

❸大名ではなく旗本・御家人。
❹後陽成天皇ではなく後水尾天皇。
❺地借・店借は町人身分ではないため町の自治に参加できない。なお，村では水呑は自治に参加できない。
❿蒔絵・陶芸・書などにすぐれた天才的芸術家（『舟橋蒔絵硯箱』など）。

図解チェック 鎖国下の4つの窓口

史料を読む

▶**武家諸法度（寛永令）**

一．文武弓馬の道，専ら相嗜むべき事。

一．大名・小名，在江戸交替相定むる所なり。毎歳夏四月中参勤致すべし。……

一．新儀の城郭構営堅くこれを禁止する。……

▶**禁中並公家諸法度**

一．天子諸芸能の事，第一御学問也。……

一．摂家為りと雖も，その器用なきは三公摂関に任ぜらるべからず。況やその外をや。

一．紫衣の寺，住持職，先規希有の事也。近年猥りに勅許の事，……甚だ然るべからず。

STEP ② 標準問題 ①	p.50〜51

1 ①イ ②ウ ③カ ④エ ⑤オ ⑥カ ⑦ク ⑧コ ⑨ク ⑩イ ⑪エ

2 ①名主 ②村方（地方）三役 ③本途物成 ④小物成 ⑤国 ⑥伝馬 ⑦村請制
(1)五人組
(2)A—田畑永代売買禁止令
B—分地制限令

3 (1)ウ (2)糸割符制度 (3)イ (4)ウ
(5)イ→ア→ウ
(6)(例)オランダはキリスト教の布教をおこなわなかったから。
(7)己酉約条 (8)謝恩使
(9)商場（場所） (10)シャクシャイン

1 ②番方とは武力を用いて警備をする役職の総称。

④役方とは行政事務・司法事務などを担当する役職の総称。

⑩武家伝奏は公家から選ぶ。

2 農民の負担にはこの他，村の石高に対する付加税である高掛物があった。なお，本途物成は，収穫高に応じて年貢率を変える検見法と，数年同年貢率を固定化する定免法の2種の賦課方法があった。農民の負担は町人に比べてかなり重く，幕藩財政の8割以上は年貢に依存していた。

> 📖史料を読む 田畑勝手作りの禁(1643年)
>
> 一．本田に煙草作り申す間敷旨，仰せ出だされ候。
> 一．田方に木綿作り申す間敷事。
> 一．田畑共に油の用として菜種作り申す間敷事。

3 (4)現在のタイ。

(8)謝恩使と慶賀使を混同しないように注意。

STEP ② 標準問題②	p.52〜53

1 (1)イ　(2)ウ　(3)ア

2 (1)イ　(2)ウ　(3)イ　(4)A→C→B

3 (1)イ　(2)エ　(3)ウ　(4)エ　(5)イ

(6)イ

1 (3)海外に在住する日本人の帰国も禁止された。

2 (2)五か所商人とは，長崎・京都・堺とのちに加わった大坂・江戸。

3 (1)アは一国一城令，ウは大名ではなく天皇，エは家康ではなく秀忠。なお起草者として金地院崇伝の名が問われることがあるので注意。

(2)エ．本陣は街道の宿泊施設。大名屋敷が正しい。

(6)イ．宗門改帳には家族ごとに宗旨と檀那寺を記載した。エは踏絵。

11 幕藩体制の安定

STEP ① 基本問題	p.54〜55

1 ①由井(比)正雪　②末期養子　③殉死

④儒教　⑤湯島聖堂　⑥林鳳岡(信篤)

⑦生類憐みの令　⑧荻原重秀　⑨元禄

⑩新井白石　⑪海舶互市　⑫閑院宮

2 ①イ　②イ　③イ　④ア　⑤ア

⑥ア　⑦ア

3 ①中山道　②東海道　③奥州道中

---

④道中　⑤河村瑞賢　⑥西廻り

⑦東廻り　⑧大坂　⑨蔵

☑サクッとCHECK

❶○　❷×　❸○　❹×　❺×

❻徳川綱吉　❼本陣　❽垂加神道

❾伊藤仁斎　❿菱川師宣

1 ⑤湯島聖堂は孔子を祀る堂。⑩側用人の間部詮房も改革に加わった。

2 ⑥染料としては，阿波の藍と出羽村山の紅花がよく出題される。

3 ⑨諸藩は，領内の特産物である蔵物を蔵元・掛屋と呼ばれる商人を通じて販売した。

☑サクッとCHECK

❷木下順庵ではなく，陽明学者の熊沢蕃山が正しい。なお，岡山の藩学を花畠教場，郷学(上層農民も学べる学校)を閑谷学校という。

❹揚浜ではなく入浜。

❺銅貨ではなく銭貨なので銭座。

> 📖史料を読む 海舶互市新例(長崎新令・正徳新令)
>
> 一．唐人方商売之法，凡一年之船数，口船＜中国からの船＞・奥船＜東南アジアからの船＞合せて三拾艘，すべて銀高六千貫目に限り，其内銅三百万斤を相渡すべき事。
>
> 一．阿蘭陀人商売之法，凡一年之船数弐艘，凡て銀高三千貫目限り，其内銅百五十万斤を渡すべき事。

STEP ② 標準問題①	p.56〜57

1 ①サ　②ク　③ヌ　④シ　⑤キ

⑥ト　⑦ウ　⑧カ　⑨ア　⑩ケ

⑪タ　⑫ハ　⑬チ　⑭ツ　⑮ニ

2 (1)イ　(2)イ　(3)イ　(4)エ　(5)エ

(6)ウ　(7)ア

3 (1)イ　(2)ア　(3)イ

1 ①徳川綱吉は天和の治と呼ばれる文治政治を推進した。

③武家諸法度(天和令)という。綱吉の文治政治のほかの例としては，天文方に渋川春海(安井算哲。貞享暦の作成で有名)，歌学方に北村季吟(源氏物語

の研究で有名。**契沖**と並び国学の始まりとされる)
を任命したことがあげられる。

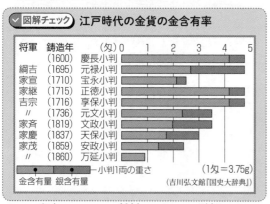

✓ 図解チェック **江戸時代の金貨の金含有率**

将軍	鋳造年	(匁)0	1	2	3	4	5
	(1600)	慶長小判					
綱吉	(1695)	元禄小判					
家宣	(1710)	宝永小判					
家継	(1715)	正徳小判					
吉宗	(1716)	享保小判					
〃	(1736)	元文小判					
家斉	(1819)	文政小判					
家慶	(1837)	天保小判					
家茂	(1859)	安政小判					
〃	(1860)	万延小判					

小判1両の重さ
(1匁＝3.75g)
金含有量 銀含有量
(吉川弘文館『国史大辞典』)

2 (1)別子は銅山で，住友家の経営。院内は秋田藩
の銀山。ほかの２つは幕営。
(2)武蔵国(埼玉)の用水。
(5)**ア**は大蔵永常，**イ**は貝原益軒，**ウ**は虎関師錬の
日本仏教史(鎌倉時代の作)。
(6)刈敷は雑草などを田に敷いて肥料にするもの。
自給肥料として鎌倉時代以来使用し続けた。
(7)地方の**在郷商人**が都市の問屋商人へ出荷する。

STEP **2** 標準問題 ② p.58〜59

1 (1)**イ** (2)**ア** (3)**イ** (4)**イ** (5)**ウ**
(6)(例)**現金で取引をおこなった。**
(7)**ウ** (8)**エ** (9)**問屋制家内工業**

2 (1)① 尾形光琳 ② 菱川師宣
③ 野々村仁清
(2)④ 大坂 ⑤ 井原西鶴
⑥ 近松門左衛門 ⑦ 蕉風 ⑧ 義太夫
⑨ 市川団十郎 ⑩ 坂田藤十郎
(3)⑪ 朱子学 ⑫ 林羅山 ⑬ 木下順庵
⑭ 中江藤樹 ⑮ 山鹿素行

解説▶

1 (2)**Ｙ**．秤量貨幣とは使用する際に重量を測り，
削ったりして用いるものである。(3)の選択肢**イ・ウ**
がこれにあたる。
(6)越後屋(三井)登場以前は支払いを後日にする**掛
売り**による取引きが一般的であった。
(7)伊予国(愛媛県)。
(8)四木は桑・茶・楮・漆，三草は紅花・藍・麻。
2 Ａ．元禄美術では，尾形乾山(光琳の弟)，宮崎友
禅の友禅染も重要。センター試験では，多くの彫刻
を残した**円空**も出題されたことがある。

▲円空の護法神像

Ｂ．井原西鶴の浮世草子以
前に，江戸時代初期に流行
した**仮名草子**(啓蒙・娯楽
・教訓的内容)がある。

Ｃ．朱子学では**南学**(海南
学派，戦国期の南村梅軒に
始まるとされる)も重要。
土佐の谷時中や，その門下
で土佐藩家老の野中兼山，
垂加神道を唱えた**山崎闇斎**がいる。古学では幕政に
関与した**荻生徂徠**(古文辞学)が重要。とくに徳川吉
宗の諮問に答えた『政談』は経世論(現実の諸問題
の解決方法を論じるもの)の典型例である。なお，
古学が孔孟の原典を研究する重要性を説いたことは，
のちの国学の研究方法に大きな影響を与えた。陽明
学者として出題されるのは熊沢蕃山の他に，**大塩平
八郎**がいる。

12 幕藩体制の動揺

STEP **1** 基本問題 p.60〜61

1 ① 蔵米(俸禄米) ② 吉宗 ③ 上げ米
④ 定免 ⑤ 町人 ⑥ 足高 ⑦ 公事方御定書
⑧ 目安箱 ⑨ 意次 ⑩ 株仲間 ⑪ 冥加
⑫ 座 ⑬ 俵物 ⑭ 最上徳内

2 ①イ ②イ ③ア ④ア ⑤イ ⑥イ

3 ①オ ②キ ③ウ ④イ ⑤ケ
⑥カ ⑦ア ⑧コ ⑨ク ⑩エ

4 ① 杉田玄白 ② 解体新書
③ ハルマ和解 ④ 平賀源内
⑤ 司馬江漢

☑ サクッとCHECK

❶○ ❷○ ❸× ❹○ ❺×
❻ 野呂元丈 ❼ 工藤平助 ❽ 人足寄場
❾ シーボルト ❿ 蛮書和解御用

解説▶

1 ④従来の検見法にかえて採用された。
2 17世紀中ごろの代表越訴型一揆の例としては，
佐倉惣五郎が幕府に直訴した一揆がある。彼は**義民**
として讃えられた。
4 ①前野良沢・杉田玄白に学んだ大槻玄沢は，江
戸で芝蘭堂を開いた。
⑤前野良沢に蘭学を学び，地動説を紹介した。

❸ 17世紀，村々の代表者が百姓らの要求をとりまとめ領主に直訴した。

❺ 秋田藩主ではなく米沢藩主。

❿ 江戸隅田川の石川島に設けられた。

📖 史料を読む

▶相対済し令

　近年，金銀出入段々多く成り，評定所寄合の節も此儀を専ら取扱い，公事訴訟ハ末に罷り成り，評定の本旨を失い候。借金銀・買懸り等の儀ハ，人々相対の上の事ニ候得ば，自今は三奉行所ニて済口の取扱い致す間敷候。……

▶上げ米

　……万石以上の面々＜大名＞より八木＜米＞差上候様に仰付らるべしと思召，左候はねば，御家人の内数百人，御扶持を召放さる＜給与をとり上げる＞べきより外はこれ無く候故，御恥辱を顧みられず，仰せ出され候。高一万石に付八木百石積り差上げらるべく候。……これに依て在江戸半年充御免成され候間＜参勤交代の江戸在府期間を半年間にへらすので＞，緩々休息いたし候様に仰せ出され候。

🖐 流れを確認 参勤交代

　徳川家光が制度化（在国1年在府1年）→享保の改革で在府半年（上げ米による）→上げ米廃止後，元に戻る→文久の改革（幕末の島津久光の献策による改革）で3年一勤に。以降，幕末まで続く。

---

1 (1)① 株仲間　② 最上徳内　③ 棄捐令

　　(2)ア　(3)エ　(4)イ　(5)エ

2 (1)A―オ　B―エ　C―ア　(2)イ

　　(3)エ　(4)ウ　(5)ウ　(6)ウ　(7)ア

解説▶

1 (1)① 地方の農村に隣接する町（在方町と呼ぶ）の商工業者にも株仲間結成をすすめた。なお，幕府直営の座（銅・朝鮮人参など）は，専属の商人に売買させて幕府が利益を得るものである。

③ 寛政の改革では，棄捐令のほか，七分積金・囲米・寛政異学の禁などの政策がおこなわれた。

ここに注意 上げ米と囲米

上げ米…徳川吉宗が享保の改革でおこなった，参勤交代緩和策。

囲米…松平定信が寛政の改革で，不作時や米価調整のため，諸藩に米の備蓄を命じたもの。

✓ 図解チェック 南鐐弐（二）朱銀

田沼意次の施策の1つ。商人資本からの収入で幕府財政の安定化をはかるのが基本方針だった。

このため，「江戸の金遣い，上方の銀遣い」という基軸通貨の違いを改め，これを計数銀貨として発行し，金銀通貨の一本化をねらった。

---

2 Aは相対済し令（徳川吉宗），Bは棄捐令（松平定信），Cは株仲間解散令（水野忠邦）。(1)イは徳川家綱，ウは新井白石。

(3) 札差は幕臣の俸禄米の受取・売却を担当して，その米を担保に金融をおこなった商人。名称は，俸禄米の受取手形（札）を米俵に差したことに由来する。別称蔵宿。

---

1 (1)ウ

　　(2)① ウ　② ア　③ イ

　　(3)C→B→A→D

　　(4)エ

2 ① 鈴木春信　② 錦絵

　　③ 喜多川歌麿　④ 東洲斎写楽

　　⑤ 葛飾北斎　⑥ 与謝蕪村

　　⑦ 平賀源内　⑧ 司馬江漢

　　⑨ 石田梅岩　⑩ 鈴木牧之

　　⑪ 曲亭（滝沢）馬琴　⑫ 良寛

　　⑬ 巡礼　⑭ 御蔭参り

　　⑮ 本多利明　⑯ 竹内式部

解説▶

1 (1)アは恋川春町，イは山東京伝，エは本多利明の著作である。

(2)③ アの『西洋紀聞』は宣教師シドッチの尋問にもとづいて書かれたもの。イの『北槎聞略』は大黒屋光太夫から聞き取った話をまとめたもの。ウは元禄期のこと（西川如見は新井白石と同時代の人）。エ

の『環海異聞』は，仙台の船頭がロシアに漂着し，1804年のレザノフの船で長崎に送還されたが，その船頭から海外のようすを聞きまとめたもの。

▶林子平『海国兵談』

　当時＜現在＞長崎に厳重に石火矢の備有りて，却て，安房・相模の海港に其備なし。此事甚だ不審。細かに思へば，江戸の日本橋より唐，阿蘭陀まで境なしの水路なり。然るを此に備へずして，長崎にのみ備るは何ぞや。

▶異国船打払令

　……一体いぎりすに限らず，南蛮西洋の儀は御制禁邪教の国に候間，以来何れの浦方においても，異国船乗寄候を見受け候はば，……有無に及ばず，一図に打払ひ，……二念無く打払ひを心掛，……油断なく申し付けらるべく候。

2 A．美術では，**与謝蕪村**の「十便十宜図」や**渡辺崋山**の「鷹見泉石像」にも注意。B．町人文芸では，**十返舎一九・式亭三馬・上田秋成**などの小説，歌舞伎の**鶴屋南北・河竹黙阿弥**も重要。C．学問では，国学の**塙保己一・伴信友・平田篤胤**，蘭学では**稲村三伯，緒方洪庵**，町人学者として**大坂の懐徳堂**が生んだ富永仲基・**山片蟠桃**も重要。

俳諧・川柳

俳諧

菜の花や月は東に日は西に
牡丹散って打ち重なりぬ二三片　　　　　蕪村

川柳

孝行のしたい時分に親はなし
雷をまねて腹がけやっとさせ
　　　　　　柄井川柳ら撰『誹風柳多留』

STEP **3** チャレンジ問題 **3**　　　p.66～67

1　(1) 河村瑞賢　(2) イ
　　(3)① エ　　② ウ　　③ 小物成
　　(4) エ　　(5) イ
2　(1) オ　　(2) オ
　　(3)（例）領内の特産物の生産を奨励して藩の専売制にし，それらを独占販売することで藩の収入を増加させた。
　　(4) イ・エ（順不同）

解説▶

1　(2) 大坂の天満青物市，江戸の神田青物市は野菜・果実の市として併称される。
(3)① X．図の農具は踏車で，灌漑用の小型水車である。Y．竜骨車は中国から伝わった。
(5) ア．十組問屋は江戸，二十四組問屋は大坂で結成された商品別の問屋の仲間。ウ．株仲間の解散が命じられたのは水野忠邦の天保の改革である。

2　(1) 強訴は，集団の威力を背景に強圧的に訴えることで，年貢減免などを要求した。逃散は，1つの村が団結して耕作を放棄し，他領へ一時的に退去するなどの方法で抵抗したこと。

13　幕府の滅亡と新政府の発足

1 ① 水野忠邦　② 薪水　③ 上知(地)
④ 調所広郷　⑤ 黒砂糖　⑥ 琉球
⑦ 島津斉彬　⑧ 村田清風　⑨ 越荷方
⑩ 鍋島直正　⑪ 均田制　⑫ 反射炉

2 (1) a ―ビッドル　c ―プチャーチン
e ―井伊直弼　f ―ハリス
(2) イ　(3) イ

3 ① ウ　② イ　③ イ　④ ア　⑤ ウ
⑥ イ　⑦ ウ

☑ サクッとCHECK

❶ ○　❷ ×　❸ ×　❹ ×　❺ ○
❻ 吉田松陰　❼ 松平慶永(春嶽)
❽ 禁門の変(蛤御門の変)　❾ 榎本武揚
❿ キリスト教

解説▶

1 ⑦ 島津斉彬は集成館と呼ぶ藩営工場(反射炉・洋式紡績所など)を建設。水戸藩主の徳川斉昭や越前藩主の松平慶永らとともに一橋派(一橋慶喜を 14 代将軍に推すグループ)の中心だった。
2 b・d の時の老中首座は阿部正弘である。(2)イのみ日米修好通商条約の規定。
3 ② 大隈重信は肥前藩，板垣退助は土佐藩出身。

☑ サクッとCHECK

❷ 平田篤胤ではなく，生田万。❸ この内容だとポーツマス条約。樺太は両国人雑居の地とされた。❹ 堀田正睦ではなく，安藤信正。

流れを確認　攘夷から倒幕へ(長州藩)

貿易の開始で物価上昇→攘夷運動高まる→文久3(1863)年 5 月，長州藩が下関を通過する外国船を砲撃→八月十八日の政変で京都から攘夷派一掃→禁門の変で敗北，**四国連合艦隊下関砲撃事件**，第 1 次長州征討に敗北→奇兵隊を編成した高杉晋作らが倒幕へ。
※なお，薩摩藩の場合は**生麦事件**の報復としてイギリス艦隊が鹿児島を攻撃(**薩英戦争**)したことが契機となり，西郷隆盛らが倒幕へと傾いていく。結果，1866 年に薩長連合(同盟)が秘密裡に結ばれて，倒幕派が形成された。

1 ① ロシア　② 坂下門外の変　③ 土佐
④ 徳川慶喜
(1)① A ―ウ　B ―イ　C ―キ　D ―カ
②イ
(2) エ　(3) 文久の改革　(4) ウ

2 ① イ　② カ

3 ① 工部　② 群馬　③ クラーク　④ 新貨条例
(1) イ　(2) エ　(3)(例)ヨーロッパの先進技術を導入し，工業を近代化して輸出を増大させるため。

解説▶

1 (1)② アは輸出超過による品不足で物価が高騰した。ウの綿作や綿織物業は打撃を受けた。エは横浜・イギリスの誤り。
(2) エの竹内式部は江戸中期の尊王論者。宝暦事件で京都から追放され，明和事件で流罪となった。なお，明和事件では江戸の兵学者山県大弐が死刑となった。
(4) アは坂本龍馬，イは中岡慎太郎，エは上野で戦った旧幕臣がそれぞれ組織した。

2 ① Ⅱ．三院八省は廃藩置県後。二官六省の誤り(二官とは太政官・神祇官)。
② Ⅰ．「例外なく」が誤りで，代人料 270 円納入者など免除規定があった。Ⅱ．血税一揆は徴兵令に反対するもの。Ⅲ．小学校建設費や高額授業料に対して反対一揆がおこった。

史料を読む　徴兵告諭

…然ラバ則チ人タルモノ固ヨリ心力ヲ尽シ，国ニ報ゼザルベカラズ。西人之ヲ称シテ血税ト云フ。其ノ生血ヲ以テ，国ニ報ズルノ謂ナリ。……故ニ今……海陸ニ軍ヲ備ヘ，全国四民男児二十歳ニ至ル者ハ，尽ク兵籍ニ編入シ，以テ緩急ノ用ニ備フベシ。

3 ① 工部省は，鉄道や佐渡・生野などの鉱山，高島・三池炭鉱などの官営事業を経営する。初代工部卿は伊藤博文。
(1) ア．1871 年，ウ．1874 年，エ．1877 年。
(2) 高島炭鉱は後藤象二郎に払下げられ，のちに三菱が買収した。古河は院内銀山・阿仁銅山などの払下げを受けた。なお足尾銅山は明治初期に一度民間に払下げられ，1877 年に古河が買収して財閥発展の基盤となった。住友は江戸時代以来経営してきた別子銅山を基盤に財閥に成長した。

図解チェック 主な官営事業

屯田兵制度

札幌農学校
・札幌
阿仁銅山
長崎造船所
富岡製糸場
三池炭鉱　生野銀山
院内銀山
新町紡績所
駒場農学校
東京
高島炭鉱

STEP ② 標準問題 ②　　　　　p.72〜73

1 (1)ア　(2)エ　(3)ウ　(4)ア　(5)ウ
2 (1)ウ　(2)ア　(3)エ　(4)イ　(5)ウ
　　(6)ア　(7)ウ

解説▶

1 (4)不換紙幣ではなく,兌換紙幣を発行させるため。

> **ここに注意 太政官札と民部省札**
>
> **太政官札**…1868年,由利公正の建議で発行された最初の政府紙幣。
>
> **民部省札**…1869年,民部省が発行した政府紙幣。太政官札を補助する小額紙幣。

2 (1)ウは電灯ではなくガス灯。
(7)アは田中丘隅が徳川吉宗に献じた意見書。イは植木枝盛。

---

14 近代国家の成立

STEP ① 基本問題　　　　　p.74〜75

1 (1)① 日清修好条規　② 台湾　③ 江華島
　　④ 小笠原　(2)津田梅子
　(3)ウ・エ(順不同)
2 ① ウ　② ク　③ イ　④ カ　⑤ ア
　　⑥ オ　⑦ エ　⑧ キ
3 ① 植木枝盛　② 華族令　③ 内閣
　　④ 欽定　⑤ 15
　(1)立憲改進党　(2)イ　(3)統帥権

☑ サクッとCHECK

❶ ×　❷ ×　❸ ×　❹ ×　❺ ○
❻ 私擬憲法　❼ 三島通庸　❽ 大井憲太郎
❾ 山県有朋　❿ 穂積八束

解説▶

1 (1)② **台湾出兵**は1874年,琉球漂流民殺害事件を機に日本軍が出兵したでき事。駐清イギリス公使ウェードの調停で日清互換条款を結び解決した。
③ 江華島は当時の朝鮮の首都漢城(現ソウル)の近くと覚えておく。なお,日朝修好条規では,日本の**領事裁判権**を認めたほか,日朝間の貿易は**無関税**でおこなうことを決めた。
(3)樺太はロシア領,ウルップ以北の千島列島全島を日本の領土とした。日露和親条約で択捉島までは日本の領土となっていた。

3 (2)アは民法,ウは地方行政制度に関与,エは伊藤博文が学んだオーストリアのウィーン大学教授。

☑ サクッとCHECK

❶ 枢密院ではなく元老院。❷ 保安条例ではなく集会条例。❸ 二院制と制限選挙を目ざした。❹ ロエスレルではなく,グナイスト。❻ 民間で作成された「五日市憲法草案」にも注意。❼ この時の福島県議会議長で,福島自由党の指導者が河野広中。❽ 女流民権家の景山(福田)英子でもよい。❿ 「民法出デ、忠孝亡ブ」の論文で知られる。

📖 史料を読む

▶集会条例

第一条　政治ニ関スル事項ヲ講談論議スル為メ公
　　　　衆ヲ集ムル者ハ……管轄警察署ニ届出テ,
　　　　其認可ヲ受ク可シ。

▶保安条例

第四条　皇居又ハ行在所ヨリ距ル三里以内ノ地ニ住
　　　　居又ハ寄宿スル者ニシテ,内乱ヲ陰謀シ又
　　　　ハ教唆シ又ハ治安ヲ妨害スルノ虞アリト認
　　　　ムルトキハ,警視総監又ハ地方長官ハ内務
　　　　大臣ノ認可ヲ経,期日又ハ時間ヲ限リ退去
　　　　ヲ命ジ,三年以内同一ノ距離内ニ出入寄宿
　　　　又ハ住居ヲ禁ズルコトヲ得。

STEP ② 標準問題 ①　　　　　p.76〜77

1 ① 愛国公党　② 高知(土佐)　③ 愛国社
　　④ 国会期成同盟　⑤ 集会
　(1)イ　(2)エ　(3)ア　(4)ウ　(5)エ
2 (1)新聞記者　(2)三大事件建白運動
　(3)保安条例
3 (1)ウ　(2)エ　(3)イ

1 (1)イは台湾出兵に反対して下野。

(2)エは萩（はぎ）の乱をおこした。

(3)イは北海道開拓使官有物（かいたくしかんゆうぶつ）の払下（はらいさ）げを受けようとした政商。

2 (2)三大事件とは3つの要求(地租の軽減，言論・集会の自由，外交失策の回復)をさす。

3 (2)帝国憲法発布の黒田清隆（くろだきよたか）首相と，第1回帝国議会開催時の山県有朋（やまがたありとも）首相はよく出題される。なおどちらも超然主義の立場をとった。

(3) b は図から明らかに誤り。c は引用されたベルツの日記を読めば誤りとわかる。

📖 史料を読む

▶民撰議院（みんせん）設立の建白書

臣等伏シテ方今政権ノ帰スル所ヲ察スルニ，上（かみ）帝室ニ在ラズ，下人民ニ在ラズ，而シテ独リ有司＜大久保利通（おおくぼとしみち）らの官僚＞ニ帰ス。…言路壅蔽困苦告ルナシ＜言論発表の道がふさがれている＞。……天下ノ公議ヲ張ルハ民撰議院ヲ立ルニ在ルノミ。

▶国会開設の勅諭（ちょくゆ）

朕＜明治天皇＞，……嚮ニ明治八年ニ元老院ヲ設ケ，十一年ニ府県会ヲ開カシム。……将ニ明治二十三年ヲ期シ，議員ヲ召シ国会ヲ開キ，以テ朕ガ初志ヲ成サントス

☞ 流れを確認 大日本帝国憲法の制定

国会期成同盟で民権運動高揚→集会条例で弾圧→開拓使官有物払下（おおくまひめん）げ事件→明治十四年の政変（大隈罷免，国会開設の勅諭）→政党の結成→民権運動の激化(福島事件など諸事件，1882～1886年)→大同団結運動・三大事件建白運動→保安条例で弾圧→大日本帝国憲法の公布→第1回衆議院議員総選挙

---

1 ①愛国公党 ②立志社
③国会期成同盟 ④集会条例
⑤自由党 ⑥大同団結 ⑦後藤象二郎（ごとうしょうじろう）
⑧民力休養 伊藤博文（いとうひろぶみ）
(1)ア (2)ウ (3)ア (4)超然主義
(5)エ

2 (1)ウ (2)ウ (3)イ

---

(4)① A一参謀本部 B一枢密院（すうみついん）
C一大審院 ②ア
③(例)直接国税を15円以上納める
25歳以上の男子。

1 (1)民撰議院（みんせん）設立の建白書（けんぱくしょ）は1874年に出された。イ・ウ・エは1876年。

(2)アは千葉卓三郎（ちばたくさぶろう）ら，イは交詢社（こうじゅんしゃ）が作成したものである。

⚠ ここに注意 集会条例と保安条例

集会条例(1880年)…集会・結社の自由を規制。自由民権派の国会開設運動の高揚に対処した。

保安条例(1887年)…反政府運動の弾圧法規。三大事件建白運動などの高揚に対処した。

📖 史料を読む 山県有朋（やまがたありとも）首相の演説(1890年)

国家独立自衛ノ道二つあり。一ニ曰ク主権線（しゅけんせん）ヲ守禦シ他人ノ侵害ヲ容レズ，二ニ曰ク利益線（りえきせん）ヲ防護シ自己ノ形勝ヲ失ワズ……**我邦利益線ノ焦点ハ実ニ朝鮮ニ在リ**。……

※山県は予算案の説明でこのように述べて，朝鮮進出のための軍拡予算を議会に提出した。

また，この前年，黒田清隆（くろだきよたか）首相は憲法発布の翌日「政府は……**超然として政党の外に立ち**」政策を実行する，と演説していた。

---

2 (4)① B．憲法・選挙法などの特別な法律・会計・条約など重要国務について，天皇の諮問（しもん）にこたえる機関として1888年に設置された。C．1875年に設けられた最高裁判所にあたる機関。② 帝国議会は天皇の協賛機関であり，内閣(国務大臣)は輔弼（ほひつ）(天皇の補佐)という位置づけである。

---

15 日清・日露戦争と国際関係

1 A一カ B一イ C一ア D一オ
E一ウ F一エ

2 ①壬午軍乱（じんご）(壬午事変) ②甲申事変（こうしん）
天津（てんしん） 甲午農民（こうご）
(1)遼東半島（りょうとう） (2)ウ (3)エ
(4)台湾総督府（たいわんそうとくふ）

3 ①ア ②イ ③イ ④ア ⑤イ
⑥イ ⑦イ

☑ サクッとCHECK
❶○ ❷× ❸× ❹× ❺○
❻防穀令 ❼治安警察法 ❽青島（チンタオ）
❾日比谷焼打ち事件 ❿寺内正毅（てらうちまさたけ）

解説▶
1 A．関税自主権の回復を目ざしたが，当時の最大の貿易相手国イギリスに反対された。
2 (3)地図中の①は上海（シャンハイ），②は杭州（ハンチョウ），③は沙市（さし）を示している。
3 ⑤長春（チャンチュン）以南の東清鉄道（とうしん）。

☑ サクッとCHECK
❷親日派ではなく，親清派（しん）。
❸南京（ナンキン）ではなく，重慶（じゅうけい（チョンチン））。
❹板垣（いたがき）ではなく，大隈重信（おおくましげのぶ）。 ❽膠州湾（コウシュウ）の中心都市。（チャオチョウ）
❾賠償金がなかったことに国民が不満をもった。

STEP ② 標準問題① p.82〜83
1 ①寺島宗則（てらしまむねのり） ②欧化 ③大審院
④大津（おおつ） ⑤陸奥宗光（むつむねみつ）
⑥日英通商航海条約 ⑦小村寿太郎（こむらじゅたろう）
(1)ウ (2)エ (3)甲午農民戦争（こうご） (4)エ
2 (1)ア (2)ウ (3)イ (4)ア (5)イ

解説▶
1 ②鹿鳴館（ろくめいかん）で舞踏会などを開催した。③現在の最高裁判所にあたる。
(1)輸入関税を上げて，日本の産業を守る。
(2)ア．1885年，イ．1884年，ウ．1882年。
(4)桂太郎（かつらたろう）ではなく，大隈重信（おおくましげのぶ）。
2 (4)アはbの日本ではなく，cの清（しん）が正しい。aはロシア。
(5)Ⅱは第2次日韓協約，Ⅰは第3次日韓協約，Ⅲは韓国併合条約。

流れを確認）韓国併合
日韓議定書（1904）→第1次日韓協約（1904 財政・外交顧問（とうかん））→第2次日韓協約（1905 外交権吸収。統監府設置）→ハーグ密使事件（1907）→第3次日韓協約（1907 内政権奪う，軍隊解散）→義兵運動（ぎへい）→安重根（アンジュングン）が伊藤博文（いとうひろぶみ）を暗殺（1909）→韓国併合条約（1910 朝鮮総督府（そうとく）の設置）

史料を読む）第3次日韓協約
韓国政府ハ施政改善ニ関シ，統監ノ指導ヲ受クルコト。……韓国政府ノ法令ノ制定及重要ナル行政上ノ処分ハ予メ（あらかじめ）統監ノ承認ヲ経ルコト。
※統監は第2次日韓協約にもとづいて，韓国の外交の監督をおこなうものとして設置された。初代統監は伊藤博文。

STEP ② 標準問題② p.84〜85
1 ①バルチック ②小村寿太郎（こむらじゅたろう）
(1)エ (2)対露同志会 (3)与謝野晶子（よさのあきこ）
(4)(例)戦費のための増税に加え，日清戦争よりも人的損害が多かったにもかかわらず賠償金が獲得できなかったため。
2 ①樺山資紀（かばやますけのり） ②南満洲鉄道
③韓国併合 ④中華民国 (1)ア (2)ウ
(3)エ (4)ア (5)イ
3 ①タフト ②日英 ③鉄道国有
④戊申（ぼしん） ⑤地方改良 ⑥幸徳秋水（こうとくしゅうすい）
⑦大逆（たいぎゃく）

解説▶
1 (1)ア．東学党ではなく，義和団（ぎわだん）。イ．膠州湾（こうしゅう）（ワンチョウ）ではなく，旅順（りょじゅん）・大連（だいれん）。ウ．東清鉄道を大連（ターリェン）まで延伸した。エ．閔妃殺害事件後（ミンビ），王妃を殺害された国王高宗（こうそう）はロシア公使館に逃れ（コジョン），親露政権が成立した。
(2)対露同志会や戸水寛人（とみずひろんど）ら東京帝国大学などの七博士（はくし）は強硬な主戦論を唱え，『万朝報』（よろずちょうほう）の黒岩涙香（くろいわるいこう）や『国民新聞』（こくみんしんぶん）の徳富蘇峰（とくとみそほう）が主戦論を盛り上げた。
2 (3)ロシアは遼東半島の旅順（リヤオトン）・大連を租借した。
3 ⑦大逆事件のとき，警視庁内に特別高等課（特高）と呼ばれる思想警察がおかれた。

16 第一次世界大戦とワシントン体制

STEP ① 基本問題 p.86〜87
1 ①桂太郎（かつらたろう） ②立憲国民党
③シーメンス（ジーメンス）
2 ①日英同盟 ②袁世凱（えんせいがい）（ユアンシーカイ） ③米騒動
(1)ア・ウ（順不同） (2)シベリア出兵
3 ①ウィルソン ②幣原喜重郎（しではらきじゅうろう）
(1)五・四運動 (2)四か国条約
4 ①イ ②イ ③イ ④ア ⑤イ
⑥イ ⑦イ ⑧ア ⑨イ

19

☑ サクッとCHECK

❶ × ❷ ○ ❸ ○ ❹ ○ ❺ ×
❻ 美濃部達吉 ❼ 尾崎行雄 ❽ 在華紡
❾ 西原借款 ❿ 九か国条約

解説▶

1 ②憲政本党の犬養毅らを中心として結成。大正政変の際に，多くが桂太郎の**立憲同志会**に移った。

2 (1)**イ**。1920年代のグラフは輸入の方が多いので，貿易赤字。

4 ⑧憲政会と政友本党が合同し立憲民政党となった。

☑ サクッとCHECK

❶ 虎の門事件は第2次山本権兵衛内閣。シーメンス事件が正しい。
❺ 寺内正毅ではなく原敬。
❽ 日本の資本(三井など)が中国で経営した紡績業のこと。1925年の在華紡での中国人労働者のストライキから大規模なデモ行進や死傷者が出る騒ぎがおこった(五・三〇事件)。

STEP ② 標準問題 p.88〜89

1 ①**大隈重信** ②**3** ③**高橋是清**
(1)**桂太郎** (2)**シベリア出兵** (3)**富山県**
(4)**文化政治** (5)**ワシントン会議**
(6)**護憲三派**
(7)① **治安維持法**
② (例)**国体の変革や私有財産制の否認を目的とする結社や運動。**

2 (1)**加藤高明** (2)**ア** (3)**エ**
(4)① **石井・ランシング協定** ②**ウ**
(5)**三・一独立運動** (6)**ア** (7)**日英同盟**
(8)**幣原喜重郎**

解説▶

1 ②山県有朋が10円以上にしていたものを3円以上に引き下げた。
(7)②治安維持法の制定当初の目的は，日ソ国交樹立による共産主義思想の波及を防ぐとともに，普通選挙法成立にともなう労働者階級の政治的影響力の高まりに備えることであった。

🕐 流れを確認 選挙資格の変遷

直接国税15円(黒田清隆)→10円(山県有朋)
→3円(原敬)→0円(加藤高明)
※( )はその当時の首相。

20

ここに注意 治安警察法と治安維持法

治安警察法(1900年)…台頭してきた社会主義・労働運動・農民運動を抑えるために制定した。
治安維持法(1925年)…社会主義の拡大，社会主義の運動の活発化を取り締まるために制定。

2 (3)**エ**。北京駐留権は，北清事変の際の北京議定書で承認されたこと。

🕐 流れを確認 協調外交

ワシントン会議(四か国・九か国・海軍軍備制限条約＝高橋是清)→不戦条約(田中義一)→ロンドン海軍軍備制限条約(浜口雄幸)
※( )はその当時の首相。

STEP ③ チャレンジ問題 4 p.90〜91

1 (1)**イ** (2)**ウ** (3)**ウ**

2 (1)① **エ** ② **サ** ③ **ス** ④ **キ** ⑤ **イ**
(2)**ウ** (3)**ア** (4)**エ** (5)**オ**

3 ① **立憲政友会** ② **加藤高明**
(1)**山県有朋** (2)**鞍山製鉄所**
(3)(例)**主力艦の建造禁止期間を5年間延長し，日本の補助艦を米英の約70％にする。**

解説▶

1 (3)国際的に孤立することを恐れた日本にとって，対米協調は不可欠であり，貿易面でもアメリカに依存していた。そのため，この方針に沿う海軍大臣加藤友三郎，貴族院議長徳川家達，駐米大使幣原喜重郎が全権に選ばれた。

2 史料は二十一か条の要求である。(5)第2次大隈内閣が**袁世凱**政府に要求したものである。

3 (3)浜口雄幸内閣が結んだ軍備制限条約はロンドン海軍軍備制限条約である。

17 近代産業の発展と市民生活の変容

STEP ① 基本問題 p.92〜93

1 ① **紡績** ② **大阪紡績** ③ **八幡** ④ **長崎**
⑤ **鉄道**

左段

2 ①ア ②カ ③ク ④ウ ⑤シ
⑥オ ⑦ス ⑧コ ⑨ソ ⑩ケ
⑪チ ⑫ツ

3 ①ア ②イ ③ア ④イ ⑤ア
⑥ア ⑦イ ⑧イ ⑨イ ⑩ア
⑪ア ⑫イ

☑ サクッとCHECK

❶× ❷○ ❸○ ❹× ❺○
❻ 日本之下層社会 ❼ 持株会社
❽ 長岡半太郎 ❾ 柳田国男 ❿ 文化住宅

解説▶

1 ② イギリス製の最新式紡績機械を用い,電灯を設備して昼夜2交代制で操業し,大きな利益を上げた。

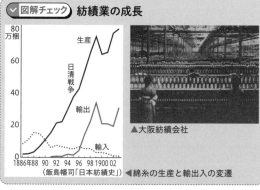

▼図解チェック **紡績業の成長**

（飯島幡司「日本紡績史」）綿糸の生産と輸出入の変遷
▲大阪紡績会社

2 ① アメリカ向けの輸出が急増した。③ 小作料の収入に依存する地主。農村にいないケースも多く「**不在地主**」と呼ばれた(→第二次大戦後の農地改革で消滅した)。

☑ サクッとCHECK

❶ 日本銀行は銀兌換券の発行をおこない,**銀本位制**が確立していた。❹片山潜ではなく**鈴木文治**。

STEP **②** 標準問題 ① p.94〜95

1 (1)**生糸** (2)**綿糸** (3)イ (4)ア (5)イ
2 (1)イ (2)ウ (3)ア
3 (1)イ (2)ウ (3)エ (4)ウ (5)イ
(6)ウ (7)ア

解説▶

1 (5)高機は戦国時代以来の織機である。
2 (2)片山潜とともに結成した。
3 (1)イ.官営ではなく,民間会社。(2)I.イギリスではなくドイツ。(6)ア.施行は1916年,イ.12歳未満,エ.8時間ではなく12時間。

右段

STEP **②** 標準問題 ② p.96〜97

1 ① 北村透谷 ② 夏目漱石 ③ 白樺
④ 青木繁 (1)ウ (2)イ (3)ア (4)イ
2 (1)イ (2)ウ (3)イ (4)イ・オ(順不同)
(5)イ・エ(順不同) (6)ア

解説▶

1 (4)コンドルは建築家で工部大学校教授。鹿鳴館などを設計した。
2 (1)ア.大正初期ではなく末期。ウ.『文藝春秋』は菊池寛が大正時代に創刊した文芸誌。(3)イ.野呂栄太郎ではなく**河上肇**。(6)イ.1907年の2回目の小学校令改正で義務教育が4年から6年になった。

🖙流れを確認 **労働運動**

友愛会(鈴木文治)(1912)→大日本労働総同盟友愛会(1919)→第1回メーデー(1920)→日本労働総同盟(1921)
※労働運動は,労使協調から階級闘争へと変貌していった。

18 世界恐慌と軍部の台頭

STEP **①** 基本問題 p.98〜99

1 ① 関東大震災 ② 震災手形 ③ 取付け
④ 台湾銀行 ⑤ 若槻礼次郎 ⑥ 枢密院
⑦ 田中義一 ⑧ モラトリアム
⑨ 井上準之助 ⑩ 金本位
⑪ 金輸出解禁(金解禁) ⑫ 世界
2 ①ア ②イ ③イ ④ア ⑤ア
⑥ア ⑦イ
3 ①コ ②ク ③イ ④ウ ⑤キ
⑥オ ⑦サ (1)ウ (2)石原莞爾
(3)イ (4)五・一五事件 (5)松岡洋右

☑ サクッとCHECK

❶○ ❷× ❸× ❹○ ❺×
❻ リットン ❼ 血盟団事件 ❽ 皇道派
❾ 鮎川義介 ❿ 滝川幸辰

解説▶

1 B.②③この時の蔵相は片岡直温。
⑥枢密院は**天皇の最高諮問機関**なので勅令の発布に賛否を示すことができた。
C.昭和恐慌の対策として**重要産業統制法**を制定し,カルテルの結成をすすめた。

❷ ⑥⑦ロンドン海軍軍備制限条約には政友会も反対した。なお浜口内閣に対し陸軍青年将校のグループ**桜会**がクーデタを計画した(**三月事件**)。

☑ サクッとCHECK

❷ 北京でなく奉天。
❸ 井上準之助ではなく高橋是清。
❺ 近衛文麿ではなく広田弘毅。
❽ 皇道派に対し二・二六事件の以前から陸軍の実権を握っていたのが**統制派**である(東条英機もメンバーだった)。

📖**史料を読む** 二・二六事件の蹶起趣意書

……然るに頃来遂に不逞兇悪の徒簇出して，……(万民を)塗炭の痛苦に呻吟せしめ随て外侮内患日を逐ふて激化す。所謂，**元老**＜西園寺公望＞，**重臣**＜鈴木貫太郎など＞，**軍閥**＜統制派の永田鉄山など＞，**財閥**＜三井＝ドル買ひで憎まれる＞，官僚，政党等は此の国体破壊の元兇なり。倫敦海軍条約……における統帥権干犯……は最も著しき事例にして……。

STEP ② 標準問題① p.100〜101

❶ ①**田中義一** ②**五・三〇事件** ③**山東**
④**浜口雄幸** (1)**ア** (2)**エ** (3)**エ**
❷ (1)①**奉天** ②**高橋是清** ③**日本製鉄**
④**イギリス** (2)**イ→ウ→ア** (3)**イ**
(4)**ウ** (5)**ア**

解説▶

❶ ②1925年2月，上海で日本の**在華紡**工場でストライキが発生して各地へ発展。5月30日上海での労働者・学生らの反日・反英デモにイギリス警察が発砲して死傷者を出し，全国的抗議運動に発展した。これを機に反帝国主義戦線が結成され，**国民党は北伐を開始した。**
(1)**イ**．朝鮮銀行ではなく台湾銀行。**エ**．3日間ではなく3週間。
❷ (2)**ア**は満洲事変の終結を意味するでき事。
(3)**ア**．長春，**イ**．奉天，**ウ**．旅順，**エ**．北京。
(4)**ア**は理研コンツェルン設立の中心人物。**イ**は日窒コンツェルン，**エ**は日曹コンツェルンを形成した。
(5)満洲事変は1931年。**b**は実収賃金が減少しているので誤り。昭和恐慌は1930〜31年。**d**は農産物生産額が100→68→56と急減しているので誤り。

STEP ② 標準問題② p.102〜103

❶ (1)① **イ** ② **エ** ③ **カ** ④ **ケ** ⑤ **キ**
(2)**桜会** (3)**ウ** (4)**イ** (5)**イ**
❷ (1)① **イ** ② **エ** ③ **キ**
④ **ケ** ⑤ **シ**
(2)**A—国家　B—天皇**
❸ ① **三月** ② **井上準之助** ③ **団琢磨**
④ **五・一五** ⑤ **北一輝**
(1)**イ** (2)**北一輝**
(3)(例)この内閣は，二・二六事件後に成立し，ドイツと日独防共協定を結んだ。

解説▶

❶ (3)団琢磨と井上準之助が暗殺された。
(4)**ア**は若槻礼次郎内閣の時，**ウ・エ**は斎藤実内閣の時。
(5)相沢三郎が斬殺した。
❷ (1)①無産政党では赤松克麿らが日本国家社会党をつくり戦争協力をした。
❸ (3)1936年の二・二六事件のあとに成立した**広田弘毅内閣**は**日独防共協定**を結んだ。

☞**流れを確認** 相次ぐテロ

統帥権干犯問題で浜口雄幸狙撃→井上準之助・団琢磨(政党人・財界人)を血盟団が暗殺→満洲国承認をめぐり犬養毅射殺(五・一五事件)→陸軍皇道派のクーデタ(二・二六事件，高橋是清・斎藤実射殺)→軍部の影響力が強い広田弘毅内閣の成立(軍部大臣現役武官制の復活，日独防共協定の締結)

---

19 日中戦争・第二次世界大戦・太平洋戦争

STEP ① 基本問題 p.104〜105

❶ ①**盧溝橋** ②**近衛文麿** ③**南京**
④**東亜新秩序** ⑤**汪兆銘**
⑥**独ソ不可侵** ⑦**ポーランド**
❷ (1)① **イ** ② **オ** ③ **ア** ④ **ク** ⑤ **ケ**
⑥ **エ** ⑦ **サ**
(2)**新体制運動**
❸ ① **ア** ② **エ** ③ **オ** ④ **ク** ⑤ **コ**
⑥ **シ** ⑦ **セ** ⑧ **ソ** ⑨ **ツ** ⑩ **テ**
⑪ **ニ** ⑫ **ヌ**

22

左段

☑ サクッとCHECK

❶ ○　❷ ×　❸ ×　❹ ○　❺ ○
❻ 国民精神総動員運動　❼ 張鼓峰事件
❽ 翼賛政治会　❾ 皇民化政策　❿ 学徒出陣

解説▶

2 (1)② **切符制**とは，政府があらかじめ各家庭に配布した切符で物を購入すること。切符に示された量しか買えない。

④ **大政翼賛会**の下には，大日本産業報国会，大日本婦人会などの全国組織も組み込まれた。

⑤ **隣組**は町内会や部落会の下にあり，数戸一組の住民組織である。

3 ⑨ その後の**サイパン島**の陥落で，B29による日本への空襲が本格化し，**学童疎開**がおこなわれた。
⑪ ソ連の満洲への侵攻の結果，中国残留孤児やシベリアでの抑留(強制労働)の問題がおこった。

☑ サクッとCHECK

❷ 周恩来ではなく汪兆銘。
❸ **国民徴用令**は天皇の勅令で，議会の承認はいらない。
❽ この時の選挙を**翼賛選挙**といい，政府の推薦を受けた立候補者が多数当選した。その結果，議会は政府の提案を承認するだけの機関となった。

史料を読む　国家総動員法

第一条　本法ニ於テ国家総動員トハ，戦時ニ際シ国防目的達成ノ為，……人的及物的資源ヲ**統制**運用スルヲ謂フ。
第四条　政府ハ戦時ニ際シ国家総動員上必要アルトキハ，**勅令ノ定ムル所ニ依リ**，帝国臣民ヲ徴用シテ総動員業務ニ従事セシムルコトヲ得。

STEP ② 標準問題　p.106～107

1 (1)① **大政翼賛会**　② **大日本産業報国会**
(2) A—ア　B—カ　C—エ　D—ケ
(3) ウ　(4) イ　(5) ア・エ(順不同)
2 (1) イ　(2) ウ　(3) ア

解説▶

1 (1)② 新体制運動で労働組合や労働団体は解散し，工場ごとに結成された産業報国会の全国連合体。
(3) 不要不急の民需品の生産や輸入は厳しく制限された。

右段

(5) 図の回報(回覧板)は配給を知らせているもので，**イ**は誤り。**ウ**は大日本婦人会ではなく大政翼賛会。

2 (3)**イ**はカイロ宣言の内容だが，参加したのはソ連ではなく中国。**ウ**のポツダム会談にはソ連のスターリンが参加した。

流れを確認　太平洋戦争

北部仏印進駐(1940)→日独伊三国軍事同盟(1940)→日ソ中立条約(1941)→南部仏印進駐(1941)→ ABCD包囲陣(アメリカ対日石油禁輸)→真珠湾攻撃(1941.12)・太平洋戦争→ミッドウェー海戦に大敗北し戦局不利に(1942)→サイパン島陥落(1944)→原子爆弾投下(1945.8)→ソ連宣戦布告(1945.8.8)→ポツダム宣言受諾(1945.8.14)

STEP ③ チャレンジ問題 5　p.108～109

1 (1)① 日本鉄道　② 金本位　③ 治安警察
④ 工場　(2) 岡倉天心　(3) 黒田清輝
(4)(例)日露戦争後に，軍事的および産業的にも全国的な鉄道を統一管理する必要性を感じたため。
(5) 大阪紡績会社　(6) 日本社会党
2 (1)① 立憲民政　② 井上準之助
③ 昭和恐慌　④ 立憲政友会
⑤ 高橋是清
(2) エ　(3) エ
3 (1) 田中義一　(2) 石原莞爾　(3) ア
(4)① 近衛文麿　② イ
(5) a—イ　b—エ

解説▶

1 (4)日露戦争直後の1906年，西園寺内閣は，軍事的な配慮もあって全国鉄道網の統一的管理を目ざす鉄道国有法を公布し，主要幹線の民営鉄道17社を買収して国有化した。

3 (4)史料は第一次近衛声明(国民政府ヲ対手トセズ)。② 南京を表すイが正解。

20　戦後の民主化と日本の独立

STEP	1	基本問題	p.110〜111

1 ① GHQ　② 間接
③ 治安維持(治安警察)　④ 公職
⑤ 人間宣言

2 ① 普通　② 民法　③ 団結
④ 争議(団体行動) ※③④は解答順不問
⑤ 教育基本　⑥ 学校教育　⑦ 農地
⑧ 持株会社　⑨ 独占禁止
⑩ 過度経済力

3 (1) 幣原喜重郎
(2) 象徴
(3) 平和主義(戦争放棄)
(4) 納税　(5) 兵役

4 (1)① エ　② イ　③ ク　④ ウ　⑤ ア
⑥ ケ
(2) サンフランシスコ平和条約
(3) 日米安全保障条約

☑ サクッとCHECK

❶ ×　❷ ○　❸ ×　❹ ○　❺ ×
❻ 湯川秀樹　❼ 黒澤明　❽ 傾斜生産方式
❾ 闇市　❿ テレビ放送

解説▶

2 ⑦農地改革で小作地の買収・売却にあたったのが農地委員会。

4 (1)③傾斜生産方式を本格的に推進したのは,片山哲内閣。
(3)日米安全保障条約にもとづいて,米軍基地を提供することを決めた**日米行政協定**も結ばれ,1960年に**日米地位協定**として改定された。

☑ サクッとCHECK

❶ 東久邇宮内閣は GHQ と対立,幣原喜重郎内閣が実行した(❸も幣原内閣が実行)。
❺ MSA 協定(日米相互防衛援助など)締結は 1954年で自衛隊の結成に結びつくもの。日米安全保障条約締結(1951 年)の翌年には日米行政協定が結ばれ,在日米軍基地の提供と駐留費用の分担などが決められた。
❾ バラック小屋・買出し・「リンゴの唄」の流行など,国民生活について整理しておく。

史料を読む　サンフランシスコ平和条約

第二条(b)日本国は,台湾及び澎湖諸島に対するすべての権利,権原及び請求権を放棄する。
(c)日本国は,千島列島並びに……**ポーツマス条約**の結果として主権を獲得した樺太の一部……に対するすべての権利,……を放棄する。

STEP	2	標準問題	p.112〜113

1 (1) 教育基本法　(2) ア　(3) エ
(4) (例) 国家公務員法の制定によって,公務員の争議権がなくなった。
(5) 日米行政協定

2 (1)① ウ　② エ　③ イ　④ キ
(2) ア　(3) イ　(4) エ

解説▶

1 第二次世界大戦直後から米ソの対立は始まっていた。アメリカは,資本主義陣営の復興に援助を加えた。一方,ソ連は,占領地に誕生した社会主義国を支援した。最初,日本を非武装化しようとしていたアメリカは,急きょ方針を変え,西側陣営の有力国として自立させようとした。講和をめぐって日本国内では,単独講和か全面講和かで世論が対立する中で,講和条約と安全保障条約が結ばれた。
(1)教育の民主化では,軍国主義者や極端な国家主義者などは教育界から追放され,修身・日本史・地理の授業は一時停止となり,教科書が回収された。それ以外の科目も点検され,戦時色が強く不適切な記述を生徒に「墨塗り」させた教科書が使われた。

ここに注意　教育三法

教育基本法…1947(昭和 22)年 3 月公布。
教育の機会均等・義務教育 9 年制・男女共学などを規定。
学校教育法…1947(昭和 22)年 3 月公布。
六・三・三・四制の新学制が発足。(4月より施行)
教育委員会法…1948(昭和 23)年 7 月公布。
都道府県・市町村に公選による**教育委員会**を設置。

2 (3)**ア**.朝鮮戦争は 1950 年なので無関係。品物不足と傾斜生産方式による投資増にともなうインフレ。**ウ**.傾斜生産方式の採用は 1947 年。ドッジ=ラインによってインフレは収束したが,49 年後半から不

況が深刻化した。**エ**. 配給は滞ったり少なかったり
したが続いた。買出しは物々交換。農産物価格の騰
貴<ruby>貴<rt>き</rt></ruby>は<ruby>闇市<rt>やみいち</rt></ruby>での高額取り引きが原因。

ここに注意 戦後の内閣（55年体制以前）

<ruby>東久邇宮稔彦<rt>ひがしくにのみやなるひこ</rt></ruby> 45年8月〜10月	1945	GHQの日本占領。降伏文書調印。戦犯容疑者の逮捕司令。政治犯釈放。
<ruby>幣原喜重郎<rt>しではらきじゅうろう</rt></ruby> 45年10月〜46年5月	1945 1946	五大改革指令。治安維持法廃止。労働組合法。 天皇の人間宣言。公職追放。金融緊急措置令。
<ruby>吉田茂<rt>よしだしげる</rt></ruby>① 46年5月〜47年5月	1946 1947	第2次農地改革。日本国憲法公布。 教育基本法。学校教育法。労働基準法。
<ruby>片山哲<rt>かたやまてつ</rt></ruby> 47年5月〜48年3月	1947	公正取引委員会発足。労働省設置。国家公務員法。臨時石炭鉱業管理法。改正民法。
<ruby>芦田均<rt>あしだひとし</rt></ruby> 48年3月〜10月	1948	衆参両院で教育勅語失効決議。教育委員会法。公務員の争議禁止（政令201号）。
<ruby>吉田茂<rt>よしだしげる</rt></ruby>②〜⑤ 48年10月〜54年12月	1948 1949 1950 1951 1954	極東国際軍事裁判判決。経済安定九原則指令。 ドッジ＝ライン。<ruby>下山<rt>しもやま</rt></ruby>事件。シャウプ税制勧告。 朝鮮戦争勃発。警察予備隊令。レッド＝パージ。 サンフランシスコ平和条約。日米安保条約。 MSA協定。防衛庁・自衛隊発足。

21 戦後政治と高度経済成長

STEP ① 基本問題 p.114〜115

1 ① 破壊活動　② MSA　③ 自衛隊
　　④ 自由民主　⑤ 日ソ共同　⑥ 国際連合

2 ① 特需　② <ruby>神武<rt>じんむ</rt></ruby>　③ <ruby>三種の神器<rt>さんしゅのじんぎ</rt></ruby>
　　④ いざなぎ　⑤ 3C（新三種の神器）
　　⑥ OECD　⑦ GNP　⑧ <ruby>減反<rt>げんたん</rt></ruby>
　　⑨ 環境庁　⑩ ニクソン

3 ① ア　② イ　③ ア　④ ア　⑤ イ
　　⑥ イ　⑦ ア　⑧ イ　⑨ ア　⑩ ア
　　⑪ イ　⑫ イ　⑬ ア

☑ サクッとCHECK

❶ ○　**❷** ×　**❸** ○　**❹** ×　**❺** ○
❻ <ruby>第五福竜丸<rt>ふくりゅうまる</rt></ruby>　**❼** 原水爆禁止世界大会
❽ <ruby>池田勇人<rt>いけだはやと</rt></ruby>　**❾** <ruby>佐藤栄作<rt>さとうえいさく</rt></ruby>　**❿** <ruby>田中角栄<rt>たなかかくえい</rt></ruby>

解説▶

2 ② 1956年政府の『経済白書』は「もはや戦後ではない」と記した。

3 ④ 韓国政府を「朝鮮にある唯一の合法的な政府」と認めた。⑦ イは1978年で<ruby>福田赳夫<rt>ふくだたけお</rt></ruby>内閣。アメリ

カは，それまでの反共的な中国政策を転換し，1972年に**ニクソン大統領**が訪中した。これは長年にわたり日中正常化を阻んできた米国の鎖から日本が解き放たれたことを意味し，同年9月には田中角栄首相が訪中し，日中共同声明が調印された。

📖 史料を読む 日中共同声明

日本側は，過去において日本国が戦争を通じて中国国民に重大な損害を与えたことについての責任を痛感し，深く反省する。また，日本側は，中華人民共和国政府が提起した「復交三原則」を十分理解する立場に立って国交正常化の実現をはかるという見解を再確認する。中国側は，これを歓迎するものである。……
　一　日本国と中華人民共和国との間のこれまでの不正常な状態は，この共同声明が発出される日に終了する。
　二　日本国政府は，中華人民共和国政府が中国の唯一の合法政府であることを承認する。
　三　中華人民共和国政府は，台湾が中華人民共和国の領土の不可分の一部であることを重ねて表明する。……

⑫⑬ 1992年に<ruby>宮沢喜一<rt>みやざわきいち</rt></ruby>内閣のもとでPKO協力法が成立し，PKOへの自衛隊の海外派遣が可能になり，カンボジアへ自衛隊が派遣された。

☑ 図解チェック 日本の主な国際平和協力活動

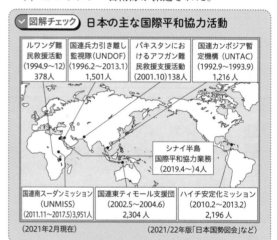

ルワンダ難民救援活動 （1994.9〜12） 378人	国連兵力引き離し監視隊（UNDOF） （1996.2〜2013.1） 1,501人	パキスタンにおけるアフガン難民援助活動 （2001.10）138人	国連カンボジア暫定機構（UNTAC） （1992.9〜1993.9） 1,216人

シナイ半島国際平和協力業務（2019.4〜）4人

国連南スーダンミッション（UNMISS） （2011.11〜2017.5）3,951人	国連東ティモール支援団 （2002.5〜2004.6） 2,304人	ハイチ安定化ミッション （2010.2〜2013.2） 2,196人

（2021年2月現在）　（2021/22年版「日本国勢図会」など）

☑ サクッとCHECK

❷ 3Cではなく三種の神器。
❹ <ruby>岸信介<rt>きしのぶすけ</rt></ruby>ではなく<ruby>鳩山一郎<rt>はとやまいちろう</rt></ruby>。

📖 史料を読む 日ソ共同宣言

一．日本国とソヴィエト社会主義共和国連邦との間の戦争状態は，この宣言が効力を生ずる日に終了し，両国の間に平和及び友好<ruby>善隣<rt>ぜんりん</rt></ruby>関係が回復される。
四．ソヴィエト社会主義共和国連邦は，国際連合への加入に関する日本国の<ruby>申請<rt>しんせい</rt></ruby>を支持するものとする。
※両国間の平和友好条約は未締結。また北方領土問題は未解決。

1 (1)① 日本列島改造論
　　　② 第４次中東戦争　③ イタリア
　　(2)① X—D　Y—A　Z—C
　　　② ウ　(3)イ
2 (1)ウ　(2)イ　(3)イ
　　(4)日中平和友好条約　(5)ア
　　(6)B→A→C

解説▶

1 (2)① Xは 1973〜74 年，Yの岩戸景気が始まった
のは 1958 年，Zは 1968 年。② ウ．環境庁の設置
は 1971 年でDの時期。
(3) 減反政策は米余りが生じてきたことへの米の生
産量を減らそうとする政策。
2 (4)(5)日中友好平和条約は，1974 年に交渉が開始
された。中ソの関係が悪化する中，中国がソ連のア
ジア進出を牽制する「覇権条項」を盛り込むことを
主張し，交渉が難航した。

22　激動する世界と日本

1 ① カ　② オ　③ イ　④ エ
2 ① ア　② オ　③ ク　④ ウ　⑤ コ
3 (1)国名—イラク　位置—イ
　　(2)① ウ　② コ　③ ア　④ カ　⑤ イ

☑ サクッとCHECK

❶ ○　❷ ×　❸ ○　❹ ×　❺ ○
❻ サミット(先進国首脳会議)　❼ 福田赳夫
❽ 竹下登　❾ ペレストロイカ　❿ 細川護熙

解説▶

1 アは非政府組織，ウはヨーロッパ共同体，キは主
要国首脳会議に参加する 8 か国のこと。
② 1980 年代前半，レーガン政権下のアメリカ合衆
国では，ドル相場が高めに推移したことで，輸出減
少と輸入拡大による大幅な貿易赤字となり，財政赤
字も累積していった。ドル相場が次第に不安定にな
ったことから，先進国は自由貿易を守るため，協調
的なドル安路線をはかることで合意した。とりわけ，
アメリカの対日貿易赤字が顕著だったため，実質的
に円高ドル安に誘導する内容だった。これがプラザ
合意である。

☑ 図解チェック　日本の対米貿易額と日米貿易摩擦の流れ

日本の対米貿易額

貿易黒字額全体に占める
対米黒字額の割合
(右目盛)
(兆円)　(%)
対米貿易黒字額
(左目盛)
1885　90　95　2000　05(年)
(日本関税協会「外国貿易概況」)

日本の貿易摩擦の流れ

1960年代	繊維製品
1967—日本とアメリカの貿易収支が逆転	
1970年代	鉄鋼，カラーテレビ，牛肉，オレンジ
1980年代	自動車，半導体，コンピュータ
1985—	プラザ合意（G5による円高ドル安誘導） 日本市場の開放圧力（スーパー301条）
1989〜91—日米構造協議（日本の商慣行見直し）	
1990年代	政府調達，保険，板ガラス，自動車部品
1993〜94—日米包括経済協議（米が数値目標設定）	

☑ サクッとCHECK

❷ 円安ではなく円高が続いた。
❹ イラン・イラク戦争ではなく湾岸戦争。

1 (1)エ　(2)ア　(3)イ　(4)ア　(5)ウ
　　(6)イ　(7)ハイテク　(8)ウ　(9)ア
2 (1)もたず，つくらず，もち込ませず
　　(2)電電公社(日本電信電話公社)，専売
　　公社(日本専売公社)，国鉄(日本国有
　　鉄道)
　　(3)ウ
3 ① ベルリン　② バブル　③ リストラ
　　④ アイヌ　⑤ リサイクル

解説▶

1 (1)ウはニクソン゠ショックのあと，1971 年に各国
の合意でドルが切り上げられた時のレート。
(3)ア．1949 年，ウ．1953 年，エ．1952 年。
(7)それまでの製鉄業などの「重厚長大」型から
「軽薄短小」型へ産業が変化したといわれた。

3 ②バブル経済は，1986～91年まで続いた，地価や株価の異常な高騰でふくらんだ経済のことで，実態とかけ離れた泡のようだという表現。バブル経済は1991年に崩壊し，その後日本経済は平成不況と呼ばれる長期不況となり，企業の倒産やリストラによる大量の失業者が発生した。

STEP ③ チャレンジ問題 6 p.122～123

1 (1)日本列島改造論 (2)b→d→c→a
(3)① A―1　B―4
②(例)ニクソン=ショックによる円の切り上げに加え，第4次中東戦争からおきた石油危機による原油価格の高騰で不景気になったから。

2 (1)イ (2)イ (3)エ (4)エ (5)エ
(6)ア (7)ウ

解説▶

1 (2) aは1949年4月，bは1946年2月，cは1948年12月，dは1946年12月である。
(3) Aは1956年の経済白書，Bは田中角栄総理大臣の日本列島改造論。

2 (1)イの事実はない。
(2)ア．1960年，ウ．1954年，エ．1956年。
(4)緩和ではなく集中した。
(7)アは京都府，イは大阪府の革新系知事。

総合問題

総合問題 p.124～128

1 (1)①卑弥呼 ②勘合 ③異国船打払令
(2)イ (3)ウ (4)エ
(5)(例)産業革命がおき，製品の販売市場と原材料の供給元を開拓していた。

2 (1)①前九年合戦 ②藤原泰衡
(2)イ・エ(順不同) (3)ア
(4)イ→ウ→ア

3 ①ア ②ウ ③エ ④エ ⑤ウ
(1)イ (2)イ (3)イ (4)ア (5)ア
(6)カ (7)イ (8)ア (9)イ (10)ウ
(11)エ (12)ウ

4 (1)①四か国条約 ②イギリス
③サンフランシスコ ④沖縄
⑤テロ対策
(2)田中義一 (3)松岡洋右 (4)朝鮮戦争
(5)エ (6)(例)アメリカが金とドルの交換を停止し，円が切り上げられた結果，日本は不景気となった。
(7)大韓民国・中華人民共和国(順不同)

解説▶

1 (5)18世紀後半，イギリスで最初の産業革命が始まり，工業化の波がヨーロッパ各国やアメリカに広まった。工業生産力と軍事力を備えた欧米諸国は，国外市場や原材料の供給地を求めて，競って植民地獲得に乗り出し，とくにアジアへの進出を本格化させた。

⏩流れを確認 欧米列強の接近と対策
ラクスマン，根室に来航(寛政の改革)→近藤重蔵の蝦夷地調査(「大日本恵登呂府」の標柱たてる)→レザノフが長崎に来航，樺太・択捉攻撃→文化の薪水給与令→蛮書和解御用設置→松前奉行に全蝦夷地を支配させる→フェートン号事件→ゴローウニン事件(ロシアとの関係は安定)→松前藩の復活→薩摩国宝島でのイギリス捕鯨船暴行事件や，米・英の通商要求→異国船打払令→シーボルト事件→モリソン号事件→蛮社の獄→アヘン戦争→天保の薪水給与令，上知令など海防強化。

2 (1)①「源頼義・義家父子」から前九年合戦。
(2)ウ．「信仰心をもよおし」た源頼朝は「寺社の所領を保証するとともに祈禱を命じた」と記されているので，「堂舎を破壊した」は誤り。

27

(4) **ア**は織田信長のころ。**イ**は鎌倉時代。**ウ**は室町時代。

3 (1) **ア**は立志社，**ウ**は植木枝盛の私擬憲法，**エ**は第二次大戦後に GHQ 案の前に作成された憲法案。

(2) **II** は 20 歳ではなく 25 歳。

(6) **III**．1905 年→**II**．1917 年→**I**．1922 年。

(7) **ア**．1911 年，**ウ**．1905 年，**エ**．1907 年。

(8) **ア**は最後の元老で太平洋戦争の前年に死去。

(12) **II**．1905 年（第 2 次日韓協約），**I**．1907 年 6 月（日本は韓国皇帝の高宗を退位させた），**III**．1907 年 7 月（第 3 次日韓協約。ハーグ密使事件を機に締結）。

4 (3) 三国同盟の提携強化のためにドイツ，イタリアを訪問していた松岡洋右は，その帰途，モスクワで日ソ中立条約を結んだ。

(6) 1960 年代後半のアメリカの国際収支は，ベトナム戦争にともなう費用や日本，西ドイツなどによる対米輸出の急増などによって悪化していた。ニクソン大統領はドル防衛のために，ドルと金の交換停止などを骨子とする新経済政策を発表し，日本や西ドイツなどの国際収支黒字国に対し，大幅な為替レートの切り上げを要求した（ニクソン＝ショック）。